사례문답을 중심으로

실업급여제도의
법리해설

사례문답을 중심으로

실업급여제도의 법리해설

윤동은 지음

한국학술정보(주)

머리말

현재 우리나라 복지계의 현실을 보면, 시혜적이고 보충적이며 잔여적인 제도의 틀을 벗어나지 못한 듯하다. 국가의 정책과 예산의 집행에서도 다른 분야에 우선순위를 내어주고 있고 그마저 시행되는 정책의 수립과 집행에서도 국가정권의 색채에 따라 크게 영향을 받고 있는 것이다. 자원봉사라는 미명하에 그 몫을 민간의 영역으로 일임하고 있고 국가적 정책의 중요한 틀로서는 인식하지 못하고 있으며 결국 국가의 기본적 책무를 태만히 하고 있다고 볼 수밖에 없다. 복지는 남으면 주는 잉여적 개념의 정책이 아니다. 복지는 곧 국민의 기본적 인권과 생활 및 국가의 유지발전 그 자체와 분리되어 있지 않기 때문이다. 이 때문에 복지정책을 시행함에 있어 그 근거가 되는 법률의 제정시부터 많은 연구를 하여 입법하여야 하며 다른 법들이 가지고 있는 입법목적과는 분명히 다른 복지법만의 취지를 충분히 살릴 수 있어야만 한다. 복지관련 입법과 법률에 기초한 정책의 시행에 대한 중요성을 인식하고 실무적인 임상적 복지와 아울러 복지정책에 대한 이론적이고 기초를 제공하는 관련 법률과 이론의 뒷받침이 필요한 이유가 여기에 있는 것이다. 더욱이 과거 요부조자에게 직접적으로 급부를 제공해왔던 경향을 벗어나 근로를 하여 수입을 얻을 수 있는 일자리를 제공하거나 취업을 할 수 있는 조건을 만들어주어 장기적이고 기본적인 생활안정의 수단을 제공하려는 추세로 변화하고 있다는 점을 감안한다면 현행 실업급여제도가 갖는 의미는 실로 크다고 할 것이다.

실업은 개인에게는 기초적 생활의 위기와 기본적 생활의 유지가 곤란하다는 점에서 커다란 문제지만 더 나아가 국가경제 전체적으로도 좌시할 수 없는 영향을 미치게 된다. 이러한 실업에 대하여 국가적 차원에서 지원하고 있는 제도가 바로 실업급여제도이다. 실업급여는 국가경제의 기초를 지탱하고 있는 근로자들의 안정적 생활을 위해 꼭 필요한 사회복지제도의 일종으로 단순한 생활의 안정을 위할 뿐 아니라 재취업의 촉진과 경기안정의 효과까지 염두에 두고 있는 거시적 차원의 제도로 볼 수 있다.

본 서는 이러한 실업급여에 대한 법령상의 내용을 이해하기 쉽게 설명하여 제도의 본 취지와 그 실시 과정상에서 나타날 수 있는 특수한 상황 등을 간략한 사례를 중심으로 도해하였으며 이를 통하여 실업급여제도를 바르게 이해함을 목적으로 하고 있다. 개인적으로 복지를 공부하는 학생에서부터 현업에 종사하는 근로자에 이르기까지 현재의 제도를 바르게 이해함으로서 법규를 몰라서 주어진 제도의 혜택을 활용치 못하는 우를 범하지 않기 바라며 더 나아가 복지와 관련된 국가정책의 입법방향까지 알았으면 하는 바람이다. 이를 위하여 본 서에서는 어려운 법규의 내용을 나열하는 것으로 그치지 않고 되도록 주변에 있는 사례를 중심으로 하여 이해하기 쉽게 설명하고자 하였다.

본 서의 기초적 원고는 필자가 집필한 바 있는 노동부 내의 내부 교육용 원고를 기본으로 하였으며 아울러 집필에 필요한 많은 사례와 자료 그리고 내부적 규정 등을 제공하여 주신 관련 노동부 사무관님들에게 감사의 마음을 전하고자 한다.

2008. 11
저자 씀

목   차

제1과 실업급여의 개요

Ⅰ. 실업의 원인과 대책

1. 실업의 원인에 대해서 19세기 초까지 개인에게 책임이 있는 것으로 보았고 실업문제도 빈곤퇴치 차원의 문제로 접근

2. 20세기에 들어 경기불황과 더불어 길거리에 실업자가 넘쳐나게 되자 개인의 잘못이 아니라, 유효수요 부족, 기술혁신 등 거시적 관점에 밀접히 연관된 것으로 인식

3. 경기부양책, 인력정책(수요에 부응한 공급구조의 변화 및 재취업 알선 등) 및 실직자의 생활안정을 위한 실업급여 지급 등을 실시

○ 고용보험제도의 개념: 우리나라에서는 실직근로자에게 실업급여를 지급하는 전통적 의미의 실업보험 사업 외에 적극적인 취업알선을 통한 재취업의 촉진과 근로자의 고용안정을 위한 고용안정사업, 근로자의 직업능력개발사업 등을 상호 연계하여 실시함.

4. 실업대책의 발전과정

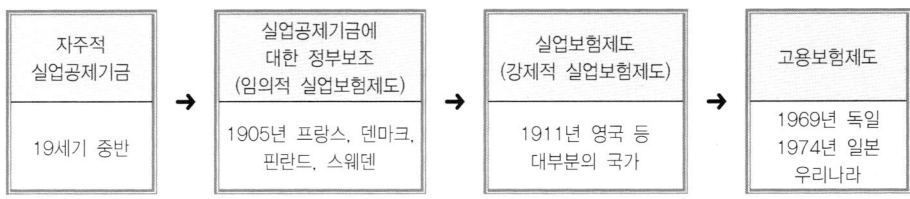

II. 실업의 개념

1. 통계적 개념

○ 실업자로 분류되기 위해서는 구직활동을 해야 하는데 구직활동기간은 국가마다 다르게 정의되고 있음

보충: 국가의 경제사회통계 작성에 사용되는 실업자는 "고용조사 시점에서 '일주일' 동안 적절한 일자리가 있음에도 불구하고 일을 하지 않은 사람과 연속 '4주간' 일자리를 찾고자 노력했으나 일을 하지 못한 사람"을 말함 (단, 여기에는 일시적인 질병에 걸려 일을 하지 못한 사람은 제외되며, 재취업을 위해 대기 중인 사람은 실업자로 간주된다).

예: 보험회사에 다니던 A씨는 평소 옮기고 싶던 증권회사 시험에 응시하여 합격하였다. 그 증권회사의 입사 예정일은 10월 1일이고 현재의 보험회사에 사표를 낸 시점은 8월 30일 이었다. 만약 고용조사 시점이 9월 1일 이었다면 A씨는 실업자인가?

답: 그렇다. 취업이 확정 및 예정되어 있다 하더라도 이를 위하여 대기 중인 사람도 취업자 통계에는 산입된다.

2. 고용보험법상 개념

○ 고용보험법에서는 『실업』을 피보험자가 이직하여 근로의 의사 및 능력을 가지고 있음에도 불구하고 취업하지 못한 상태에 있는 것으로 규정하고 있음. 따라서 스스로 일을 하지 않으려는 자발적 실업은 법률상 실업이 아님.

○ 따라서 이러한 상태에 있는 자를 기본적으로 '실업자'라 함. 그러나

이러한 자를 모두 실업자라고 하지는 않으며 경제활동이 가능한 연령에 있어야 함. 일반적으로 15세 이상자를 말함.

고용보험법 제2조 제3호 "실업"이란 피보험자가 이직하여 근로의 의사와 능력이 있음에도 불구하고 취업하지 못한 상태에 있는 것을 말한다.

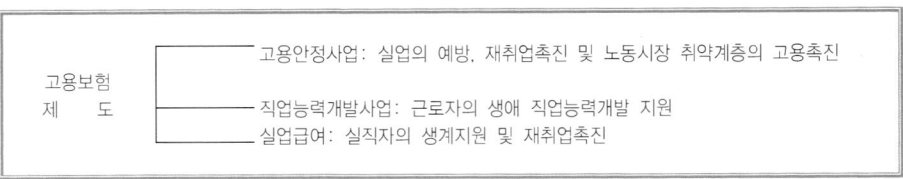

III. 실업급여의 개념과 기능

1. 실업급여의 개념

○ 법 제40조제1항의 구직급여 수급요건 등으로부터 실업급여의 개념을 정의하면 "피보험자가 이직하여 근로의 의사 및 능력을 가지고 있음에도 불구하고 취업하지 못하여 실직한 상태에 있으면서 재취업을 위한 노력을 하고 있는 실업자에게 지급"하는 금품이라고 할 것임.

○ 따라서 실업급여는 단순히 실직자에게 생계안정을 위해서 지급하는 것이 아니라 실직 후 적극적으로 재취업활동을 하도록 하고 그 기간 동안 생활안정을 도모하도록 하기 위하여 지급하는 것임.

2. 순기능

1) 실직자의 생활안정: 실업급여의 가장 큰 목적

2) 재취업의 촉진: 구인구직정보 제공 등을 통한 능력과 적성에 맞는 직
   장탐색 및 직업능력개발훈련을 통한 노동력 질 제고
3) 경기조절: 불황시 유효수요 창출을 통한 고용 증대, 호황시 보험기금
   의 적립을 통해 유효수요 억제
4) 소득재분배: 고용상태가 상대적으로 불안정한 저소득계층에게 실업급
   여가 지급될 확률이 높다는 점에서 소득재분배의 기능을 수행

3. 역기능

○ 실업급여제도가 추구하는 본래 목적에 역행하는 부작용이 발생할 수
있음으로 이를 억제할 수 있는 방안이 필요
1) 실업의 장기화: 구직활동 노력 약화
2) 노동력 공급 축소: 의도적 실업자 발생

○ 역기능 방지 장치: 역기능 방지를 위한 법률상 장치로는 ① 이직 전
18개월 중 180일이상의 피보험단위기간 충족요건, ② 자발적 실업자, 본인
의 중대한 귀책사유에 의한 실업자에 대한 부지급, ③ 대기기간(수급자격
신청일로부터 7일) 동안 급여 부지급, ④ 구직활동 노력 및 일할 수 있는
능력과 상태에 있을 것, ⑤ 적절한 취업알선이나 직업능력개발훈련지시 등
의 거부시 급여 지급 정지, ⑥ 90일~240일까지의 비교적 단기간 동안의
소정급여일수 설정 등을 들 수 있음.

Ⅳ. 실업급여의 종류

고용보험법 제37조 (실업급여의 종류)

①실업급여는 구직급여와 취업촉진 수당으로 구분한다.
②취업촉진 수당의 종류는 다음 각 호와 같다.
1. 조기재취업 수당
2. 직업능력개발 수당
3. 광역 구직활동비
4. 이주비

○ 구직급여는 소정의 수급요건을 만족시키는 수급자격자의 생활안정을 도모하기 위해 지급되는 기본적 성격의 급여임. 취업촉진수당은 다시 조기재취업수당, 실직근로자의 재취업에 필요한 직업훈련수강을 용이하게 하기 위한 직업능력개발수당, 광역에서 구직활동을 하는 자에 대하여 인센티브를 주기 위한 광역구직활동비, 재취업 또는 직업훈련을 위해 주거를 이전하는 자에 대하여 지급하는 이주비로 구분됨.

○ 또한 특별한 경우 즉, 재취업을 위해 직업능력개발 훈련 등이 필요하거나(훈련연장급여), 재취업이 곤란한 개인적인 특별한 사정이 있는 경우(개별연장급여) 그리고 국가적 실업의 급증 등으로 인한 사정 등의 경우(특별연장급여)에는 기간을 초과하여 지급할 수 있음.

○ 이를 간략히 정리하면 아래와 같음.

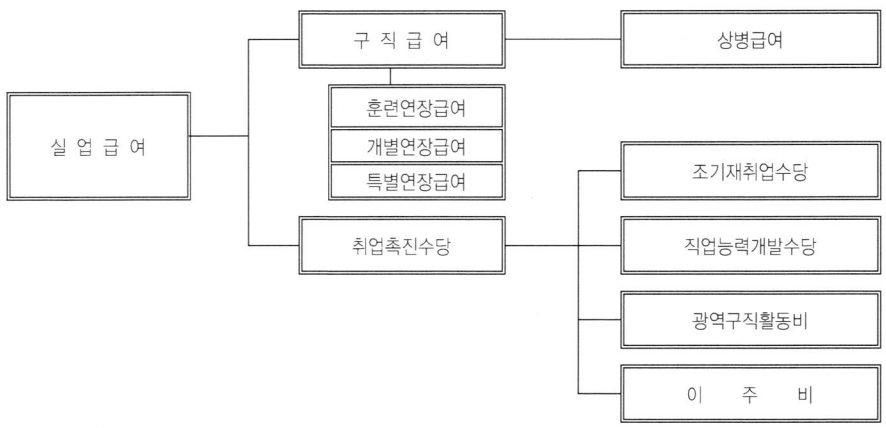

○ 국민연금과의 관계

국민연금의 노령연금과 고용보험법상의 실업급여를 함께 수령할 수 있음. 2007년 국민연금법 개정으로 인하여 노령연금과 구직급여의 병급조정을 폐지함으로써 동시 수령 가능

○ 실업급여 수급권의 보호

실업급여를 받을 권리는 양도 또는 압류하거나 담보로 제공할 수 없음. 실업자의 최저생활을 보장하기 위한 일신 전속적 권리이므로 엄격히 보장함

실업급여는 비과세소득으로 보아 세금이 부과되지 않음(소득세법 제12조 제4호 마목)

<학습정리>

◆ 우리나라 실업급여의 특징

우리나라의 실업급여를 규정하고 있는 고용보험법은 단순한 실업자에 대한 직접적인 생계보장은 물론 고용조정과 인력정책에 까지 그 범위가 확대되어 있는 적극적인 노동시장정책의 일환으로 종합적인 인력정책 수단이다.

◆ 실업은 비자발적이어야 하며 근로의 연령(15세 이상)과 능력이 있어야 한다.

◆ 실업급여의 순기능 → 실직자의 생활안정, 재취업 촉진, 경기조절, 소득재분배

◆ 실업급여의 역기능 → 구직활동 노력의 약화, 의도적 실업자 발생

◆ 실업급여의 종류

구직급여와 취업촉진수당으로 나뉘며 구직급여에는 훈련연장급여, 개별연장급여, 특별연장급여가 포함되고 취업촉진수당에는 조기재취업수당, 직업능력개발수당, 광역구직활동비, 이주비가 있다.

◆ 국민연금과의 관계 및 보호

국민연금의 노령연금과 고용보험법상의 실업급여를 함께 수령할 수 있게 되었다. 실업급여 수급권은 양도, 압류, 담보제공이 금지되고 비과세이다.

<확인하기>

1. 다음 중 실업급여의 목적으로 적당한 것은?

① 실업의 예방

② 노동시장 취약계층의 고용촉진

③ 직업능력개발체제 지원

④ 실직자의 생계지원 및 재취업촉진

정답: ④

해설: 실업의 예방은 고용안정사업의 목적이고, 노동시장 취약계층의 고용촉진은 고용안정사업의 목적이며 직업능력개발체제 지원은 직업능력개발사업의 목적이다.

2. 실업급여제도의 순기능이 아닌 것은?

① 노동력 공급축소

② 재취업의 촉진

③ 경기조절

④ 소득재분배

정답: ①

해설: 노동력 공급축소는 실업급여제도의 역기능이다. 의도적 실업을 양산한 가능성을 안고 있다.

3. 취업촉진수당에 포함되지 않는 것은?

① 특별연장급여

② 직업능력개발수당

③ 광역구직활동비

④ 이주비

정답: ①

해설: 특별연장급여는 구직급여의 일종이다.

4. 다음 중 실업급여의 부작용 방지대책으로 틀린 것은?

① 자발적 실업자에게는 지급하지 않는다.

② 실업의 신고일로부터 14일간은 지급하지 않는다.

③ 적절한 취업알선을 거부할 경우 지급하지 않는다.

④ 90일에서 240일의 범위에서만 지급한다.

정답: ②

해설: 실업의 신고일로부터 일정기간 지급을 하지 않는 대기기간은 고용
보험법 제40조의 개정으로 04년 1월 1일부터 14일에서 7일로 단축
되었다.

제2과 피보험자격 관리

〈미리 알아보기〉

1. 외국인의 경우는 실업급여의 적용대상이 아니다. (O X)
정답: X
해설: 출입국관리법상 국내 취업활동이 가능한 체류자격을 가진 외국인의 경우에는 본인이 가입을 희망하는 경우에 적용토록 하고 있으며 국내인과 결혼하였거나 영주의 자격을 갖은 외국은 고용보험의 당연 적용대상이 된다.

2. 사립학교 교사는 실업급여의 적용대상이 아니다. (O X)
정답: O
해설: 특수한 신분에 의한 자격제한으로서, 국가 및 지방공무원법에 의한 공무원, 사립학교교직원연금법의 적용을 받는 자, 별정우체국법에 의한 별정우체국 직원 등은 실업급여의 적용을 받지 않는다.

3. 사업주가 실업자의 이직사유를 사실과 다르게 신고하면 과태료의 처분을 받는다. (O X)
정답: O
해설: 다른 이직사유를 신고할 경우 과태료 처분(법 제117조제1항제3호)을 하게 되는데, 이 경우 상습허위신고의 경우는 300만원, 고의허위신고는 200만원 그리고 신고태만의 경우는 100만원을 과태료로 한다.

〈개   요〉

고용보험법상의 실업급여를 이해하기 위하여는 법상 규정하고 있는 적용대상을 먼저 확인할 필요가 있습니다. 법에서 말하는 근로자란 어떠한 지위에 있는 자가 근로자가 되는지 그리고 법의 적용을 받는 피보험자와 사업장은 어느 범위까지인지 등입니다. 아울러 이직확인서의 처리도 중요한 문제인데, 이직확인서라 함은 이직자의 이직내역을 확인할 때 제출하는 것으로 이직자가 실업급여의 신청을 희망하지 아니하는 경우에는 사용하지 않게 됩니다. 실업급여 수급자의 청구가 있는 경우 사업주는 이를 반드시 교부하여야 합니다.

〈목   표〉

1. 고용보험법상의 피보험자와 근로자의 개념에 대하여 알 수 있다.
2. 적용이 제외되는 사업장과 근로자의 범위를 이해할 수 있다.
3. 이직확인서의 의미와 그 처리와 관련된 문제들을 해결할 수 있다.

〈내   용〉

1. 법률상의 피보험자의 개념과 범위 그리고 고용보험법의 적용을 받는 사업장과 근로자에 대하여 알아봅시다.
2. 이직확인서의 법률적 의미와 기재사항을 알아봅시다.
3. 이직확인서상의 중요 개념과 처리 방안을 알아봅시다.

Ⅰ. 피보험자 및 근로자의 개념

○ 피보험자의 개념

라 함은 고용보험법 제2조에서 정의하고 있다. 이 규정에 의하면 "피보험자"란 관계 법률의 규정에 따라 고용보험에 가입되거나 가입된 것으로 보는 근로자를 말한다. 관계 법률은 「고용보험 및 산업재해보상보험의 보험료징수 등에 관한 법률」 제5조제1항·제2항, 제6조제1항 및 제8조제1항·제2항을 말한다. 고용보험법의 적용을 받는 사업의 사업주와 근로자는 당연히 고용보험법에 의한 고용보험의 보험가입자가 된다.

○ 근로자의 개념

여기서 문제가 되는 것은 피보험자가 되기 위해서는 반드시 근로자이어야만 한다는 것이다. 따라서 근로자인가 아닌가의 인정여부에 대하여 다양한 사례가 있을 수 있다.

고용보험법에서는 근로자를 근로기준법에 규정된 개념을 사용하는데, 근로기준법상의 근로자는 「직업의 종류를 불문하고 사업 또는 사업장에서 임금을 목적으로 근로를 제공하는 자」를 말한다. 즉, 고용보험의 피보험자가 되는 근로자는 사업주의 지휘·감독 하에 상시근로를 제공하고 그 대가로 임금형태의 금품을 지급 받는 자가 근로자가 된다.

> 사례 : 지방자치단체인 시청 소속 볼링선수단의 볼링선수가 고용보험상의
>   피보험자에 해당하는가?
>
> 해설 : 시청 소속 볼링선수는 시장과의 입단계약하에 시장이 지정한 장소에
>   서 코치의 지휘·감독하에 상시 출근하여 훈련을 행하고 매월 고정
>   적인 급여를 지급 받으며, 불성실한 경우 징계 등의 제재를 받을
>   수 있음은 물론 업무대체성이 없으며 시 지방공무원 복무조례에 의
>   한 연가나 병가를 득할 수 있고 퇴직시 퇴직금을 지급 받는 등의
>   사항으로 보아 고용보험의 피보험자인 근로자에 해당함.

사례 : 건설현장에서 현장내 인부 및 자재 운송업무를 맡고 있는 지입차의 차주가 고용보험상의 피보험자에 해당하는가?

해설 : 고용보험법상 피보험자인 근로자에 대하여 특별히 달리 정한 바는 없으나 그 실질에 있어 사업주의 지휘·감독 하에 상시근로를 제공하고 그 대가로 임금형태의 금품을 지급 받는 자이면 고용보험 피보험자인 근로자에 해당한다고 볼 수 있음.

사례 : 지방자치단체가 지역주민의 자녀보육과 복리후생을 도모하기 의하여 구립 어린이집을 설치하고 수탁운영체에 위탁하여 운영하고 있는 구립어린이집 원장이 고용보험 피보험자에 해당하는가?

해설 : 어린이집의 실질적인 운영을 위하여 구청장이 어린이집의 원장을 임명하여, 원장으로 하여금 어린이집 종사자에 대한 임명 및 복무관리를 하도록 하고 원장명의로 사업자등록을 하여 대외적으로 대표권을 행사하도록 하고 있는 점 등으로 보아 동 어린이집의 원장은 고용보험의 피보험자가 되는 근로자에 해당하지 않는 것으로 보아야 함.

II. 적용제외 사업장

고용보험법은 근로자를 고용하는 모든 사업 또는 사업장에 대하여 적용하는 것을 원칙으로 하고 있는 바, 고용보험의 당연적용사업이란 사업이 개시되거나 사업이 적용요건을 충족하게 되었을 때에 사업주 또는 근로자의 의사와 관계없이 자동적으로 고용보험관계가 성립되는 사업을 말한다.

다만, 사업의 규모 및 산업별 특성을 고려하여 사업장 및 피보험자관리가 매우 어렵다고 판단되는 다음의 일부 사업에 대하여는 적용을 제외하고 있다.

- 농업·임업·어업 및 수렵업 중 법인이 아닌 자가 상시 4인 이하의 근로자를 고용하는 사업
- 총 공사금액 2천만원 미만인 공사(면허업자 제외)

- 가사서비스업

여기에서 가사서비스업이란 개인가정에 고용된 각종 가사 담당자의 산업 활동을 의미한다. 다만, 인력공급업자에게 고용된 가사종사자의 경우에는 인력공급업자의 소속근로자로 적용하여야 한다.

> 사례 : 주한 ○○대사관에서 근무하는 한국직원들의 고용보험 의무 가입대상에 해당하는지의 여부?
>
> 해설 : 주한 외국공관은 고용보험 임의 적용대상에 해당되므로, 대사관에서 근무하는 한국근로자가 모두 고용보험에 가입해야 하는 것은 아니며, 한국 근로자가 고용보험의 혜택을 받기 위해서는 고용보험법 제8조의 규정에 의한 적용제외 근로자를 제외한 근로자 과반수의 동의를 얻어 근로복지공단의 승인을 얻어 보험에 가입 할 수 있음.

III. 고용보험 적용제외 근로자

1. 일반사업장에서의 적용제외근로자

- 65세 이상인 자

고용보험 피보험자가 65세에 도달한 날부터 적용대상에서 제외된다. 다만, 고용안정·직업능력개발사업에 관하여는 그러지 아니한다.

- 1개월간의 소정근로시간이 60시간 미만인 자(주단위로 소정근로시간을 정한 경우에는 1주간의 소정근로시간이 15시간 미만인 자)는 피보험자격을 취득할 수 없다. 다만, 생업을 목적으로 근로를 제공하는 자중 3개월 이상 계속하여 근로를 제공하는 자 및 일용근로자는 제외된다.

2. 특정직종에 따른 적용제외 근로자

　－국가 및 지방공무원법에 의한 공무원

다만, 대통령령으로 정하는 바에 따라 별정직 및 계약직 공무원의 경우는
본인의 의사에 따라 고용보험(실업급여)에 가입할 수 있다.

　－사립학교교직원연금법의 적용을 받는 자

　－별정우체국법에 의한 별정우체국 직원

3. 외국인의 경우

　국내 거주 자격이 있는 외국인은 취업활동에 아무런 제한이 없으므로 당
연 적용대상으로 하되, 출입국관리법상 국내 취업활동이 가능한 체류자격을
가진 외국인의 경우에는 본인이 가입을 희망하는 경우에 적용토록 하고 있
다(사업주는 외국인근로자 본인이 서명한 외국인가입신청서에 외국인등록증
사본을 첨부하여 관할 직업안정기관에 제출하여야 함).

　국내인과 결혼(F－2)하였거나 영주의 자격(F－5)을 갖은 외국은 고용보험
의 당연 적용대상이고 주재, 기업투자, 기업경영의 체류자격의 경우는 상호
주의에 따라 적용여부를 판단한다.

　출입국관리법상 일정한 체류자격이 없는 외국인의 경우에는 국내 고용이
금지되어 있으므로 이른바 "불법취업근로자"는 당연히 고용보험의 적용대
상이 되지 않는다.

> **사례**: 교육공무원법 제32조에 의한 기간제 교원 및 국·공립학교에 고용된 임시·일용·계약직 근로자도 고용보험의 피보험자격 취득대상이 되는지?
>
> **해설**: 교육공무원법 제32조에 의한 기간제 교원이라 하더라도 동 기간제 교원이 국가공무원법 및 지방공무원법에 의한 공무원이나 사립학교 교직원연금법의 적용을 받는 자 등으로서 고용보험법 제8조에 규정된 적용제외 근로자에 해당되지 않는 한 고용보험이 피보험자격취득 대상이 됨.

Ⅳ. 이직확인서

1. 이직확인서의 제출

(1) 사업주의 이직확인서 제출

○ 사업주는 그가 고용하는 피보험자가 이직에 의하여 피보험자격을 상실하는 경우에는 고용보험 피보험자격상실신고서(이직확인서)에 피보험단위기간, 이직사유, 이직 전에 지급한 임금, 퇴직시 지급한 퇴직금·기타금품, 이직 전 1일 소정근로시간을 증명하는 내용을 기재하여 제출하여야 합니다.(법 제16조 및 규칙 제5조)

○ '06.1월부터는 수급자격신청 희망여부에 따라 이직확인서를 제출할 수 있습니다. 다만, 일용근로자는 제외됩니다.(법 제16조)

○ 가장 최근 이직 전 사업장의 피보험단위기간이 6월 미만이어서 동 사업장 근무 이전 사업장의 피보험단위기간 등의 합산이 필요한 경우에는 이전 사업장으로부터 이직확인서를 제출(또는 근로자가 교부청구에 의한 방법) 받아 처리합니다.

○ '04.1월부터 적용되는 일용근로자는 근로내역확인신고서를 제출하는

경우는 피보험자격취득·상실신고는 물론 이직확인서 제출도 생략됩니다.

(2) 이직자에 대한 사업주의 이직확인서 교부

○ 이직자는 이직일의 다음날부터 12월(수급기간) 이내에 어느 때나 수급자격인정신청이 가능(법 제48조)하므로
  - 실업급여 수급자격의 인정신청을 위하여 사업주에게 이직확인서의 교부를 청구할 수 있으며(법 제16조제2항)
  - 이 경우 청구 받은 사업주는 즉시 이직확인서를 교부하여야 하며, 불응시에는 법 제117조제1항제3호에 의거 과태료를 부과합니다.

2. 이직일

이직일은 피보험자와 사업주간의 고용관계가 사실상 종료된 날로서 고용관계가 종료된 날이란 다음과 같습니다.
  - 근로자가 사직서를 제출한 경우에는 사업주가 사직서를 수리한 날. 단, 취업규칙 등에 근로자가 사직서를 제출한 후 퇴직의 효력이 발생하는 시점에 대한 규정이 있으면 그에 따르고, 사업주가 사직서를 수리하지 않더라도 민법 제660조에 따라 일정기간(통상 1월)이 지나면 퇴직효력이 발생함
  - 계약기간 만료로 이직하는 경우에는 계약기간 만료일에 해당하는 날
  • 정년퇴직으로 이직하는 경우에는 정년으로 정해진 날
  • 사업주가 해고한 날 등

사례 : '08.4.2자 사업장의 부도로 인해 다음날부터 근로자들이 출근하
지 않았고, '08.4.15자로 근로자들은 퇴직일을 '08.4.3자로
하여 사직서를 제출하였고, 사직서를 확인한 사업주는 '08.4.18
자로 사직서를 반려하겠다고 통보하였다. 이후 사직서가 수리되지
않은 상태에서 사직서를 제출한 근로자 7명중 5명이 권고사직을
이유로 실업급여를 신청하였으며, '08.2.26부터 '08.3.25까
지의 임금이 정기지급일인 '08.3.25에 지급되지 않고 현재까지
체불된 상태이며, 사업주는 '08.6.30자로 사직서를 수리하겠다
고 하였다. 근로자 및 사업주간 이직일 및 이직사유에 대하여 주장
내용이 근로자와 사업주가 다른 경우 타당한 이직일과 이직사유는
무엇일가?

해설 : '08.4.15 사직서를 제출하였으므로, 민법 제660조제3항에 따
라 해지 통보일로부터 당기후의 1임금 지급기가 경과한 날인
'08.5.25.자가 이직일이며, 이직사유는 사업주가 사직을 권고하
였다고 하나 이를 부인하고 있어 임금체불에 의한 자진 퇴사에 해
당됨.

3. 임금지급 기초일수

○ 이직 전의 직장에서 받은 임금지급의 기초가 된 날수를 말하며, 이
경우 임금지급의 기초로 된 날이라 함은 현실적으로 근로한 날임을 요하지
는 않습니다.

○ 근로기준법 제46조제1항의 휴업수당의 지급대상이 된 일수 또는 근로
기준법 제74조의 산전후휴가기간 중 사업주로부터 금품을 지급 받는 유급
휴가기간은 임금지급의 기초로 된 일수에 산입됩니다.

○ 임금지급기초일수는 피보험단위기간 산정대상기간 중 "임금지급의 기
초가 된 일수"를 말하며, 이 경우 "임금지급의 기초가 된 일수"에는 현실적
으로 근로하지 아니한 날이 포함될 수 있습니다. 임금지급기초일수는 월급
근로자의 경우 통상 30일 또는 31일이 될 것이나, 휴일 또는 결근일 등을
임금지급일수에서 제외하는 경우에는 그 일수를 제외한 일수가 됩니다.

○ 일급근로자는 실제로 근로한 날이 아니더라도 유급휴가일 등이 포함될 수 있고 기준임금을 기준으로 보험료를 납부한 경우에도 실제 지급받은 임금의 지급기초일수가 임금지급기초일수가 됩니다.

사례: 버스운송업체 운전기사의 근로특성상 격일제 근무(1일근무, 1일휴무) 및 복격일제 근무(3일근무, 2일휴무)를 하고 있으며, 통상적인 월 만근일수는 13일이다. 격일제의 경우 1일 근로시간은 통상적으로 15~19시간이며 실근무일에 대해서만 시간급으로 임금을 지급하고 격일제 근무에 따른 휴무일은 무급처리하고 있을 때, 임금지급기초일수 산정방법은?

해설: 비록 격일제 근무로 근무일이 특정되어 있다고 하더라도 특성상 업무의 계속성이 인정되고 통상 취업한 것으로 인정되므로 피보험단위기간 산정기준이 되는 임금지급의 기초가 된 날은 실제 근로를 제공한 날의 합이 아닌 임금이 지급되는 근로계약기간 전 기간으로 보아 처리하여 월력상 일수(28~31일)로 산정하여야 할 것이다. 버스운수업 종사자의 경우 「근로기준법」 제58조의 규정에 의거 공익의 필요성 등으로 노사합의에 의해 격일제 또는 복격일제근무로 운영되는 사례가 있는 바, 노·사 당사자간 합의에 의하여 주 또는 월별 일정한 날을 만근하였을 경우 주휴일을 부여하고 있다면, 해당 기간 전체에 대하여 유급일로 보아 임금지급기초일수에 모두 포함하여야 할 것이다.

4. 이직사유

이직사유는 수급자격제한 여부를 판단하는 기초자료이므로 구체적으로 기재토록 하고, 기재된 내용만으로 이직유형을 판단하기 곤란할 때는 입증서류를 제출토록 할 수 있습니다.

5. 1일 소정근로시간

이직전의 1일평균 소정근로시간은 수급자격자의 소정근로시간이 일단위로 정해져 있는 경우는 그 소정근로시간을, 소정근로시간이 일 이외의 기간의 단위로 정해져 있는 경우는 소정근로시간이 정해진 이직전 단위기간의 소정근로시간을 당해 기간의 총일수(유급휴일 근로시간 포함)로 나눈 시간을 기재합니다.

> 사례 : 위의 설명처럼 이직 직전의 단위기간 동안 총 소정근로시간을 해당 기간의 총 일수로 나누었을 경우 6.01시간이 나왔다면 7시간으로 5.01시간이 나왔다면 6시간으로 봅니다. 단, 7시간 초과시는 8시간으로, 4시간 이하는 4시간으로 적습니다.
>
> 예를 들어, 총 근로시간이 350시간이고 일을 한 총 일수가 65일이라면 약 5.4시간이 되므로 이를 6시간으로 보면 됩니다.

6. 이직확인서의 정정

○ 고용지원센타에서 이직사유 정정에 대한 객관적인 자료를 요구하는 것은 실업급여의 부정수급을 방지하기 위한 필수적 절차로 볼 수 있으므로 되도록 엄격히 요구하도록 합니다.

사업주가 사후에 이직사유 정정신고를 하는 등 당초와 다른 이직사유를 신고할 경우 과태료 처분을 합니다(법 제117조제1항제3호). 이 경우 상습허위신고의 경우는 300만원, 고의허위신고는 200만원 그리고 신고태만의 경우는 100만원을 과태료로 합니다.

<학습정리>

◆ 고용보험의 피보험자가 되는 근로자는 사업주의 지휘 · 감독 하에 상

시근로를 제공하고 그 대가로 임금형태의 금품을 지급 받는 자가 근로자가 된다.

◆ 고용보험 적용제외 사업장은 ① 농업·임업·어업 및 수렵업 중 법인이 아닌 자가 상시 4인 이하의 근로자를 고용하는 사업, ② 총 공사금액 2천만원 미만인 공사(면허업자 제외), ③ 가사서비스업이다.

◆ 고용보험 적용제외 근로자는 일반사업장, 특정직종, 외국인 별로 상이하게 규정되어 있다.

◆ 이직확인서를 제출하려는 경우에는 그 사유가 발생한 날이 속하는 달의 다음 달 15일까지(근로자가 그 기일 이전에 신고하거나 제출할 것을 요구하는 경우에는 지체 없이) 신고하거나 제출하여야 합니다.

◆ 임금지급 기초일수란 이직 전의 직장에서 받은 임금지급의 기초가 된 날수를 말하며, 이 경우 임금지급의 기초로 된 날이라 함은 현실적으로 근로한 날임을 요하지는 않습니다.

◆ 소정근로시간이 일단위로 정하여져 있는 경우에는 그 소정근로시간을, 소정근로시간이 일 외의 단위기간으로 정하여져 있는 경우에는 소정근로시간이 정하여진 이직 직전의 단위기간 동안 총 소정근로시간을 해당 기간의 총 일수로 나눈 시간을 적되, 소수점 이하로 산정된 경우에는 올림하여 적습니다.

◆ 상실일은 이직일의 다음 날입니다.

<확인하기>

1. 다음 중 고용보험 적용제외 근로자가 아닌 것은?

① 65세 이상인 자

② 1주간의 소정근로시간이 15시간 미만인 자

③ 외국 공관에 근무하는 한국직원

④ 사립학교 교원

정답: ③

해설: 외국 공관의 경우 의무가입대상은 아니나 한국 근로자가 고용보험

의 혜택을 받기 위해서는 고용보험법 제8조의 규정에 의한 적용제
외 근로자를 제외한 근로자 과반수의 동의를 얻어 근로복지공단의
승인을 얻어 보험에 가입 할 수 있음.

2. 다음 중 이직확인서에 대한 설명으로 맞지 않는 것은?

① 이직확인서는 반드시 작성하지 않아도 된다.

② "임금지급의 기초가 된 일수"에는 현실적으로 근로하지 아니한 날이
　　포함될 수 있다.

③ 이직확인서상의 상실일은 이직일 다음날이다.

④ 이직확인서는 근로자가 작성하여 제출할 의무가 있다.

정답: ④

해설: 이직확인서는 실업급여 수급을 위해서 작성, 신고하며 의무사항은
　　아니다. 이직확인서 작성 및 신고는 사업자가 하게 된다.

3. 다음 중 내용으로 바르지 않은 것은?

① 이직확인서를 허위 기재한 경우 사업주도 처벌될 수 있다.

② 계약기간의 만료로 직장을 계속 다닐 수 없다면 정당한 이직사유이다.

③ 사업주가 이직확인서의 신고를 거부하면 구제방법이 없다.

④ 이직확인서의 정정은 고용지원센타에 한다.

정답: ③

해설: 사업주가 이직확인서의 신고를 거부하면 해당 근로자는 고용지원센
　　타에 의뢰하여 해당 센타의 행정지도로 구제를 받을 수 있고 해당
　　사업주는 과태료의 처분을 받게 된다.

제3과 수급자격 인정

〈미리 알아보기〉

1. 실업의 신고를 하면 즉시 실업급여를 수령할 수 있다. (○ X)
정답: X
해설: 실업을 신고한 날부터 실업급여를 지급하는 것이 아니라 일정기간 동안 급여를 지급하지 않는 대기기
간을 두고 있는데, 현재 7일을 대기기간으로 정하고 있다.

2. 실업급여의 수급기간은 재취업을 할 때까지이다. (○ X)
정답: X
해설: 이직한 다음날부터 기산하여 12개월 이내의 기간을 수급기간으로 하며 수급기간 내에서만 실업급여
를 받을 수 있다.

3. 구직급여일액은 급여기초임금일액의 50%로 하며, 최고액 40,000원, 최저액은 최저임금의 50%이다.
(○ X)
정답: X
해설: 구직급여일액이란 수급자격자가 실업인정을 받은 1일에 지급받은 구직급여액이며 급여기초임금일액의
50%로 하며, 최고액 40,000원, 최저액은 최저임금의 90%이다.

〈개   요〉

본 차시에서는 실업급여를 수급받기 위해서는 법이 정한 기본적인 요건을 갖추어야 합니다. 이러한 요건
에는 기본적인 자격요건과 각종의 기간요건 그리고 이에 바탕을 둔 구체적인 급여액의 산정까지 내용이 구
성되어 있습니다. 아울러 일정한 조건하의 수급신청을 연장하여 실질적 수급기간이 연장되는 수급기간연장
에 관한 내용을 학습하실 것입니다.

〈목   표〉

1. 기본적인 수급요건을 확인할 수 있다.
2. 구체적인 수급액을 산정할 수 있다.
3. 수급기간연장에 관한 내용을 설명할 수 있다.

〈내   용〉

1. 피보험자의 법정 수급자격에 대하여 알아봅시다.
2. 급여기초임금일액과 구직급여일액의 산정방법을 알아봅시다.
3. 수급기간연장의 요건과 효과를 알아봅시다.

Ⅰ. 수급자격의 인정

1. 구직급여의 기본적 수급요건

1) 이직일 이전 18개월간 피보험단위기간이 통산하여 180일 이상이어야 합니다. 단, 이 기간에는 최후로 피보험자격을 취득한 날 이전에 수급자격의 인정을 받은 사실이 있는 경우에는 그 수급자격의 인정과 관련된 이직일 이전의 임금 지급의 기초가 된 날은 피보험 단위기간에 넣지 않습니다.

> 예: 여성근로자 甲은 A사업장 2003.4.16 입사하여 2003.6.16부터 2003.9.15까지 산전후휴가를 부여받았으나, 산전후휴가 종료일 이전에 고용보험법 규정에 의한 피보험단위기간이 통산하여 180일이 되지 않으나 구직급여를 지급 받기 전에 고용보험에 가입한 기간을 포함할 수 있는가?
>
> ※ 甲의 고용보험가입이력: C사에서 '95.7.1 고용보험취득 '95.10.1 고용보험상실, B사에서 '95.10.2 고용보험취득 '03.1.7 고용보험상실 '03.1.8 수급자격을 신청 '03.1.22~'03.4.15까지 구직급여를 받고 A사에 '03.4.16 입사하여 고용보험 취득
>
> 답: 없다. 고용보험법 규정에 의하면 산전후휴가급여 지급요건으로 산전후휴가종료일 이전에 피보험단위기간이 180일 이상일 것을 요건으로 하고 있고, "구직급여 수급자격을 인정받은 사실이 있는 경우에는 그 수급자격의 인정과 관련된 이직일 이전의 임금지급의 기초가 된 날은 피보험단위기간에 산입 하지 아니한다"고 규정하고 있으므로 구직급여 수급자격을 인정받은 사실이 있는 경우에는 당해 구직급여 수급자격의 인정과 관련된 이직일 이전의 임금지급 기초가 된 날은 피보험 단위기간에 산입 하지 아니한다. 따라서 甲은 2003.1.8 수급자격을 신청하여 수급자격을 인정받은 바 있고 이경우의 수급자격은 이직일 이전의 고용보험가입기간 모두를 통산한 기간을 의미하므로 A사업장에서의 갑의 피보험단위기간이 180일미만으로 산전후휴가급여를 지급 받을 수 없음

2) 근로의 의사와 능력이 있음에도 불구하고 취업하지 못한 상태에 있어야 합니다.(취업에는 영리를 목적으로 사업을 하는 경우를 포함합니다.)

관련 판례: 최종적인 고용계약이 되지 않은 채용예정자 훈련과정 중에 있는 자는 취업하지 못한 상태에 있다고 보아야 할 것인가의 여부

채용예정자 훈련을 받는 동안 실업 상태에 있었다고 볼 수 있는지에 관하여 보면, ① 최종 교육수행결과에 따라 채용을 거부할 수 있고, 채용예정자도 원고 회사가 실시하는 채용예정자 훈련을 받았다고 하여 원고 회사에 취업할 의무가 있는 것은 아닌 점, ② 채용예정자로서 일정한 기간 동안 직업능력개발훈련을 받는 것은 해당 기업에 취업하려는 적극적 의사와 능력을 가지고, 최종적으로 채용되기 위해 적극적인 구직노력을 하는 것이라고 볼 수 있는 점, ③ 구고용보험법 제34조 제3항 제1호에 의하면, 직업능력개발훈련을 받는 자에 대하여 실업의 인정이 가능한 것으로 규정하고 있는 점, ④ 그러한 경우를 취업으로 인정한다면 채용예정자의 안정된 훈련을 위하여 훈련기간 동안의 생활비가 포함된 충분한 훈련수당을 지급한 사업주가 오히려 신규고용촉진장려금을 지급받을 수 없다는 바람직하지 못한 결과에 이르게 되는 점 등을 비추어 볼 때, 채용예정자 훈련을 받는 동안 실업 상태에 있지 않았거나, 원고 회사에 취업한 상태에 있었다고 볼 수는 없다.(서울행법 2008구합4824)

3) 이직사유가 수급자격의 제한사유에 해당하지 않아야 합니다.

4) 재취업을 위한 노력을 적극적으로 하여야 합니다.

5) 이직 당시 일용근로자인 경우
○ 수급자격인정신청일 이전 1월간의 근로일수가 10일 미만일 것
○ 최종 이직일 이전 기준기간내의 피보험단위기간 180일중 (수급자격제한사유에 해당하는 사유로 이직한 사실이 있는 경우에는 당해 피보험단위기간 중) 90일 이상을 일용근로자로 근로하였을 것

2. 급여지급기간 및 산정기준

1) 대기기간

○ 실업을 신고한 날부터 실업급여를 지급하는 것이 아니라 일정기간 동안 급여를 지급하지 않는 대기기간(waiting period)을 두고 있습니다.

○ 대기일수는 '04.1.1 이전에는 실업의 신고일로부터 2주(14일)였으나, 이후에는 대기기간을 7일로 변경되었습니다. 다만, 최초의 실업인정일은 종전과 같이 실업신고일로부터 14일이 되는 날(대기기간 7일, 실업인정일 7일)입니다.

○ 대기기간은 신청자의 고용보험 상실신고사유와 이직확인서 등을 확인하는 기간입니다. 보통 이직자의 상실신고를 회사측에서 당일이나 익일 바로 한다고는 보기가 어렵기 때문입니다.

2) 수급기간

○ 이직한 다음날부터 기산하여 12개월 이내의 기간을 의미하며 수급기간 내에서만 실업급여를 받을 수 있습니다. 단, 임신·출산·육아, 질병·부상 등으로 취직할 수 없는 상태가 계속된 경우에는 그 기간만큼 수급기간을 연장(최대 4년)할 수 있습니다.

○ 수급기간 설정목적은 이직자에게 조속히 실업을 신고토록 하고 구직활동을 촉진시키기 위함입니다.

3) 구직급여의 수준

(1) 급여기초임금일액

○ 급여기초임금일액이란 구직급여의 산정기초가 되는 임금일액을 말하며 근로기준법 제19조의 규정에 의한 평균임금으로 합니다.

○ 평균임금이 그 근로자의 통상임금보다 낮은 경우에는 통상임금을 기

초일액으로 하고, 기초일액이 수급자격자의 이직전 1일 소정근로시간에 이직일 당시 적용되던 최저임금법에 의한 시간단위에 해당하는 최저임금액을 곱한 금액보다 낮은 경우에는 그 최저임금일액을 기초일액으로 합니다.

○ 급여기초임금일액의 최고·최저 기준(시행령 제68조)
　- 최고액: 80,000원
　- 최저액: 최저임금액 기준

예: 모 전자회사는 가족수당과 교육수당 등을 독신자를 포함하여 전 근로자에게 일률적으로 지급하지 않고 가족 수와 근속기간 등에 따라 차등 지급하고 있으나, 사업장의 단체협약에 동 수당을 임금의 범위에 포함되는 금품으로 미리 정하고 일정한 지급기준에 의하여 사업주가 의무적으로 지급하고 있는 바, 동 가족수당과 교육수당 등이 급여기초임금일액의 산정대상이 되는 임금에 포함되겠는가?

답: 사업장의 단체협약이나 취업규칙, 근로계약 등에 동 수당을 임금의 범위에 포함되는 금품으로 미리 정하고 일정한 지급기준에 의하여 사업주가 의무적으로 지급하는 경우라면 도 수당도 급여기초임금일액의 산정대상이 되는 임금에 포함된다.

산정예시

직장생활 6년차인 甲은 매월 200만원의 임금을 받고 연간 400%의 상여금을 받고 있으며 연차유급휴가는 모두 사용하고 있다. 10월 1일 퇴직의 사유가 발생한 경우 甲의 평균임금과 기초일액은 얼마인가?

해설: 평균임금은 이를 산정하여야 할 사유발생시 3개월간의 평균임금이다. 즉, 임금(200+200+200)/3=200만원, 상여(200×400%=800만원/12개월=약 66만원이 된다. 따라서 평균임금은 200만원+66만원=약 266만원이 된다.
기초일액은 266만원/92일(7월:31일, 8월:31일, 9월:30일)=약 28,900원이 된다. 그러나 2008년 기준 일 최저임금액(8시간기준)인 30,160원에 미치지 못하므로 최저임금일액인 30,160원이 급여기초임금일액이 된다.

○ 기준임금에 의한 급여기초임금일액의 산정

임금확인이 곤란한 경우와 1~4인 사업장중 기준임금을 기준으로 보험료를 납부한 경우에는 기준임금을 기초로 급여기초임금일액을 산정합니다. 다만, 평균임금 및 통상임금 산정액이 기준임금보다 많은 경우에는 그렇지 않습니다.

(2) 구직급여일액

○ 구직급여일액이란 수급자격자가 실업인정을 받은 1일에 지급받은 구직급여액이며 급여기초임금일액의 50%로 하며, 최고액 40,000원, 최저액은 최저임금의 90%입니다.

> 예시 : 급여기초임금일액이 7만원일 경우 그의 50%인 3만5천원이 구직급여일액이며, 급여기초임금일액이 9만원일 경우는 4만5천원이 되나, 상한액이 4만원이므로 구직급여일액은 4만원이 된다. 마찬가지로 급여기초임금일액이 5만원일 경우 50%는 2만5천원이 되나 최저액인 2008년 기준 최저임금의 90%인 27,144원(30,160×90%)에 미치지 못하므로 구직급여일액은 27,144원이 된다.

4) 소정급여일수

○ 소정급여일수란 하나의 수급자격에 의하여 구직급여를 지급받을 수 있는 일수로 수급자격자의 피보험기간과 연령에 따라 최소 90일에서 최대 240일까지입니다.

〈소정급여일수〉

연 령＼피보험기간	1년미만	1년이상 3년미만	3년이상 5년미만	5년이상 10년미만	10년이상
30세미만	90일	90일	120일	150일	180일
30세이상 ~ 50세미만	90일	120일	150일	180일	210일
50세이상 및 장애인	90일	150일	180일	210일	240일

○ 장애인은 장애인고용촉진및직업재활법에 의한 장애인을 말합니다.

II. 수급기간 연장

○ 구직급여는 원칙적으로 당해 구직급여의 수급자격과 관련된 이직일의 다음날부터 기산하여 12개월 이내 기간에서만 지급합니다.

○ 수급기간의 연장신고는 수급기간 내에 본인이 직접 하거나 대리인을 통해서 할 수 있습니다.

○ 이직 후 12월의 수급기간 중 임신, 출산, 육아 또는 질병·부상 등으로 취업할 수 없는 자가 그 사실을 직업안정기관에 신고한 경우에는 12월의 기간에 그 취업할 수 없는 기간을 가산한 기간(4년을 넘을 때에는 4년) 내에 제50조제1항의 규정에 의한 소정급여일수를 한도로 구직급여를 지급합니다.

○ 질병이나 부상은 본인과 배우자 그리고 직계존비속의 경우에, 육아의 경우는 생후 3년 미만의 영아에 한합니다.

○ 의무복무의 경우에는 의무복무기간이 종료된 날로부터 30이내에 수급기간연장신고를 해야 합니다.

<학습정리>
◆ 구직급여의 기본적 수급요건
→ 이직일 이전 18개월간 피보험단위기간이 통산하여 180일 이상
→ 근로의 의사와 능력이 있음에도 불구하고 취업하지 못한 상태
→ 이직사유가 수급자격의 제한사유에 해당 않아야 함
→ 재취업을 위한 적극적 노력
◆ 전직·자영업 등을 위해 직장을 스스로 그만 두었거나 중대한 자신의 귀책사유로 해고된 경우에는 실업급여를 받을 수 없습니다.

◆ 평균임금이 그 근로자의 통상임금보다 낮은 경우에는 통상임금을 기초일액으로 하고, 기초일액이 수급자격자의 이직전 1일 소정근로시간에 이직일 당시 적용되던 최저임금법에 의한 시간단위에 해당하는 최저임금액을 곱한 금액보다 낮은 경우에는 그 최저임금일액을 기초일액으로 합니다.

◆ 구직급여일액이란 수급자격자가 실업인정을 받은 1일에 지급받은 구직급여액이며 급여기초임금일액의 50%로 하며, 최고액 40,000원, 최저액은 최저임금의 90%입니다.

<확인하기>

1. 구직급여의 수급요건이 아닌 것은?
① 이직일 이전 18개월간 피보험단위기간이 통산하여 180일 이상일 것
② 취업하지 못한 상태에는 영리를 목적으로 사업을 영위하는 경우는 제외
③ 이직사유가 수급자격의 제한사유에 해당하지 않을 것
④ 재취업을 위한 노력을 적극적으로 할 것
정답: ②
해설: 수급요건에서 요구하는 '취업하지 못한 상태'에서 말하는 취업에는 영리를 목적으로 사업을 영위하는 경우도 포함한다.

2, 매월 300만원의 임금을 받고 연간 500%의 상여금을 받고 있으며 연차유급휴가는 모두 사용하고 있다. 10월 1일 퇴직의 사유가 발생한 경우 甲의 평균임금과 기초일액을 맞게 계산한 것은?
① 약 35,000원 ② 약 40,200원 ③ 약 46,200원 ④ 약 48,200원
정답: ③
해설: 평균임금은 이를 산정하여야 할 사유발생시 3개월간의 평균임금이다. 즉, 임금(300 + 300 + 300) / 3 = 300만원, 상여(300×500% = 1500만원 / 12개월 = 125만원이 된다. 따라서 평균임금은 300만원 + 125만원 = 425만원이 된다.
기초일액은 425만원 / 92일(7월:31일, 8월:31일, 9월:30일) = 약 46,200

원이 된다. 이는 2008년 기준 일 최저임금액(8시간기준)인 30,160원에 보다 높으므로 최저임금일액은 약 46,200원이 급여기초임금일액이 된다.

3. 2008년 기준으로 급여기초임금일액이 5만원일 경우 구직급여일액을 산출하시오.

정답 및 해설: 급여기초임금일액이 5만원일 경우 50%는 2만5천원이 되나 최저액인 2008년 기준 최저임금의 90%인 27,144원(30,160×90%)에 미치지 못하므로 구직급여일액은 27,144원이 된다.

제4과 수급자격 제한

〈미리 알아보기〉

1. 형법 또는 직무와 관련된 법률을 위반하여 『금고이상의 형을 선고받은 경우』로써 해고된 경우에는 수급자격이 제한된다. (○ Ⅹ)
정답: ○
해설: 자신의 귀책사유로 해고된 경우를 말하며, 이 경우에는 실업급여의 수급자격을 제한하고 있다. 금고이상의 형을 선고받았다는 이유로 해고된 경우를 말하므로 형을 선고받기 전에 이미 해고가 이루어진 경우에는 여기에 해당하지 않는다.

2. 상사나 직장동료 등으로부터 노조활동을 했다는 이유로 불합리한 차별대우를 받은 경우는 수급자격이 제한되지 않는다. (○ Ⅹ)
정답: ○
해설: 종교, 성별, 신체장애, 노조활동 등을 이유로 차별대우를 받은 경우는 주관적인 경우가 많이 있음으로 차별이 객관적으로 입증이 가능한 경우는 수급자격을 인정한다.

3. 중대한 귀책사유로 해고사유인 피보험자가 해고되지 아니하고 사업주의 권고로 이직한 경우는 자의가 아니므로 수급자격이 인정된다. (○ Ⅹ)
정답: Ⅹ
해설: 사업주의 권고에 의하여 이직하는 경우는 원칙적으로 비자발적 실업에 해당하므로 수급자격이 인정되는 것이 원칙지만, 자신의 중대한 귀책사유에 의하여 권고 사직한 경우에는 이직의 원인이 사업주에게 있는 것이 아니라 피보험자 자신에게 있는 것이므로 보험사고를 야기한 책임을 물어 수급자격을 인정하지 않는다.

〈개   요〉

　실직을 하였다 하여 무제한으로 수급자격을 인정하여 급여를 지급할 수는 없습니다. 다시 말해, 이직사유가 자신의 중대한 귀책사유에 해당하거나 자기 사정으로 이직하는 경우에는 원칙적으로 수급자격이 인정되지 않는 것입니다. 보험사고를 고의로 유발한 피보험자의 급여를 제한하는 일반 보험원리를 적용하여 타 보험가입자에게 미치는 불공평한 결과를 방지하고 근로의욕 저하, 실업급여의 남용방지 및 보험재정의 건전성 유지 등을 위해 이직사유에 따른 수급자격제한은 불가피한 것 됩니다. 본 차시에서는 이러한 제한 사유를 학습하실 것입니다.

〈목   표〉

1. 이직사유에 따른 수급자격 제한사유를 설명할 수 있다.
2. 자신의 중대한 귀책사유의 의의와 그 범위를 정확히 판단할 수 있다.
3. 자기사정으로 이직한 피보험자의 경우 처리방안을 알 수 있다.

〈내   용〉

1. 중대한 귀책사유로 인한 해고의 유형과 범위를 알아봅시다.
2. 자기사정으로 인한 이직의 제한기준을 알아봅시다.
3. 각 사유에 해당하는 구체적인 사례를 이해해 봅시다.

Ⅰ. 중대한 귀책사유로 인한 수급자격의 제한

법 제58조 제1호의 내용으로서 다음의 세 가지가 규정되어 있습니다.

1. 형법 또는 직무와 관련된 법률을 위반하여 『금고이상의 형을 선고받은 경우』로써 해고된 경우

○ 직무관련 법령 여부는 직무수행과 관련하여 통상적인 관련성을 기준으로 판단하되 필요한 경우 구체적 사안별로 직무관련성 여부를 판단하게 됩니다. 예를 들어, 자동차운전기사가 도로교통법을 위반한 경우, 은행원이 금융실명제법을 위반한 경우, 안전관리자가 산업안전보건법·전기사업법·도시가스사업법·액화석유가스의 안전 및 사업관리법 및 고압가스안전관리법 등을 위반한 경우 등이 이에 해당됩니다.

○ 금고이상의 형을 선고받았다는 이유로 해고된 경우를 말하므로 단순히 벌금형을 선고받고 해고된 경우나 형을 선고받기 전에 이미 해고가 이루어진 경우에는 이 기준에 해당하지 않습니다. 또한 '형을 선고받음'에서 "선고"란 확정선고를 말하므로 상급법원에 항소 또는 상고하여 재판이 진행 중인 경우에는 확정선고에 해당하지 않게 됩니다.

> 사례: 증권회사에 근무하는 甲은 회사의 자금을 횡령하여 법원에서 징역 1년에 집행유예 2년을 선고받았다. 형의 집행이 이루어지지 않은 집행유예의 경우에도 수급자격 제한 사유의 중대한 귀책사유 중의 금고 이상의 형을 선고받은 경우에 해당되겠는가?
>
> 답: 「형법」 또는 직무와 관련된 법률을 위반하여 금고 이상의 형을 선고받은 경우에서의 '형의 선고'란 법원의 확정선고를 의미하는 바, 형 확정 후 그 집행을 일정기간 유예하는 집행유예 선고여부는 수급자격 제한여부와 무관하다. 따라서 중대한 귀책사유에 해당된다.

2. 사업에 막대한 지장을 초래하거나 재산상 손해를 끼친 경우로서 노동

부령이 정하는 기준에 해당하는 경우(시행규칙 제101조제1항의「별표1」)

① 납품업체로부터 금품이나 향응을 제공받고 불량품을 납품받아 생산에 차질을 가져온 경우

② 영업용 차량을 사업주의 위임이나 동의 없이 타인에게 대리운전하게 하여 교통사고를 일으킨 경우

③ 사업의 기밀 그 밖에 정보를 경쟁관계에 있는 다른 사업자 등에게 제공하여 사업에 지장을 가져온 경우

④ 허위사실을 날조·유포하거나 불법 집단행동을 주도하여 사업에 막대한 지장을 가져온 경우

⑤ 영업용차량 운송수입금을 부당하게 착복하는 등 직책을 이용하여 공금을 착복·장기유용·횡령하거나 배임한 경우

⑥ 제품이나 원료 등을 절취하거나 불법 반출한 경우

⑦ 인사·경리·회계담당 직원이 근로자의 근무상황 실적을 조작하거나 허위서류 등을 작성하여 사업에 손해를 끼친 경우

⑧ 사업장의 기물을 고의로 파손하여 생산에 막대한 지장을 가져온 경우

⑨ 그 밖에 사회통념상 고의로 사업에 막대한 지장을 가져오거나 재산상 손해를 끼쳤다고 인정되는 경우

사례: 전 사업장에서 이직한 노동조합장은 2001년도 임·단협교섭 과정에서 불법파업을 주도하여 회사에 재산상 손실을 초래케 하고 업무를 방해하였다는 이유로 징계 해고된 후 수급자격인정신청을 하였는데, 이러한 경우 노동조합장의 수급자격을 인정할 수 있는가?

답: 신청인은 노동조합의 대표자로서 불법쟁의행위를 주도하여 장기간 파업함으로 회사 생산라인을 전면 가동 중단케 함으로써 회사에 막대한 손해를 끼친 사실이 명백하므로 수급자격을 제한하는 것이 타당할 것이다. 불법 쟁의행위를 주도하여 사업에 막대한 손해를 끼쳐 해고된 경우에는 구직급여수급자격제한기준 1-⑨의 규정에 의거 수급자격이 제한되어야 하므로 본 건의 경우에도 수급자격인정신청인이 노동조합의 대표자로서 불법 쟁의행위를 주도하여 사업에 막대한 손해를 끼쳐 해고된 사실이 명백하다면 신청인의 수급자격은 제한되어야 할 것이다.

3. 정당한 사유 없이 근로계약 또는 취업규칙을 위반하여 장기간 무단결근한 경우

○ 정당한 사유 없이 장기간 무단결근하고도 사업주의 출근독촉에 따르지 않아 해고된 경우 등으로서 근로의 제공의사가 없어 스스로 사직한 것으로 볼 수 있는 경우가 이에 해당합니다. 기간에 있어서는 기업의 사정이나 상황에 따라 다소 다르겠으나 일반적으로 1주 이상 무단결근하고 그간 사업주의 종용에도 불구하고 출근하지 아니하여 면직(해고)당한 경우에는 근로의 의사가 없는 것으로 자발적 이직으로 처리하게 됩니다. 다만, 특별한 사정으로 권고사직 종용을 받고 장기간 무단결근함에 따라 해고(면직)된 경우는 일응 사업주의 귀책에 의한 것으로 보아 비자발적 실업으로 분류합니다.

사례: 징계로 전근명령된 것에 불복하여 원직 복직시켜 줄 것을 주장하며 근무지에 출근하지 않아 해고된 경우 수급자격 제한여부는?

답: 해고된 자의 이직유형판단은 구직급여 수급자격제한사유 인정기준(노동부 예규 제567호) 제2조 규정에 의하여야 할 것인바, 징계사항에 불복하여 무단결근함으로써 해고당한 것이 해고자 본인에게 책임이 없다고 하기는 어려우나 위 기준에 의하면 "중대한 귀책사유로 인하여 해고된 자"로 하여 수급자격을 제한할 수는 없는 것으로 보아야 한다.

II. 자기 사정으로 이직한 경우의 수급자격 제한

법 제58조 제2호의 내용으로서 다음의 세 가지가 규정되어 있습니다.

1. 전직 또는 자영업을 하기 위하여 이직한 경우
○ 자영업을 하기 위하여 이직한 경우에는 정당한 사유 없는 자기 사정

에 의한 이직에 해당하여 실업급여 수급자격의 인정대상이 될 수 없으나, 이미 수급자격을 인정받은 자가 자영업을 하기 위해 취업활동을 하는 것은 실업인정 여부에 관한 사항으로 수급자격 제한사유에 해당하는 사항이 아닙니다.

사례 : 수급자격자가 개인택시 사업자등록을 신청한 후 사업자등록증이 발부되기 전 지정된 실업인정일에 출석하여 실업인정신청을 할 경우 취업(자영업)이 확정된 것으로 보아 구직활동이 없어도 실업인정을 할 수 있는가?

답 : 실업급여는 고용보험법 제34조의 규정에 의하여 수급자격자가 지정된 실업인정일에 출석하여 실업상태에서 적극적인 구직노력을 한 사실을 신고하여 실업인정을 받은 경우 지급토록 하고 있는데, 다만, 실업인정일로부터 30일 이내에 취업이 확정되어 있는 경우에는 구직활동이 없어도 실업인정을 할 수 있고 30일 이후에 취업이 확정된 경우에는 시간제·일용·임시직 등의 구직활동으로 실업인정을 받을 수 있도록 하고 있다. 본 경우와 같이 수급자격자가 개인택시 사업자등록을 신청한 경우로서 실업인정일로부터 영업개시 예정일까지의 기간이 30일 이내인 경우에는 구직활동이 없다 하더라도 실업인정을 할 수 있고 수급자격이 제한되지 않는다. 다만, 사업자등록증 발부전이라도 실제 영업활동을 한 경우에는 사실상 실업상태가 아니므로 실업인정을 받을 수 없고 따라서 수급자격이 제한된다.

---

2. 『중대한 귀책사유로 해고된 피보험자』로 보아 수급자격을 제한하는 기준에 해당하는 자가 해고되지 아니하고 사업주의 권고로 이직한 경우

○ 사업주의 권고에 의하여 이직하는 경우는 원칙적으로 비자발적 실업에 해당하므로 수급자격이 인정되는 것이 원칙지만, 자신의 중대한 귀책사유에 의하여 권고 사직한 경우에는 이직의 원인이 사업주에게 있는 것이 아니라 피보험자 자신에게 있는 것이므로 보험사고를 야기한 책임을 물어 수급자격을 인정하지 않는 것입니다. 이직사유가 권고사직인 경우에는 반드시 사실관계를 정확하게 확인하여 처리하여야 합니다.

3. 『그 밖에 노동부령으로 정하는 정당한 사유』에 해당하지 아니하는 사유로 이직하는 경우

○ 여기에서 말하는 "정당한 사유"라 함은 피보험자의 상황(건강상태, 가정 사정 등)·사업장의 상황(근로조건, 고용관리상황, 경영상황 등) 기타 상황으로 보아 그 이직이 진실로 부득이 하다고 객관적으로 인정되는 경우를 말하는 것으로, 전직·결혼 등 피보험자의 주관적 판단은 고려하지 않음이 원칙입니다.

○ 노동부령이 정한 정당한 사유는 고용보험법 시행규칙 제101조제2항 「별표 2」에 자세히 규정되어 있습니다.

① 다음 각 목의 어느 하나에 해당하는 사유가 이직일 이전 1년 이내에 2개월 이상 발생한 경우

ⓐ 실제 근로조건이 채용시 제시된 근로조건이나 채용 후 일반적으로 적용받던 근로조건보다 낮아지게 된 경우

○ 채용시 제시된 근로조건 또는 채용 후 일반적으로 적용받던 임금·근로시간과 실제 임금·근로시간이 2할 이상 차이가 있거나 기타 근로조건이 현저하게 낮아지게 되어 이직하는 경우로서 이직전 1년 동안에 2개월 이상 발생한 경우를 말하는데, 임금을 비교하는 경우에 초과근로의 대가로 지급받는 임금과 단체협약이나 취업규칙 또는 근로계약 등으로 정하지 아니한 상여금 또는 임금으로 보기 어려운 성과급 등은 제외하나 관례적으로 지급되어온 상여금은 포함됩니다.

ⓑ 임금체불이 있는 경우

○ 임금(상여금 등은 지급하기로 정한 달의 임금으로 봄)을 전액 지급받지 못하거나 지연하여 지급받거나 3할 이상 지급받지 못한 경우가 이직전 1년 동안에 2개월 이상 발생한 경우를 말하는데, 2개월 이상 발생한 경우라 함은 임금을 지급받지 못하거나 지급받았더라도 1개월 이상 지연하여 지급받은 경우를 말합니다.

ⓒ 소정근로에 대하여 지급받은 임금이 「최저임금법」에 따른 최저임금

에 디달하게 된 경우

ⓓ 「근르기준법」 제53조에 따른 연장근로의 제한을 위반한 경우

ㅇ 주당 근로시간이 56시간 이상인 경우가 이직전 2개월간 계속되어 이직한 경우를 말합니다.

ㅇ 주당 실근로시간을 산출하기 곤란한 경우에 있어서 주당 평균 실근로시간의 산출하면 되는데 다음과 같이 산출합니다.

☞ 주당 평균 실근로시간=[1월간 총 실근로시간 / 1월간의 총 역상일수(28일~31일)]×7일

ⓔ 사업장의 휴업으로 휴업 전 평균임금의 70% 미만을 지급받은 경우

ㅇ 비록 평균임금의 70~90%를 지급하더라도 그 기간이 이직전 1년 동안에 6개월을 초과하여 계속 지급하는 경우에는 실질임금이 그만큼 감소한 것과 다름이 없으므로 7개월 이후부터 정당한 사유로 처리합니다. 또한 직위해제나 징계 등 사업주에 의한 강제휴직의 경우에도 휴직상태가 2개월 이상 지속되고 평균임금의 70% 미만을 받게 되어 이직하는 경우에는 정당한 사유에 의한 이직으로 처리합니다.

② 상사나 동료 등으로부터 종교, 성별, 신체장애, 노조활동 등을 이유로 불합리한 차별대우를 받은 경우

ㅇ 종고, 성별, 신체장애, 노조활동 등을 이유로 차별대우를 받은 경우는 주관적인 경우가 많이 있음으로 객관적으로 입증이 가능한 경우로 제한합니다. 또한, 당해 근로자 및 사업장 사정에 비추어 동일한 여건 하에서는 통상의 다른 근로자도 이직했을 것이라고 객관적으로 인정되는 경우입니다.

③ 상사나 동료 등으로부터 본인의 의사에 반하여 성희롱, 성폭력, 그 밖의 성적인 괴롭힘을 당한 경우

④ 사업장의 도산·폐업이 확실하거나, 대량 감원이 예정되어 있는 경우

⑤ 다음 각 목의 어느 하나에 해당하는 사정으로 사업주로부터 퇴직을 권고 받거나, 인원감축이 불가피하여 고용조정계획에 따라 실시하는 퇴직 희망자의 모집에 따라 이직하는 경우

ⓐ 사업의 양도·인수·합병

┌───┐
│ 사례: 기업의 일부가 분리·독립되어 각각 새로운 회사가 설립되었으나   │
│   새로운 회사가 종전회사와 같은 장소에서 같은 기계·설비를 임대   │
│   하여 같은 사업을 하고 있고, 종전 회사에서 퇴직금을 정산처리 하   │
│   였으나 노사합의로 전 근로자를 고용승계 하기로 하였음에도 일부   │
│   근로자가 근로조건의 저하를 이유로 근로관계 이전에 동의하지 않   │
│   고 이직한 경우 이직유형 및 수급자격 제한 여부는?   │
│   │
│ 답: 기업의 일부가 분리·독립되었다 하더라도 인적·물적 조직에 있어   │
│   상호 동일성이 인정되는 경우에는 근로관계가 새 회사에 포괄승계된   │
│   것으로 볼 수 있으나, 근로관계 단절여부를 자유로운 의사로 선택할   │
│   수 있는 기회를 준 상태에서 개별 근로자가 퇴직금을 받고 새로이 입   │
│   사하는 형식을 취했다면 근로관계가 새 회사로 포괄승계 되었다고 보   │
└───┘

기는 어려울 것이며, 근로관계가 포괄승계 되는 경우라도 근로자가 근로관계 이전에 동의하지 않았다면 새 회사로 근로관계가 이전되지 않고 종전 사업장에 남아있다고 보아야 할 것인 바, 본 건의 경우에도 고용승계가 보장되어 있었으나 일부 근로자들이 근로조건의 저하 등을 이유로 근로관계 이전에 동의하지 않았다면 이들의 고용관계는 종전 사업장에 남아있는 것으로 보아야 하므로 이들이 임의퇴직한 경우 일반적 수급자격 판단기준과 같은 방법으로 처리하여야 할 것임. 즉, 종전 사업장에 남게 될 경우 경영상 이유에 의하여 해고가 객관적으로 예정되는 등 이직이 불가피한 경우였다면 정당한 사유 있는 피보험자의 사정에 의한 이직으로 처리하여야 할 것이고, 이직이 불가피한 경우가 아니었다면 정당한 사유 없는 피보험자의 사정에 의한 이직으로 처리하여야 할 것입니다.

ⓑ 일부 사업의 폐지나 업종전환

ⓒ 직제개편에 따른 조직의 폐지·축소

ⓓ 신기술의 도입, 기술혁신 등에 따른 작업형태의 변경

ⓔ 경영의 악화, 인사적체 그 밖에 이에 준하는 사유가 발생한 경우

⑥ 다음 각 목의 어느 하나에 해당하는 사유로 통근이 곤란(통근시 이용할 수 있는 통상의 교통수단으로는 사업장으로의 왕복에 드는 시간이 3시간 이상인 경우를 말한다)하게 된 경우

ⓐ 사업장의 이전

ⓑ 지역을 달리하는 사업장으로의 전근

ⓒ 배우자나 부양하여야 할 친족과의 동거를 위한 거소 이전

○ 배우자(사실혼 관계에 있는 자를 포함), 3촌 이내의 혈족 또는 인척 등 부양하여야 할 동거친족과 동거를 위하여 주소를 이전하게 됨으로서 통근이 곤란하게 되어 이직하는 경우를 말하는데, 가령 "육아보육"의 경우, 피보험자의 주소·직장 근처·통근 경로상의 적당한 장소에 보육을 위한 시설 또는 친족 등이 없고, 있다고 하더라도 근무시간대와 보육시간대의 관계 등으로 보육 의뢰가 불가능하다고 인정되는 객관적인 사정이 있으며, 다른 곳의 보육소 등 보육을 위한 시설을 이용하거나 친족 등에게 보육을 의뢰하는 경우에도 통근

상의 문제 등으로 현실적으로 불가능한 경우입니다.

사례: 1997. 10. 17 결혼 후 배우자와 별거하고 있다가 2년이 지난
2000. 1. 18 별거생활이 가정생활상으로나 경제적 사정 등으로
나 곤란하여 배우자와 동거하기 위해 주소를 이전하게 됨으로써 통
근이 곤란하게 되었다는 이유로 이직한 경우에도 수급자격을 인정할
수 있는지?

답: 결혼 등에 따른 별거생활이 가정생활상으로나 경제적 사정 등으로 곤
란하기 때문에 배우자와 동거하기 위하여 주소를 이전하게 됨으로써
이전된 주소지에서 사업장까지의 통근시간이 통상의 교통수단으로는
왕복 3시간이상 소요되어 계속 근무가 불가능 또는 곤란하게 되어 이
직하는 경우에는 별거기간에 관계없이 수급자격을 인정할 수 있음.

ⓓ 그 밖의 피할 수 없는 사유로 통근이 곤란한 경우

⑦ 부·모나 동거친족의 질병·부상 등으로 인하여 30일 이상 본인의
간호를 필요로 하는 경우

⑧ 「산업안전보건법」제2조제7호에 따른 "중대재해"가 발생한 사업장으
로서 그 재해와 관련된 노동부장관의 안전보건상의 시정명령을 받고
도 시정기간까지 시정하지 않아 동일한 재해 위험에 노출된 경우

ㅇ 당해 사업장에서 동일 재해위험에 노출된 경우에 한하므로 동일 재
해위험이 없는 소속 근로자로서 이직하는 경우에는 제외됩니다.

『중대재해』라 함은 산업재해 중 사망 등 재해의 정도가 심한 것으로서 다음 각호의 1에 해당하는 재해를
말함
1. 사망자가 1인 이상 발생한 재해
2. 3월 이상의 요양을 요하는 부상자가 동시에 2인 이상 발생한 재해
3. 부상자 또는 직업성 질병자가 동시에 10인 이상 발생한 재해

---

⑨ 체력의 부족, 심신장애, 질병, 부상, 시력·청력·촉각의 감퇴 등으로
인하여 피보험자에게 주어진 업무를 수행하게 하는 것이 불가능하거

나 곤란하게 된 경우

사례: 불임치료를 위해 1년 이상 인근 병원에서 치료를 한 근로자 A가
호전이 없어 타지역의 병원에서 치료를 받고자 하였으나 사업장의
업무특성상 1주일이상 장기휴가가 불가능하여 이직한 경우 수급자
격 제한 여부는?

답: 구직급여 수급자격 제한기준에 의하면 "체력의 부족, 심신장애, 질병,
부상, 시력·청력·촉각의 감퇴 등으로 인하여 피보험자에게 부여된
업무를 수행하는 것이 불가능 또는 곤란하게 되어 이직하는 경우"에는
피보험자가 이직할 만한 정당한 사유가 있다고 인정하도록 규정하고
있는 바, 본 건과 같이 본인이 불임치료를 이유로 이직하였다고 주장
할 경우 불임도 일종의 질병으로 볼 수 있으나 구체적으로는 1년간
치료를 담당했던 의사의 소견서와 1주일이상 휴가가 불가능했는지 여
부 또는 다른 부서로 전근조치는 불가능했는지 등의 여부를 사업주나
인사담당자 등의 의견을 종합적으로 고려하여 구체적으로 판단하여야
할 것이다.

⑩ 임신, 출산, 「병역법」에 따른 의무복무 등으로 인하여 업무의 성격상
계속적 수행이 곤란한 경우

사례: 결혼으로 인해 주소를 이전하게 될 것이 예정되어 있는 상태에서 결
혼 준비를 위해 결혼 10여일 전 이직한 경우 수급자격을 인정할
수 있는지가?

답: 회사에서 결혼을 이유로 사직을 권고하거나 회사관행상 종전에 다른
여직원들도 결혼을 하면 회사를 계속 다닐 수 없었던 경우 등 객관적
으로 결혼으로 인해 회사를 계속 다니는 것이 불가능 또는 곤란하다
고 인정되는 경우에는 수급자격이 인정될 수 있고, 결혼에 따른 주소
의 이전 때문에 사업장으로의 통근이 불가능 또는 곤란(통근시 이용
할 수 있는 통상의 교통수단으로는 사업장으로의 왕복 소요시간이 3
시간 이상인 경우)하게 되어 퇴직한 경우에도 수급자격이 인정될 수
있습니다.
본 건의 경우, 퇴직 후 주소의 이전까지 1월 미만의 차이가 있고, 퇴

> 직시 결혼 및 주소이전이 확정되어 있었다는 점이 객관적으로 인정된
> 다면 결혼으로 인한 주소 이전과 퇴직 간에 인과관계가 인정될 수 있
> 을 것으로 사료되고 따라서 수급자격을 인정할 수 있습니다.

⑪ 사업주의 사업내용이 법령의 제·개정으로 위법하게 되거나 취직 당
　시와는 달리 법령에서 금지하는 재화나 용역을 제조하거나 판매하는
　경우
　○ 사업내용 또는 생산제품이 법령에 위반하여 처벌받는 것과는 별개
　　로 피보험자가 취업시에 법령위반 사실을 알고 후에 이것을 이유로
　　이직하는 것은 이 경우에 해당하지 않습니다. 또한 사업내용 그 자
　　체가 법령에 위반하는 경우이며 사업활동 과정에서 세법 위반, 노
　　동관계법 위반 등의 경우는 이에 포함되지 않습니다.
⑫ 정년의 도래나 계약기간의 만료로 회사를 계속 다닐 수 없게 된 경우
⑬ 그 밖에 피보험자와 사업장 등의 사정에 비추어 그러한 여건에서는
　통상의 다른 근로자도 이직했을 것이라는 사실이 객관적으로 인정되
　는 경우

<학습정리>
◆ 중대한 귀책사유로 인한 수급자격의 제한
1. 형법 또는 직무와 관련된 법률을 위반하여『금고이상의 형을 선고받은
경우』로써 해고된 경우

2. 사업에 막대한 지장을 초래하거나 재산상 손해를 끼친 경우로서 노동
부령이 정하는 기준에 해당하는 경우
　① 납품업체로부터 금품이나 향응을 제공받고 불량품을 납품받아 생산에
　　차질을 가져온 경우
　② 영업용 차량을 사업주의 위임이나 동의 없이 타인에게 대리운전하게
　　하여 교통사고를 일으킨 경우

③ 사업의 기밀 그 밖에 정보를 경쟁관계에 있는 다른 사업자 등에게 제공하여 사업에 지장을 가져온 경우

④ 허위사실을 날조·유포하거나 불법 집단행동을 주도하여 사업에 막대한 지장을 가져온 경우

⑤ 영업용차량 운송수입금을 부당하게 착복하는 등 직책을 이용하여 공금을 착복·장기유용·횡령하거나 배임한 경우

⑥ 제품이나 원료 등을 절취하거나 불법 반출한 경우

⑦ 인사·경리·회계담당 직원이 근로자의 근무상황 실적을 조작하거나 허위서류 등을 작성하여 사업에 손해를 끼친 경우

⑧ 사업장의 기물을 고의로 파손하여 생산에 막대한 지장을 가져온 경우

⑨ 그 밖에 사회통념상 고의로 사업에 막대한 지장을 가져오거나 재산상 손해를 끼쳤다고 인정되는 경우

3. 정당한 사유 없이 근로계약 또는 취업규칙을 위반하여 장기간 무단결근한 경우

◆ 자기 사정으로 이직한 경우의 수급자격 제한

① 전직 또는 자영업을 하기 위하여 이직한 경우

②『중대한 귀책사유로 해고된 피보험자』로 보아 수급자격을 제한하는 기준에 해당하는 자가 해고되지 아니하고 사업주의 권고로 이직한 경우

③『그 밖에 노동부령으로 정하는 정당한 사유』에 해당하지 아니하는 사유로 이직하는 경우

<확인하기>

1. 다음 중 수급자격의 제한사유에 해당하지 않는 것은?

① 형법을 위반하여 금고 이상의 형을 선고받은 경우

② 자영업을 하기 위하여 이직한 경우

③ 사업주의 부당한 성차별로 인한 무단결근의 경우

④ 제품이나 원료를 절취한 경우

정답: ③

해설: 나머지는 모두 정당한 수급자격 제한사유가 되나, ③의 경우는 단순한 무단결근이라고 볼 수 없고 그 무단결근의 원인이 사업주에게 물을 수 있는 여지가 있으므로 수급자격의 제한사유로 볼 수는 없다.

2. 노동부령에서 정한 정당한 사유에 해당하면 수급자격을 제한하지 않는데 이러한 정당한 사유에 해당하지 않는 것은?

① 임금체불이 있는 경우

② 연장근로의 제한을 위반한 경우

③ 사업장의 도산·폐업이 확실한 경우

④ 결혼의 경우

정답: ④

해설: 결혼의 경우는 지극히 개인의 주관적 사정이므로 일반적으로는 정당한 사유로 볼 수 없다. 그러나 결혼이라 하더라도 객관적으로 결혼으로 인해 회사를 계속 다니는 것이 불가능 또는 곤란하다고 인정되는 경우에는 수급자격이 인정될 수 있고, 결혼에 따른 주소의 이전 때문에 사업장으로의 통근이 불가능 또는 곤란(통근시 이용할 수 있는 통상의 교통수단으로는 사업장으로의 왕복 소요시간이 3시간 이상인 경우)하게 되어 퇴직한 경우에는 예외적으로 수급자격이 인정될 수 있다.

3. 사업에 막대한 지장을 초래하거나 재산상 손해를 끼친 경우로서 노동부령이 정하는 기준에 해당하지 않는 경우는?

① 납품업체로부터 금품이나 향응을 제공받은 경우

② 영업용 차량을 사업주의 위임이나 동의 없이 타인에게 대리운전하게 하여 교통사고를 일으킨 경우

③ 사업의 기밀 그 밖에 정보를 경쟁관계에 있는 다른 사업자 등에게 제

공하여 사업에 지장을 가져온 경우

④ 허위사실을 날조 · 유포하거나 불법 집단행동을 주도하여 사업에 막대
한 지장을 가져온 경우

정답: ①

해설: 납품업체로부터 단순히 금품이나 향응을 제공받은 것으로는 부족하
고 이로 인하여 불량품을 납품받아 생산에 차질을 가져와야 한다.

제5과 실업의 인정 및 상병급여

〈미리 알아보기〉

1. 실업의 상태에 있다는 실업인정은 매 4주마다 하여야 한다. (○ Ⅹ)
정답: Ⅹ
해설: 실업의 인정은 1주 내지 4주의 범위에서 지정되는데 이때의 기간은 1주 이상 4주 이하의 범위 내에서 일단위로 실업인정일을 지정할 수 있다는 것을 의미하므로 반드시 4주마다 해야 한다는 것은 아니다.

2. 실업인정은 원칙적으로 수급자격자 본인의 출석과 재취업활동의 신고를 반드시 요하므로 대리인에 의한 실업의 인정은 할 수 없고 반드시 본인이 하여야 한다. (○ Ⅹ)
정답: Ⅹ
해설: 지방노동관서의 장이 지시한 직업능력개발훈련 등을 받는 수급자격자의 경우에는 대리인에 의한 실업인정이 예외적으로 가능하다.

3. 실업 후 자영업을 위하여 사업자등록을 한 경우에도 수급자격을 인정받을 수 있는 경우가 있다. (○ Ⅹ)
정답: ○
해설: 세법의 규정에 의하여 사업자등록을 한 경우는 실업인정을 받을 수 없으나 사업자등록을 한 경우라도 휴업신고를 하는 등 실제사업을 영위하지 아니하였음을 입증한 경우와 부동산임대업 중 근로자를 고용하지 아니하고 임대사무실도 두지 아니한 경우 등은 제외된다.

〈개   요〉

일반적으로 수급자격자가 실업의 상태에 있다면 적극적으로 구직활동을 하리라고 예상할 수 있습니다. 이러한 경우 실업의 상태와 구직중이라는 인정받아야 하는데 이것이 바로 실업의 인정입니다. 반면에 수급자격자가 질병·부상인 경우에는 근로의 능력이 없는 상태이므로 적극적인 구직활동을 할 수 없게 되고 결국 구직급여를 수급할 수 없게 되어 근로자의 생계안정이 위협받게 됩니다. 이러한 경우에 일정한 요건을 갖추게 되면 근로자의 보호차원에서 지급하는 것이 상병급여입니다.

〈목   표〉

1. 실업인정의 방법과 요령을 설명할 수 있다.
2. 실업인정일의 변경업무를 이해할 수 있다.
3. 상병급여의 요건과 지급기간을 설명할 수 있다.

〈내   용〉

1. 실업인정일과 실업인정의 방법 및 요령을 알아봅시다.
2. 실업인정일의 변경사유와 인정기준에 대하여 알아봅시다.
3. 상병급여의 지급사유 및 요건과 기간에 대하여 알아봅시다.

Ⅰ. 실업의 인정

1. 실업인정일의 지정 및 대상기간

○ 실업인정일이란 수급자격자가 직업안정기관의 장으로부터 실업의 인정을 받아야 하는 날로서 직업안정기관의 장이 1주 내지 4주의 범위내에서 매회 지정하는 날이 됩니다.

○ 「1주 내지 4주의 범위」라 함은 1주 이상 및 4주 이하의 범위 내에서 일단위로 실업인정일을 지정할 수 있다는 것을 말합니다.

- 특정일 또는 특정요일에 실업인정이 집중되지 않도록 실업인정일을 적절하게 조정하여 지정 가능, 따라서 매회 실업인정시 마다 실업인정기간이 변할 수 있음.

○ 중요 실업인정기간의 구체적인 지정기준

- 재취업활동계획의 수립을 위한 최초 실업인정일은 실업신고일로부터 기산하여 2주 후로 지정

- 수급자격자가 구직활동을 하는 경우에는 다음번 실업인정일을 2주후로 지정하는 것을 기본으로 하되, 직업안정기관의 장이 구직활동에 관한 특정조건을 제시하는 경우에는 다음번 실업인정일을 3주 내지 4주의 범위 내에서 지정

- 직업안정기관의 취업알선 및 재취업지원이 부적합한 경우로서 실업급여 지급만이 필요한 수급자격자의 경우는 다음번 실업인정일을 4주 후로 지정

- 55세 이상자 또는 장애인인 수급자격자의 경우에는 특별한 사유가 없는 한 다음번 실업인정일을 4주 후로 지정

○ 실업인정대상기간

실업인정대상기간은 전회 실업인정일의 다음날(최초의 실업인정일의 경우에는 실업신고일)부터 당해 실업인정일 까지를 말합니다. 실업인정일의 지

정에 따라 4주 이내에서 매회 변동될 수 있습니다.

2. 실업인정의 방법

○ 실업인정을 받고자 하는 수급자격자는 실업신고를 한 날부터 기산하여 직업안정기관의 장이 1주 내지 4주의 범위 내에서 매회 지정하는 날에 출석하여 재취업을 위한 노력을 하였음을 신고하여야 하며, 직업안정기관의 장은 직전 실업인정일의 다음 날로부터 당해 실업인정일까지 각각의 날에 대하여 실업인정을 하게 됩니다.

○ 실업인정 및 재취업지원 업무담당자는 실업인정시 고용보험전산망에 실업인정 내역을 입력·처리하는 것과 함께 워크넷에 상담내역 및 조치사항을 입력·처리하여 당해 수급자격자에 대한 재취업지원 정보를 지속적으로 관리하여야 합니다.

○ 실업인정이 완료된 후에는 실업급여지급 관련사항, 재취업지원 관련사항 및 다음번 실업인정일·상담시간 등을 수급자격증에 기재하여 이를 수급자격자에게 반환합니다.

- 실업급여지급 관련사항: 실업인정일·실업인정대상기간·실업인정일수·급여종류·지급금액
- 재취업지원 관련사항: 직업지도 참여(지시), 직업훈련 참여(지시), 다음번 실업인정까지 수행해야할 활동

3. 실업인정의 요령

(1) 수급자격 및 구직신청 여부의 확인

○ 실업인정은 구직급여 수급자격이 있는 자에 대해 행하므로 수급기간 종료, 소정급여일수 만료 등의 경우에는 행할 수 없습니다.

(2) 수급자격자 본인이 출석하였는지 여부의 확인

○ 실업인정은 수급자격자 본인의 출석과 재취업활동의 신고를 반드시 요하므로 대리인에 의한 실업의 인정은 할 수 없습니다[법 제44조제2항].

 - 따라서 출석한 수급자격자가 본인인지의 여부를 반드시 확인하여야 합니다. 단, 지방노동관서의 장이 지시한 직업능력개발훈련 등을 받는 수급자격자의 경우에는 대리인에 의한 실업인정이 가능합니다.

○ 실업인정은 법령에 따로 규정이 있는 경우를 제외하고는 사전에 지정된 날짜에만 행하는 것이므로[법 제44조제2항 및 영 제63조제1항], 『지정된 날짜의 출석』여부가 중요함을 인식하고 수급자격자에게 주지시켜야 합니다.

(3) 수급자격자가 취업한 날로 보아 실업을 인정하지 아니하는 기준(영 제 69조제2항, 규칙 제92조)

① 1개월간의 소정근로시간을 60시간 이상(1주간의 소정근로시간을 15시간 이상으로 정하는 경우를 포함)으로 정하고 근로를 제공한 경우
② 생업을 목적으로 3개월 이상 계속하여 근로를 제공하는 경우
③ 법 제2조제5호의 규정에 따른 일용근로자로서 근로를 제공하는 경우
④ 근로 제공의 대가로 임금 등 명칭 여하를 불문하고 노동부장관이 정하는 금액이상을 수령한 경우(「노동부장관이 정하는 금액」은 법 제46조의 규정에 의한 구직급여일액을 말합니다)

예시1 : 4주간 1백만원을 받기로 하고, 매일 근로를 제공하는 경우에는 「1백만원 ÷ 28일」로 소득일액을 산정하여 구직급여일액을 초과하면 동기간 전체에 대하여 실업으로 인정하지 않습니다.
예시2 : 4주간 1백만원을 받기로 하고, 1주일에 3일씩 근로를 제공하는 경우에는 「1백만원 ÷ 4주간 근로일수(12일)」로 해당일의 소득일액을 산정하여 구직급여일액을 초과하면 해당일은 실업으로 인정하지 않습니다.(나머지 16일은 실업상태이므로 당연히 실업인정)

- 다만, 구직급여일액이 일단위 최저임금액의 100분의 120에 해당하는 금액보다 낮은 경우에는 일단위 최저임금액의 100분의 120에 해당하는 금액으로 합니다.

사례 : 2006.10.25. 실업급여 수급자격을 인정받은 수급자 A는 2006.11.29. 실업인정과정에서, 취업을 전제로 2006. 11.13~12.10(총 28일, 1일 8시간)까지 "콜센터 상담원 교육"을 이수하고 2006.12.11. 취업이 확정되어 교육이수에 따른 교육비 60만원을 수령하였을 경우, 실업인정일의 범위 및 구직급여일액 대비 교육비 산정기준은? (이때, 교육비는 교육에 참석한 날에 대한 지급분이며, 구직급여일액은 22,320원임)

답 : 고용보험법시행규칙 제52조의3 제2호의 규정에 의하여 근로제공의 대가로 임금 등 명칭여하를 불문하고 구직급여일액 또는 일단위 최저임금액의 120% 이상인 경우에는 취업한 날로 보아 실업을 인정하지 않도록 되어 있는 바, 이때 당해 소득으로 인하여 취업한 것으로 보는 날은 소득의 원인이 된 날로 나누어 동 소득액이 구직급여일액 또는 일단위 최저임금액의 120% 이상인 날을 말하며, 실업인정은 각각의 날에 대하여 하는 것이므로 교육비 전액을 실제 기간으로 나누어 1일 교육비가 구직급여일액보다 높을 경우 취업한 날로 간주하여 실업인정을 하지 않음. 단, 실제 교육이 없었던 토·일요일에 대하여는 취업하지 않은 날로 간주하여 실업인정을 함.(상기 수급자의 경우 600,000원÷20=30,000원으로 구직급여일액보다 높으므로 실제 교육을 받은 날에 대하여는 실업인정을 하지 않으며, 실제 교육이 없었던 토·일요일 총 8일간에 대하여는 실업인정을 함)

---

⑤ 상업·농업 등 가업에 종사(무급 가사종사자를 포함)하거나 다른 사람의 사업에 참여하여 근로를 제공함으로써 다른 사업에 상시 취업하기가 곤란하다고 인정되는 경우

⑥ 세법의 규정에 의하여 사업자등록을 한 경우

- 다만, 사업자등록을 한 경우라도 휴업신고를 하는 등 실제사업을 영위하지 아니하였음을 입증한 경우와 부동산임대업 중 근로자를 고용하지 아니하고 임대사무실도 두지 아니한 경우 등은 제외

⑦ 기타 사회통념상 취업을 하였다고 인정되는 경우

4. 실업인정일의 변경

○ 취업 또는 구인자와의 면접 그 밖의 부득이한 사유로 인하여 정해진 실업인정일에 출석할 수 없는 불가피한 경우에 실업인정일을 변경하여 실업인정을 할 수 있도록 하는 제도입니다.

(1) 실업인정일의 변경을 할 수 있는 경우

① 취업 또는 구인자와의 면접 그 밖의 부득이한 사유로 인하여 실업인정일에 출석할 수 없는 자로서 실업인정일의 전일까지 거주지 관할 직업안정기관에 출석하여 실업인정일의 변경을 신청한 자
② 취업 또는 구인자와의 면접 그 밖의 부득이한 사유로 인하여 실업인정일과 그 전일까지 출석할 수 없었던 자로서 당해 사유가 소멸된 날로부터 14일 이내에 거주지 관할 직업안정기관에 출석하여 실업인정일의 변경을 신청한 자
③ 7일 이상 계속적으로 취업하여 실업인정일 또는 그 전일까지 출석할 수 없었던 자로서 취업일자를 증명할 수 있는 서류를 첨부하여 취업한 날로부터 1개월 이내에 우편·팩스·정보통신망을 통해 실업인정을 신청한 자
 - 우체국의 우편일 부인이 찍힌 날 또는 팩스 등의 발송일을 신청일로 봅니다.
④ 수급자격자의 착오를 인하여 실업인정일에 출석할 수 없었던 자로서 해당 실업인정일로부터 14일 이내에 출석하여 실업인정일의 변경을 신청한 자(단, 수급기간 내 1회에 한함)
⑤ 법 제48조 규정에 의한 수급기간의 종료, 관공서의공휴일에관한규정에

따른 관공서의 공휴일, 그 밖의 부득이한 사정으로 인하여 직업안정기관의 장이 실업인정일을 변경하는 것이 적당하다고 인정되는 경우

(2) "취업 또는 구인자와의 면접 그 밖의 부득이한 사유"에 대한 인정기준

○ 수급자격자 본인과 관련이 있는 부득이한 사유로 실업인정일을 변경할 수 있는 경우는 다음과 같습니다.

① 취업하는 경우

② 구인자와의 면접 또는 채용시험에 응시하는 경우

③ 각종 국가시험·검정 등의 자격시험에 응시하는 경우

④ 직업훈련기관 또는 사설학원의 강습을 수강하는 경우

⑤ 동거친족(민법 제777조의 규정에 의한 배우자, 8촌 이내의 혈족, 4촌 이내의 인척을 말한다)이나 별거 친족 중 배우자, 4촌 이내의 혈족 또는 인척이 위독하여 병간호를 하거나 장례식에 참석하는 경우

⑥ 수급자격자 본인의 결혼 및 사회통념상 타당하다고 인정되는 일수의 신혼여행(10일 이내인 경우에만 인정)

⑦ 동거친족이나 별거친족 중 배우자, 4촌 이내의 혈족 또는 인척의 결혼식어 참석하는 경우

⑧ 자녀의 입학식 또는 졸업식에 참석하는 경우

⑨ 선거권 기타 공민권을 행사하는 경우

⑩ 법 제44조제3항 및 실업인정규정 제13조 각호의 1에 해당되어 증명서에 의한 실업인정을 받을 수 있는 경우

⑪ 기타 위에 준하는 사유로서 사회통념상 실업인정일의 변경이 부득이하다고 인정되는 경우

○ 변경신청시기는 다음과 같이 인정됩니다.

- 취업이나 구인자와의 면접 그 밖의 부득이한 사유로 정해진 실업인정일에 출석할 수 없는 경우: 실업인정일의 전일까지

- 취업이나 구인자와의 면접 그 밖의 부득이한 사유로 정해진 실업인정

일 및 그 전일까지 출석할 수 없었던 경우: 당해 사유의 종료 후 14일 이내

- 7일 이상 계속적으로 취업하여 실업인정일 및 그 전일까지 출석할 수 없었던 경우: 취업한 날로부터 1개월 이내
- 수급자격자의 착오로 인하여 정해진 실업인정일에 출석할 수 없었던 경우: 당해 실업인정일로부터 14일 이내

II. 상병급여

질병·부상기간이 7일 미만인 경우에는 증명서를 제출하여 그 기간에 대하여 실업인정을 받을 수 있도록 하고 있으나 질병·부상기간이 7일 이상인 경우에는 실업으로 인정하지 않아 구직급여는 지급되지 않게 됩니다. 그러나 이러한 경우 근로자 보호차원에서 구직급여에 갈음하여 지급하는 급여가 있는데 이를 상병급여라 합니다.

1. 상병급여의 요건과 지급기간

○ 상병급여는 다음의 두 가지 경우를 충족하는 때에만 지급합니다.
- 『실업의 신고를 한 이후』에 질병·부상·출산으로 취업이 불가능하여 『실업의 인정을 받지 못한 날』
- 법 제60조제1항 및 제2항의 규정에 의한 직업소개, 직업지도, 직업능력 개발훈련의 거부로 구직급여의 지급이 정지된 기간이 아닐 것[법 제63조제1항 단서]

사례 : 수급자격인정신청서를 제출하고 귀가하던 근로자가 교통사고로 부상
　　　을 당하여 구직활동이 어렵게 되자 부상을 이유로 수급기간연장신고
　　　서를 제출하였으나 생활이 어려워 위 교통사고로 인한 부상을 이유
　　　로 다시 상병급여를 청구하였을 경우 상병급여를 지급할 수 있는가?

답 : 실업을 신고한 이후 질병·부상으로 인해 취업이 불가능한 경우에는
　　수급기간 연장신고와 상병급여의 청구가 가능한 바, 이 중 수급기간
　　연장신고를 하였다가 그 후 수급자격연장신고를 취소하고 상병급여를
　　청구하였을 경우 상병급여의 지급 및 청구요건에 해당된다면 실직근
　　로자의 생계보호라는 실업급여제도의 취지에 비추어 당초 수급기간연
　　장신고를 소급하여 취소하고 상병급여를 지급할 수 있을 것으로 판단
　　되며, 이때 상병급여의 산정시점은 고용보험법 규정에 따라 질병·부
　　상으로 인해 취업이 불가능해진 때로 보아야 할 것입니다.

○ 상병급여는 지급기간은 구직급여에 갈음하여 지급되므로 구직급여액
과 같으며 구직급여의 미지급일수 한도 내에서만 지급됩니다.
 - 출산일로부터 45일(근로기준법 제74조에서 산후 45일은 의무적으로 출
　산휴가를 부여) 후 계속하여 상병급여를 지급할 것인지의 여부는 동
　출산의 후유증 또는 새로운 질병·부상 등으로 인해 취업할 수 없는
　정도의 여부로 판단하여 처리
 - 상병급여를 지급한 경우에는 구직급여를 지급한 것으로 간주함

2. 상병급여의 청구 및 제한

○ 상병급여의 청구는 상병이 치유된 이후 14일 이내에 청구하여야 합니다.
 - 상병이 장기화되어 수급기간을 도과한 경우에는 수급기간 종료후 30일
　이내
 - 천재지변 기타 부득이한 사유가 있는 경우에는 그 사유가 종료된 날로
　부터 7일 이내에 청구
○ 출산시 상병급여는 출산후 45일이 경과한 날 이후 14일 이내에 청구

하여야 하고 상병이 장기화되어 실업인정이 계속 곤란한 경우에는 직업안정기관의 장이 2주 또는 1월 단위로 급여지급일을 정할 수 있습니다.

○ 다음과 같은 보상 또는 급여수급을 통해 생계유지가 가능한 경우 상병급여는 지급하지 않습니다.

- 근로기준법에 의한 휴업보상
- 산업재해보상보험법에 의한 휴업급여
- 국가배상법에 의한 휴업배상
- 의사상자 보호법에 의한 보상금

<학습정리>

◆ 실업인정일이란 수급자격자가 직업안정기관의 장으로부터 실업의 인정을 받아야 하는 날로서 직업안정기관의 장이 1주 내지 4주의 범위내에서 매회 지정하는 날이 됩니다.

◆ 실업인정은 수급자격자 본인의 출석과 재취업활동의 신고를 반드시 요하므로 대리인에 의한 실업의 인정은 할 수 없습니다. 단, 지방노동관서의 장이 지시한 직업능력개발훈련 등을 받는 수급자격자의 경우에는 대리인에 의한 실업인정이 가능합니다.

◆ 수급자격자가 취업한 날로 보아 실업을 인정하지 아니하는 기준

① 1개월간의 소정근로시간을 60시간 이상(1주간의 소정근로시간을 15시간 이상으로 정하는 경우를 포함)으로 정하고 근로를 제공한 경우

② 생업을 목적으로 3개월 이상 계속하여 근로를 제공하는 경우

③ 법 제2조제5호의 규정에 따른 일용근로자로서 근로를 제공하는 경우

④ 근로 제공의 대가로 임금 등 명칭 여하를 불문하고 노동부장관이 정하는 금액이상을 수령한 경우

⑤ 상업·농업 등 가업에 종사(무급 가사종사자를 포함)하거나 다른 사람의 사업에 참여하여 근로를 제공함으로써 다른 사업에 상시 취업하기가 곤란하다고 인정되는 경우

⑥ 세법의 규정에 의하여 사업자등록을 한 경우

⑦ 기타 사회통념상 취업을 하였다고 인정되는 경우

◆ 취업 드는 구인자와의 면접 그 밖의 부득이한 사유로 인하여 정해진 실업인정일어 출석할 수 없는 불가피한 경우에 실업인정일을 변경하여 실업인정을 할 수 있습니다.

◆ 질병·부상기간이 7일 이상인 경우에는 실업으로 인정하지 않아 구직급여는 지급되지 않게 됩니다. 그러나 이러한 경우 근로자 보호차원에서 구직급여에 갈음하여 지급하는 급여가 있는데 이를 상병급여라 합니다.

<확인하기>

1. 실업인정에 대한 다음 설명 중 잘못된 것은?
① 1주 내지 4주의 범위 내에서 정하게 된다.
② 실업인정 기간은 변할 수 있다.
③ 대리인을 통한 실업의 인정은 인정하지 않는다.
④ 지정한 날에 출석하여 재취업활동의 신고를 하여야 한다.
정답: ③
해설: 원칙적으로 본인이 출석하야 하나 지방노동관서의 장이 지시한 직업능력개발훈련 등을 받는 수급자격자의 경우에는 대리인에 의한 실업인정이 가능하다.

2. 수급자격자가 취업한 날로 보아 실업을 인정하지 아니하는 경우는?
① 생업을 목적으로 6개월 이상 계속하여 근로를 제공하는 경우
② 세법의 규정에 의하여 사업자등록을 하였으나 현실적인 영업은 없었던 경우
③ 근로 제공의 대가로 '임금'에 한하여 노동부장관이 정하는 금액이상을 수령한 경우
④ 1개월간의 소정근로시간을 90시간 이상(1주간의 소정근로시간을 15시간 이상으로 정하는 경우를 포함)으로 정하고 근로를 제공한 경우
정답: ②

해설: 생업을 목적으로 6개월이 아니라 3개월 이상 계속하여 근로를 제공하는 경우, 근로 제공의 대가로 임금 등 명칭 여하를 불문하고 노동부장관이 정하는 금액이상을 수령한 경우, 1개월간의 소정근로시간을 90시간이 아니라 60시간 이상(1주간의 소정근로시간을 15시간 이상으로 정하는 경우를 포함)으로 정하고 근로를 제공한 경우이다. 세법의 규정에 의하여 사업자등록을 한 경우도 실업으로 보지 않음이 원칙이나 현실적인 영업이 없었던 경우는 제외된다.

3. 상병급여에 대한 다음 설명중 틀린 것은?
① 상병급여를 지급한 경우에는 구직급여를 지급한 것으로 간주한다.
② 상병급여의 청구는 상병이 치유된 이후 14일 이내에 청구하여야 한다.
③ 국가배상법에 의한 휴업배상을 받은 경우에는 상병급여는 제한된다.
④ 질병이나 부상기간이 10일 이상인 경우에 지급된다.
정답: ④
해설: 질병·부상기간이 7일 이상인 경우에는 실업으로 인정하지 않아 구직급여는 지급되지 않게 되는데, 이러한 경우 근로자 보호차원에서 구직급여에 갈음하여 지급하는 급여가 상병급여이다.

제6과 실업인정의 특례

〈미리 알아보기〉

1. 7일 미만의 질병·부상으로 직업안정기관에 출석할 수 없었던 경우에는 증명서에 의한 실업인정이 가능
   하다. (O   X)
정답: O
해설: 이러한 경우 외에도 직업안정기관의 직업소개에 의한 구인자와의 면접 등으로 직업안정기관에 출석할
     수 없었던 경우, 직업안정기관의 장이 지시한 직업훈련 등을 받기 위하여 직업안정기관에 출석할 수
     없었던 경우 그리고 천재지변 기타 부득이한 사유로 지방노동관서에 출석할 수 없었던 경우에는 이에
     대한 증명서로서 실업인정이 가능하다.

2. 훈련기간 중 직업능력개발훈련을 받는 수급자격자에 대하여도 적극적인 재취업활동의 여부를 확인하여야
   한다. (O   X)
정답: X
해설: 훈련기간 중 직업능력개발훈련을 받는 수급자격자에 대한 실업인정은 적극적인 재취업활동의 확인을
     생략하고 수강증명서에 의거하여 실업인정을 하게 된다.

3. 수급자격자가 증명서에 의한 실업인정이 가능한 사유로 인하여 정해진 실업인정일에 출석할 수 없었던
   경우, 출석할 수 없었던 사유가 종료된 이후 7일 이내에 직업안정기관에 출석할 수 없었던 사유를 증명
   하는 서류를 제출함으로써 실업인정을 받을 수 있다. (O   X)
정답: X
해설: 출석할 수 없었던 사유가 종료된 이후 14일 이내에 제출하여야 한다.

〈개   요〉

   실업의 인정은 본인이 직접 출석하여 인정을 받음이 원칙이나, 여러 가지 사정으로 인하여 그렇지 못한
경우가 발생할 수 있습니다. 본 차시에서는 그러한 특별한 경우를 예외적으로 인정해주는 실업의 특례부분을
학습하시겠습니다. 이와 아울러 해고를 다투고 있는 자의 실업인정에 대하여도 같이 다루도록 하겠습니다.

〈목   표〉

1. 대통령령이 정한 사유에 의한 실업인정의 종류를 알 수 있다.
2. 잠정실업인정의 의의와 내용을 알 수 있다.
3. 해고를 다투는 중의 자에 대한 실업인정을 설명할 수 있다.

〈내   용〉

1. 특례사유에는 어떠한 것들이 있는지 알아봅시다.
2. 특례사유에 따른 인정절차와 방법에 대하여 알아봅시다.
3. 잠정실업인정과 해고의 효력을 다투는 경우를 알아봅시다.

1. 직업능력개발훈련을 받는 수급자격자에 대한 실업인정

(1) 실업인정의 내용

○ 직업능력개발훈련중인 수급자격자에 대한 실업인정업무는 지방노동관서의 장의 지시를 받고 근로자직업능력개발법 제28조의 규정에 의하여 노동부장관의 인정 또는 지정을 받은 훈련과정을 수강하는 수급자격자 또는 본인의 희망에 의하여 「실업자재취업훈련」, 「국가 또는 지방자치단체에서 훈련과정을 승인한 실업자훈련」을 받는 수급자격자에게 적용됩니다.

○ 훈련개시 전·후 대기기간은 2주(14일)로 하되, 이때는 별도의 재취업활동이 없어도 실업을 인정하고 훈련개시 전 대기기간이 2주를 다소 초과하는 경우에는 단기 취업특강 프로그램 참여 등으로 대체할 수 있습니다.

○ 훈련기간 중 직업능력개발훈련을 받는 수급자격자에 대한 실업인정은 적극적인 재취업활동의 확인을 생략하고 수강증명서에 의거하여 실업인정을 하게 됩니다. 또한 훈련이 야간에 이루어지는 경우에도 별도의 구직활동은 요구하지 않습니다. 아울러 수강증명서의 제출은 대리인에 의해서도 가능합니다.

(2) 직업능력개발수당 지급여부 결정

○ 공휴일 또는 직업능력개발훈련기관 등의 사정이나 수급자격자의 질병·부상 등 부득이한 본인의 사정으로 수강하지 않은 날에 대해서는 실업은 인정하되 직업능력개발수당은 부지급으로 결정하고, 부득이하게 조퇴하거나 지각한 날의 실업인정 및 직업능력개발수당 지급은 예외적으로 인정하므로 무단조퇴 또는 무단지각(특별한 사정없이 1일 훈련시간의 1/3이상 지각)은 원칙적으로 실업인정을 하지 않습니다.

실업인정 및 직업능력개발수당 지급기준

구 분		실업인정	직업능력개발수당
수강	정상 수강(조퇴·지각 포함)	인 정	지 급
	무단조퇴, 무단지각	불인정	부지급
수강하지 않은 날	공 휴 일	인 정	부지급
	직업훈련기관 사정	인 정	부지급
	부득이한 사유가 있는 수급자격자 본인의 사정	인 정	부지급
	부득이한 사유가 없는 본인사정	불인정	부지급

본인의 사정에 대한 인정기준

① 7일 미만의 수급자격자 본인의 질병·부상
② 구인자와의 면접 또는 채용시험에 응시하는 경우
③ 각종 국가시험·검정 등의 자격시험에 응시하는 경우
④ 병역법 기타 다른 법령에 의한 징병검사·소집·동원 등에 응하는 경우
⑤ 국가공무원 복무규정 제20조제1항 관련 별표2의 규정에 의한 경조사별 휴가일수의 범위 내에서 결혼 기타 경조사에 참석하는 경우
⑥ 기타 위에 준하는 사유로서 사회통념상 직업능력개발훈련 등을 수강하지 못할 부득이한 사정이 인정되는 경우

2. 천재지변, 대량실업의 발생 등 대통령령이 정하는 사유가 발생한 경우의 실업인정

(1) 실업인정의 특례사유

다음 사유가 발생할 경우 노동부장관이 실업인정의 특례를 적용할 기간을 고시하여 그 기간 내에 적용할 수 있습니다.

① 천재지변이 발생한 경우

② 월간 구직급여 수급자격인정을 신청한 자의 수를 매월 말일의 피보험자수로 나누어 얻은 비율(수급자격신청률)이 연속하여 2월간 100분의 1을 초과하는 경우

③ 법 제53조의 규정에 의한 특별연장급여의 지급이 결정된 경우

○ 실업인정방법은, 실업인정의 특례가 적용될 경우에는 4주간에 1회 실

업인정을 하고 직업훈련을 받고 있어 월 1회 실업인정을 받는 수급자격자는 종전과 같이 월 1회 실업인정을 행합니다.

(2) 특별연장급여 지급결정시의 실업인정

○ 특별연장급여를 지급받는 자는 4주에 1회 실업인정을 합니다. 특별연장급여 지급일수가 60일이므로 4주간에 1회씩 실업인정하면 마지막에 4일이 남는 경우가 대다수일 것으로 예상되므로 3차 실업인정일은 잔여급여일수를 고려하여 14일후로 실업인정일을 지정할 수 있습니다.

○ 실업인정의 요령은 수급자격자 본인 출석여부, 취업한 날의 확인, 적극적 재취업활동여부 확인 등 일반 수급자격자와 동일하게 처리합니다. 또한 실업인정일의 변경, 증명서에 의한 실업인정, 직업소개·직업지도·직업능력개발훈련 지시 및 정당한 이유 없는 거부에 대한 지급정지 등도 일반 수급자격자와 동일하게 처리합니다.

3. 증명서에 의한 실업인정

실업인정은 수급자격자가 미리 정해진 실업인정일에 본인이 직접 출석하여 받아야 하나, 법령에 정하여진 부득이한 사유로 정해진 실업인정일에 출석하지 못한 경우에는 지방노동관서에 출석할 수 없었던 사유를 기재한 증명서를 제출하여 실업인정을 받을 수 있습니다.

(1) 증명서에 의한 실업인정이 가능한 사유는 다음과 같습니다.

① 7일 미만의 질병·부상으로 직업안정기관에 출석할 수 없었던 경우
② 직업안정기관의 직업소개에 의한 구인자와의 면접 등으로 직업안정기관에 출석할 수 없었던 경우
③ 직업안정기관의 장이 지시한 직업훈련 등을 받기 위하여 직업안정기

관에 출석할 수 없었던 경우

④ 천재지변 기타 부득이한 사유로 지방노동관서에 출석할 수 없었던 경우

부득이한 경우로 볼 수 있는 경우

ⅰ. 수해·화재·폭설·교통사고 등으로 인하여 직업안정기관에 출석할 수 없었던 경우
ⅱ. 법원·검찰·노동위원회·국회·지방의회 등에 증인·참고인 등으로 출석함으로써 직업안정기관에 출석할 수 없었던 경우
ⅲ. 병역법 기타 다른 법령에 의한 징병검사·소집·동원 등에 응함으로써 직업안정기관에 출석할 수 없었던 경우
ⅳ. 범죄용의로 소환·구인·구류 등을 받아 직업안정기관에 출석할 수 없었던 기간이 7일 미만인 경우
ⅴ. 국가공무원 복무규정 제20조제1항 관련 별표2의 규정에 의한 경조사별 휴가일수의 범위 내에서 결혼 기타 경조사에 참석하는 경우
ⅵ. 기타 위에 준하는 사유로서 직업안정기관의 장이 특별히 인정하는 경우

---

(2) 실업인정 방법 및 절차

○ 수급자격자가 증명서에 의한 실업인정이 가능한 사유로 인하여 정해진 실업인정일에 출석할 수 없었던 경우에는 출석할 수 없었던 사유가 종료된 이후 14일 이내에 직업안정기관에 출석하여 출석할 수 없었던 사유를 증명하는 서류를 제출함으로써 실업인정을 받을 수 있습니다.

○ 증명서에 의한 실업인정의 경우에도 실업인정대상기간 중 취업사실의 확인, 재취업활동의 확인 등은 일반 실업인정 절차에 준하여 처리하여야 합니다.

증명서에 의한 실업인정의 신청자격 및 제출서류

구　　분	신청자격	제　출　서　류
7일 미만의 부상·질병	수급자격자 본인	상병의 상태 및 명칭, 초진 및 완치연월일이 기재된 의사 기타 진료를 담당하는 자의 증명서
직업안정기관의 직업소개에 의한 구직자와의 면접	수급자격자 본인	구인자의 이름 및 주소, 면접일시가 기재된 구인자의 증명서
직업안정기관이 지시한 직업훈련 수강	수급자격자 본인 또는 대리인	고용보험 직업능력개발훈련 등 수강증명서
천재지변 기타 부득이한 사유	수급자격자 본인	천재지변 기타 부득이한 사유 및 그 기간, 지방노동관서에 출석할 수 없었던 기간 등이 기재된 읍·면·동장 또는 지방노동관서의 장이 적당하다고 인정하는 자의 증명서

4. 잠정실업인정

○ 피보험자격상실미처리·이직확인서 처리지연 등으로 인하여 수급자격 여부가 확정되지 않았을 경우에도 이직자가 구직신청을 하고 수급자격의 가인정을 받은 경우에는 일반 실업인정업무 처리절차에 준하여 "잠정실업인정"을 행하게 됩니다.

○ 잠정실업인정을 행할 때에는 실업인정신청서 우측 상단에 다음 양식에 의하여 붉은 글씨로 구직신청일을 기재하고, 추후 수급자격유무가 확정되면 그 일자와 자격유무를 표시하여 별도관리 하여야 함

잠 정 실 업 인 정		
구 직 신 청 일		
수급자격확정일		유 · 무

○ 구직급여지급액 결정 및 실업인정결과의 전산입력은 보류하였다가 수급자격유무가 확정되면 지체없이 구직급여지급액을 일괄 결정하고 전산입력하여야 합니다.

5. 해고의 효력을 다투는 자에 대한 실업인정

○ 사업주가 행한 해고가 무효라고 주장하면서 노동위원회·법원 등에 신청·제소 중에 있는 자에 대하여 실업인정을 하는 경우에는 일반적인 실업인정절차에 준하여 처리하는 것을 원칙으로 하되, 해고의 효력을 다투는 자(최종사업장의 사업주를 상대로 해고의 효력을 다투는 자에 한합니다)는 원직복귀 또는 원직복귀시까지의 임시근로 등만을 희망하는 것이 일반적이므로 이 범위 내에서 적극적 재취업활동 여부의 확인, 급여지급정지 등에 있어서의 예외를 인정할 수 있습니다.

○ 사업주의 사업폐지 등의 사유로 결정·판결 등이 확정되어도 원직복귀가 불가능하다고 인정되는 경우에는 예외를 인정할 수 없습니다.

○ 수급자격자(해고자)가 노동위원회 또는 법원의 부당해고 판정에 의하여 원직에 복직된 경우 기지급된 실업급여는 반환하여야 합니다.

사례: 해고의 적법성에 대하여 지방노동위원회에 제소하였으나 기각 결정이 있었고 이에 재차 제소하여 중앙노동위원회에 재심신청 중이거나 또는 법원에 민사소송이 진행 중일 경우 실업인정규정 제17조의 규정을 적용할 수 있는가?

답: 지방노동위원회에 부당해고 구제신청을 제기하여 기각결정 되었으나 중앙노동위원회에 재심신청 또는 법원에 소송을 제기하여 해고의 효력을 다투고 있다면 실업인정규정 규정에 의한 『해고의 효력을 다투고 있는 자』로 보아야 할 것입니다.

<학습정리>

◆ 「직업능력개발훈련을 받는 수급자격자」, 「천재지변, 대량실업의 발생 등 대통령령이 정하는 사유가 발생한 경우의 수급자격자」, 「그 밖에 대통령령으로 정하는 수급자격자」등에 대하여는 원활한 업무수행과 수급자격자의 불편 및 부담해소를 위하여 실업인정의 특례를 인정합니다.

◆ 훈련기간 중 직업능력개발훈련을 받는 수급자격자에 대한 실업인정은 적극적인 재취업활동의 확인을 생략하고 수강증명서에 의거하여 실업인정을 하게 됩니다.

◆ 훈련이 야간에 이루어지는 경우에도 별도의 구직활동은 요구하지 않고 아울러 수강증명서의 제출은 대리인에 의해서도 가능합니다.

◆ 법령에 정하여진 부득이한 사유로 정해진 실업인정일에 출석하지 못한 경우에는 지방노동관서에 출석할 수 없었던 사유를 기재한 증명서를 제출하여 실업인정을 받을 수 있습니다.

◆ 피보험자격상실미처리·이직확인서처리지연 등으로 인하여 수급자격

여부가 확정되지 않았을 경우에도 이직자가 구직신청을 하고 수급자격의 가인정을 받은 경우에는 일반 실업인정업무 처리절차에 준하여 "잠정실업인정"을 행하게 됩니다.

◆ 해고의 효력을 다투는 자는 원직복귀 또는 원직복귀시까지의 임시근로 등만을 희망하는 것이 일반적이므로 이 범위 내에서 적극적 재취업활동 여부의 확인, 급여지급정지 등에 있어서의 예외를 인정할 수 있습니다.

<확인하기>

1. 직업능력개발훈련 중인 자가 본인의 사정에 의하여 지각이나 조퇴를 할 경우 본인사정으로 인정되어 실업인정이 되는데 이에 해당하지 않는 것은?
① 10일 미만의 수급자격자 본인의 질병·부상
② 구인자와의 면접 또는 채용시험에 응시하는 경우
③ 각종 국가시험·검정 등의 자격시험에 응시하는 경우
④ 병역법 기타 다른 법령에 의한 징병검사·소집·동원 등에 응하는 경우
정답: ①
해설: 10일이 아니라 7일이다.

2. 증명서에 의한 실업인정이 가능한 사유로 맞지 않는 것은?
① 7일 미만의 질병·부상으로 직업안정기관에 출석할 수 없었던 경우
② 구인자와의 면접 등으로 직업안정기관에 출석할 수 없었던 경우
③ 직업안정기관의 장이 지시한 직업훈련 등을 받기 위하여 직업안정기관에 출석할 수 없었던 경우
④ 천재지변 기타 부득이한 사유로 지방노동관서에 출석할 수 없었던 경우
정답: ②
해설: 단순한 면접을 위한 경우는 해당하지 않고, 직업안정기관의 직업소개에 의한 구인자와의 면접으로 직업안정기관에 출석할 수 없었던 경우가 해당한다.

3. 증명서에 의한 실업인정의 사유 가운데 부득이한 사유에 해당하지 않는 것은?

① 교통사고로 인하여 직업안정기관에 출석할 수 없었던 경우

② 법원에 증인으로 출석함으로써 직업안정기관에 출석할 수 없었던 경우

③ 예비군 동원훈련으로 인하여 직업안정기관에 출석할 수 없었던 경우

④ 범죄용의자로 소환·구인·구류 등을 받아 직업안정기관에 출석할 수 없었던 경우

정답: ④

해설: 범죄용의자로 소환·구인·구류 등을 받아 직업안정기관에 출석할 수 없었던 경우는 그 기간을 모두 인정받는 것이 아니라 7일 미만의 경우만 해당된다.

제7과 구직급여 수급자의 재취업활동

〈개   요〉

구직급여의 지급요건에 해당되어 급여를 수급하게 된 수급자는 수급기간 동안 아무것도 하지 않고 급여
만 수급하지는 않습니다. 이는 실업급여의 목적이 생활의 안정과 더불어 재취업을 촉진한다는 데 있기 때문
입니다. 따라서 수급자는 적극적으로 재취업을 위한 활동을 하여야 하며 이를 인정받아야 합니다. 아래에서
학습하시겠습니다.

〈목   표〉

1. 적극적 구직활동의 인정기준을 확인할 수 있다.
2. 각종 재취업관련 훈련과 프로그램의 인정기준을 알 수 있다.
3. 자영업활동의 인정기준을 알 수 있다.

〈내   용〉

1. 적극적 구직활동의 유형과 인정기준을 알아봅시다.
2. 직업능력개발훈련 수강인정의 기준을 알아봅시다.
3. 직업지도 프로그램 참여의 인정기준을 알아봅시다.
4. 재취업활동으로 인정되지 않는 경우를 알아봅시다.

Ⅰ. 적극적 구직활동

1. 적극적으로 재취업을 위한 노력

○ 실업인정 및 재취업지원 업무담당자는 실업인정을 하는 때에 수급자격자와의 상담 및 기타 적정한 방법(증빙자료의 확인 등)에 의하여 당해 수급자격자가 근로의 의사와 능력을 가지고 실업인정대상기간 중에 적극적으로 재취업활동을 하였는지 여부와 재취업활동의 내용을 확인하여야 합니다.

○ 재취업활동의 인정기준은 다음과 같습니다.

① 구인업체를 방문하거나 우편·인터넷 등을 이용하여 구인에 응모한 경우(규칙 제87조 제1호)

② 채용관련 행사에 참여하여 채용을 위한 면접에 응한 경우(규칙 제87조 제2호)

③ 직업안정기관에서 행하는 직업소개, 성취프로그램 등 직업지도 및 직업훈련지시에 응한 경우(규정 제10조제4항제1호)

④ 실업인정특례자로 인정받은 도서거주자 또는 장애인(자력으로 거동이 곤란한 자를 말한다)이 직업안정기관의 직업소개에 따라 전화 등을 이용하여 구인자와 구직상담을 한 경우(규정 제10조제4항제2호)

⑤ 노동부장관의 허가를 받은 근로자파견업체에 구직서류를 접수하거나 선원 구인·구직등록기관에 구직등록을 한 경우(실업인정대상기간 중 접수 또는 등록한 경우에 한함) <규정 제10조제4항제3호>

⑥ 일용근로자의 경우(일용근로자로 수급자격을 얻은 자를 말함) 실업인정대상기간 중 취업한 날이 있는 경우(규정 제10조제4항제4호)

⑦ 당해 실업인정일로부터 30일 이내에 취업하기로 확정된 경우(규칙 제87조제1항제5호)

사례 : 별도의 구직활동 없이 실업인정대상기간전의 구인응모결과를 기다리고 있는 것이 적극적 구직활동으로 볼 수 있는지의 여부와 이에 대한 실업인정의 여부는 ?

답 : 실업인정을 받기 위해서는 해당 실업인정대상기간중에 적어도 1회 이상 재취직을 위한 적극적인 구직노력을 하여야 하는 바, 질의의 경우와 같이 별도의 구직활동 없이 단지 전회 실업인정대상기간중에 응모한 사업장의 응모결과만을 기다리고 있었다면 해당 실업인정대상기간에는 적극적 구직활동 사실이 없었던 것이므로 실업인정을 할 수 없을 것입니다. 다만, 수급자격자가 전회 실업인정대상기간중의 구직활동으로 신고한 사업장에 대해 금회 실업인정대상기간 중에 면접 응시, 추가서류 제출 등 전회 실업인정대상기간 중의 구직활동과는 다른 추가적·부수적 활동이 있었다면 동 기간에 대해 실업인정을 할 수 있을 것입니다.

사례 : 실업급여 수급자격자가 해외 구직활동을 하기 위해 출국하였다가 1, 2개월후 구직활동 증명서(면접확인서)를 지참하여 귀국 후, 도래하는 실업인정일에 출석하여 해외 체류기간 전체에 대하여 실업인정 신청을 할 경우 실업인정 가능 여부

답 : 해외에서의 구직활동 등 부득이한 사유로 인하여 정해진 실업인정일에 출석할 수 없는 경우에는 법 제34조제3항 단서에 의하여 실업인정일을 변경하여 실업인정을 받을 수 있을 것입니다. 즉, 해외에서 구직활동을 하는 경우라도 국내의 광역구직활동과 달리 취급할 이유가 없어 구인자와의 면접을 위해 출국하여 지정된 실업인정일에 출석할 수 없었다면 실업인정일 변경사유에 해당되므로 귀국 후 즉시 실업인정일 변경처리를 하여 귀국 전 마지막 실업인정대상기간에 대하여만 실업인정을 하여야 할 것입니다.

2. 직업능력개발훈련 수강의 인정기준

○ 재취업을 위하여 구인업체의 면접 등의 활동을 할 수도 있으나 자격을 요하는 취업을 위한 각종의 수강을 하는 경우에는 현실적인 구직활동을 할 수 없는 경우가 대부분입니다. 이러한 경우에도 일정한 범위에서 수강 자체를 적극적 구직활동으로 인정해주는 것입니다.

○ 구체적인 수강의 인정기준은 다음과 같습니다.

① 근로자직업능력개발법 제24조의 규정에 의하여 노동부장관의 인정 또는 지정을 받은 훈련과정을 수강하는 경우

② 국가 또는 지방자치단체에서 훈련비용의 전부 또는 일부를 지원하는 훈련과정(출결관리가 이루어지는 경우에 한함)을 수강하는 경우

③ 근로자직업능력개발법에 의한 직업훈련시설 또는 학원법에 의한 학원 등에서 재취업을 위하여 수강 중인 경우로서 별도의 재취업활동이 필요하지 아니하다고 직업안정기관의 장이 인정하는 경우

– 수급자격자가 특정직종에 취업을 목적으로 자격취득 등을 위해 학원에

수강하는 경우에는 학원수강을 증명할 수 있는 서류(수강증 등)를 제출하는 경우에 한하여 재취업활동을 한 것으로 보아 실업인정(필요시 학원 등에 현장방문 또는 유선으로 수강여부 확인)

④ 직업안정기관의 장이 지시하는 직업능력개발훈련에 응한 경우

○ 특히, 위의 ③의 경우에는 아래의 요령에 의하여 판단하여야 합니다.

- 수급자가 원하는 구직희망 직종과 관련이 있는 훈련과정을 수강하는 경우일 것

- 훈련과정이 취미·기호·오락·운동 등 또는 사회통념상 개인적 필요에 의한 자격증(자동차 운전면허 등) 취득을 목적으로 하는 것이 아닐 것

- 수강기간 중 수강편성 시간이 실업자재취직훈련 시간과 비슷할 것

- 수급자가 성실하게 수강하고 있는 것으로 인정될 것

- 당해 실업인정대상 기간 중에 수강하였을 것

3. 직업지도 프로그램 참여의 인정기준

○ 앞서의 수강과 마찬가지로 각종의 직업지도 프로그램에 참여하는 경우에도 별도의 구직활동을 요하지 않게 됩니다. 그 기준은 다음과 같습니다.

① 직업안정기관에서 행하는 직업지도프로그램에 참여한 경우

- 직업지도 프로그램은 집단상담프로그램(성취, 취업희망, CAP) 뿐만 아니라, 직업안정기관이 재취업지원을 위해 행하는 각종 조치를 포함하는 것입니다.(단기 취업특강, 사회봉사활동 등)

② 구인업체가 부족한 경우 등 노동시장의 여건상 고용정보의 제공이 어려운 경우로서 직업지도를 위하여 필요하다고 판단되어 직업안정기관의 장이 소개한 사회봉사활동에 참여하는 경우

- 사회봉사활동의 개념은 국가·지자체, 사회복지단체 등이 행하는 사회복지사업 또는 시설운영이나 활동 등에 직접 참여하여 육체적·정신적 근로를 제공하는 것을 말하는데, 예를 들면 재해복구 및 구호활동 참

여, 부랑인 선도, 노인·아동·심신장애자 보호시설 노력봉사, 공공시설 및 장소의 청소·경비활동 등을 말합니다.

– 사회봉사활동 참여기간은 1일 이상(1일 8시간 기준)을 원칙으로 합니다.

③ 노동부장관이 정하는 바에 따라 직업안정기관의 장과 협의를 거쳐 재취업활동계획을 수립하거나 재검토하는 경우

④ 직업안정기관의 장이 지시하는 직업지도에 응한 경우

4. 자영업 준비활동의 인정기준

○ 재취업활동계획을 수립 또는 변경하는 때에 사업목적·내용·장소·시기·추진일정 등을 명시하고, 재취업활동계획서에 명시된 내용에 따라 자영업준비활동을 한 경우에는 자영업 준비활동을 적극적인 재취업활동으로 인정합니다.

○ 「재취업활동계획서」에는 사업목적, 사업개시예정일, 사업내용, 사업장소, 사업개시 추진일정 등 준비활동을 명시합니다.

○ 「재취업활동계획서」 수립 이후 실업인정은 계획서에 따라 충실하게 자영업 준비활동을 수행하였지 여부를 판단하여 결정하게 되는데 구체적 기준은 다음과 같습니다.

– 근로자 채용을 위한 구인광고 여부, 가게물색 또는 계약(가계약 포함), 시장조사 활동 자료, 각종 관계기관 협의 자료 등을 토대로 적극적으로 자영업 개시를 위한 활동을 하였는지 여부

– 특별한 사업 준비 활동 없이 반복적으로 자영업을 위한 가게물색이나 시장조사만을 행한 경우 등은 실업인정 불인정(이 경우에는 별도의 구직활동을 병행하는 경우에만 재취업활동으로 인정)

– 보험대리점 개설을 위한 교육·훈련수강이나 보험모집인·채권추심원 등 입사를 위한 교육만을 반복하여 수강하면서 별도의 구직활동을 하지 않은 경우에는 실업인정 불인정(다만, 훈련·교육을 수강하는 기간

은 수급기간 중 1회에 한하여 재취업활동을 한 것으로 인정)

사례: 실업급여 수급자 A의 경우 지정된 실업인정일(2004.1.16)에 출석하여 사업자등록을 할 경우 사업개시 전일까지의 실업급여 지급 가능여부를 문의하였으며 사업자등록을 할 경우 취업의 한 형태이므로 취업한 사실을 확인할 수 있는 서류를 차기 실업인정일 전일까지 사업자등록증을 제출 할 경우 전일까지의 실업급여는 지급이 가능하다고 안내하였고, 차기 실업인정일 전일까지 출석하여 확인하도록 하였으나 지정된 출석일에 출석치 아니하고 2004.2.20 유선으로 자영업개시일은 2004.1.28이라고 통지하였다. 이 경우 A씨는 자영업 개시 전일까지의 실업급여를 수급할 수 있는가?

답: 고용보험법 제34조 및 동법시행규칙 제52조의3에 따라 수급자격자가 세법에 의한 사업자등록을 하는 경우에는 취업으로 인정하는 자영업을 영위하는 것으로 보아 실업인정을 아니하며 사업자등록일 이전의 실업인정대상기간에 대하여는 구직활동 여부를 확인하여 실업인정을 함이 원칙입니다. 한편 취업 또는 구인자와의 면접 기타 부득이한 사유로 인하여 실업인정일(또는 실업인정일 및 그 전일)에 출석 할 수 없는 자는 실업인정일 전일(또는 다음번 실업인정일 전일)까지 출석하여 실업인정일의 변경신청을 하여야 하며, 변경된 실업인정일의 전일까지의 각각의 날에 대하여 실업인정을 하게 됩니다.
따라서 동 사안에서 수급자격자 A가 사업자 등록을 이유로 지정된 실업인정일(2004.1.30)에 출석할 수 없는 상태에서 사업자등록일 이전의 실업인정대상기간(2004.1.16~1.27)에 대해 실업인정을 받기 위해서는 지정된 실업인정일 전일인 2004.1.29까지(또는 다음번 실업인정일 전일인 2004.2.12까지)출석하여 실업인정일의 변경신청을 하여야 합니다. 결국 동 사안에서 수급자격자 A가 위의 절차에 따라 실업인정일의 변경신청을 하지 않았다면, 해당 실업인정대상기간(2004.1.16~1.27)의 실업인정은 불가능하고 급여를 수급할 수 없습니다.

5. 그 밖에 사회통념상 근로의 의사와 능력을 가지고 적극적인 재취업활동을 하였다고 직업안정기관의 장이 인정하는 경우도 적극적 구직활동이 있는 것으로 봅니다.

II. 적극적인 재취업활동으로 인정되지 않는 경우

○ 적극적 재취업활동의 여부는 수급자의 근로의사를 확인하는데 중요한 자료입니다. 그러나 아래의 경우에는 이러한 의사가 있다고 보기에 곤란한 경우로 재취업활동으로 인정되지 않습니다.

① 임신·출산·육아·노약자의 간호, 그 밖의 가사상의 이유로 이직한 자 중 그 이직 원인이 아직 소멸되었다고 보기 어려운 경우

② 질병·부상 등 정신적·육체적 조건으로 인하여 통상 취업이 곤란하다고 인정되는 경우

③ 산업재해보상보험법 제39조에 따른 휴업급여의 지급대상이 되는 경우

④ 직업안정기관의 장이 미리 지정하여 준 재취업활동계획 수립, 직업소개 또는 직업지도를 위한 출석일에 정당한 사유없이 출석하지 아니한 경우(출석하지 아니한 기간에 한함)

⑤ 동일 사업장만을 반복하여 구직활동을 하는 경우

⑥ 전화로 구인처를 탐문만 하는 경우

⑦ 수급자격자의 경력·연령·기능 및 노동시장상황 등을 고려할 때 수용이 거의 불가능한 근로조건만을 고집하는 경우

－예를 들면, 고령자 등 노동시장의 통상적인 조건하에서 취업이 특히 곤란한 자가 시간제·촉탁직·임시직 근로 등의 취업은 희망하지 아니하고 상용근로자로의 취업만을 고집하는 경우

⑧ 자영업 준비활동의 경우 반복적으로 자영업을 위한 장소물색이나 시장조사만을 행하는 경우

⑨ 방문판매등에관한법률에 의한 사업이나 사업을 수행하는 자를 위한 훈련·교육, 보험대리점 개설이나 보험모집인(생활설계사 등)을 위한 훈련·교육, 채권추심원으로 활동하기 위한 교육·훈련 등을 수강하는 외에는 별도의 자영업 준비활동을 하지 않는 경우(단, 수급기간 중 1회에 한하여 훈련·교육을 수강하는 경우에는 그 기간은 재취업

활동을 한 것으로 봄)

⑩ 기타 위 각호에 준하는 경우

<학습정리>

◆ 재취업활동의 인정기준

① 구인업체를 방문하거나 우편·인터넷 등을 이용하여 구인에 응모한 경우

② 채용관련 행사에 참여하여 채용을 위한 면접에 응한 경우

③ 직업안정기관에서 행하는 직업소개, 성취프로그램 등 직업지도 및 직업훈련지시에 응한 경우

④ 실업인정특례자로 인정받은 도서거주자 또는 장애인이 직업안정기관의 직업소개에 따라 전화 등을 이용하여 구인자와 구직상담을 한 경우

⑤ 노동부장관의 허가를 받은 근로자파견업체에 구직서류를 접수하거나 선원 구인·구직등록기관에 구직등록을 한 경우

⑥ 일용근로자의 경우 실업인정대상기간 중 취업한 날이 있는 경우

⑦ 당해 실업인정일로부터 30일 이내에 취업하기로 확정된 경우

◆ 직업능력개발훈련 수강의 인정기준

○ 구체적인 수강의 인정기준은 다음과 같습니다.

① 근로자직업능력개발법 제24조의 규정에 의하여 노동부장관의 인정 또는 지정을 받은 훈련과정을 수강하는 경우

② 국가 또는 지방자치단체에서 훈련비용의 전부 또는 일부를 지원하는 훈련과정을 수강하는 경우

③ 근로자직업능력개발법에 의한 직업훈련시설 또는 학원법에 의한 학원 등에서 재취업을 위하여 수강 중인 경우로서 별도의 재취업활동이 필요하지 아니하다고 직업안정기관의 장이 인정하는 경우

④ 직업안정기관의 장이 지시하는 직업능력개발훈련에 응한 경우

◆ 직업지도 프로그램 참여의 인정기준

① 직업안정기관에서 행하는 직업지도프로그램에 참여한 경우

② 구인업체가 부족한 경우 등 노동시장의 여건상 고용정보의 제공이 어려운 경우로서 직업지도를 위하여 필요하다고 판단되어 직업안정기관의 장이 소개한 사회봉사활동에 참여하는 경우

③ 노동부장관이 정하는 바에 따라 직업안정기관의 장과 협의를 거쳐 재취업활동계획을 수립하거나 재검토하는 경우

④ 직업안정기관의 장이 지시하는 직업지도에 응한 경우

◆ 재취업활동계획을 수립 또는 변경하는 때에 사업목적·내용·장소·시기·추진일정 등을 명시하고, 재취업활동계획서에 명시된 내용에 따라 자영업준비활동을 한 경우에는 자영업 준비활동으로 보아 적극적인 재취업활동으로 인정

　◆ 적극적인 재취업활동으로 인정되지 않는 경우

① 임신·출산·육아·노약자의 간호, 그 밖의 가사상의 이유로 이직한 자 중 그 이직 원인이 아직 소멸되었다고 보기 어려운 경우

② 질병·부상 등 정신적·육체적 조건으로 인하여 통상 취업이 곤란하다고 인정되는 경우

③ 산업재해보상보험법 제39조에 따른 휴업급여의 지급대상이 되는 경우

④ 직업안정기관의 장이 미리 지정하여 준 재취업활동계획 수립, 직업소개 또는 직업지도를 위한 출석일에 정당한 사유없이 출석하지 아니한 경우

⑤ 동일 사업장만을 반복하여 구직활동을 하는 경우

⑥ 전화로 구인처를 탐문만 하는 경우

⑦ 수급자격자의 경력·연령·기능 및 노동시장상황 등을 고려할 때 수용이 거의 불가능한 근로조건만을 고집하는 경우

⑧ 자영업 준비활동의 경우 반복적으로 자영업을 위한 장소물색이나 시장조사만을 행하는 경우

⑨ 방문판매등에관한법률에 의한 사업이나 사업을 수행하는 자를 위한 훈련·교육, 보험대리점 개설이나 보험모집인(생활설계사 등)을 위한 훈련·교육, 채권추심원으로 활동하기 위한 교육·훈련 등을 수강하는 외에는 별도의 자영업 준비활동을 하지 않는 경우(단, 수급기간 중 1회에 한하여 훈련·교육을 수강하는 경우에는 그 기간은 재취업활동을 한 것으로 봄)

⑩ 기타 위 각호에 준하는 경우

<확인하기>

1. 재취업활동의 인정기준에 대한 설명중 틀린 것은?

① 업체의 방문이나 우편으로 응모한 경우는 인정되나 인터넷응모는 인정되지 않는다.

② 직업안정기관에서 행하는 직업소개에 응한 경우는 인정된다.

③ 실업인정특례자로 인정받은 장애인이 직업안정기관의 직업소개에 따라 전화 등을 이용하여 구인자와 구직상담을 한 경우는 인정된다.

④ 노동부장관의 허가가 없는 근로자파견업체에 구직서류를 접수한 경우는 인정되지 않는다.

정답: ①

해설: 업체의 직접방문이나 우편뿐만 아니라 인터넷 응모도 인정받을 수 있다.

2. 근로자직업능력개발법에 의한 직업훈련시설 또는 학원법에 의한 학원 등에서 재취업을 위하여 수강 중인 경우로서 별도의 재취업활동이 필요하지 아니하다고 직업안정기관의 장이 인정하는 경우에 그 판단 요령으로 틀린 것은?

① 수급자가 원하는 구직희망 직종과 관련이 있는 훈련과정을 수강하는 경우일 것

② 훈련과정이 취미·기호·오락·운동 등 또는 사회통념상 개인적 필

요에 의한 자격증(자동차 운전면허 등) 취득을 목적으로 하는 것이 아닐 것

③ 수강기간 중 수강편성 시간이 실업자재취직훈련 시간과 비슷할 것

④ 수강시기는 당해 실업인정대상 기간 외에 수강한 것도 모두 포함할 것

정답: ④

해설: 수강시기는 당해 실업인정대상 기간 중에 수강한 것만을 인정한다.

3. 다음 중 적극적인 재취업활동으로 인정되는 경우는 무엇인가?

① 동일 사업장만을 반복하여 구직활동을 하는 경우

② 채용관련 민간행사에 참여하여 채용을 위한 면접에 응한 경우

③ 수급자격자의 경력·연령·기능 및 노동시장상황 등을 고려할 때 수용이 거의 불가능한 근로조건만을 고집하는 경우

④ 자영업 준비활동의 경우 반복적으로 자영업을 위한 장소물색이나 시장조사만을 행하는 경우

정답: ②

해설: 민간행사라 하더라도 구인업체가 직접 참여하고 이에 참여하여 구직을 위한 채용면접을 한 경우 적극적 구직활동이 된다.

제8과 구직급여 지급과 관련된 사례

〈미리 알아보기〉

1. 회사가 사옥을 이전하여 통상 출퇴근 시간이 2시간 이상 소요되어 이직하는 경우 수급자격이 제한되지 않는다. (O X)
정답: X
해설: 이직사유에 따른 수급자격 제한에 관한 법규정 가운데, 『그 밖에 노동부령으로 정하는 정당한 사유』에 해당되어 수급자격이 인정되는 경우로서, 구체적으로는, 『다음 각 목의 어느 하나에 해당하는 사유로 통근이 곤란하게 된 경우(법 제58조제2호, 시행규칙 제101조제2항)』를 말하는데, 통근시 이용할 수 있는 통상의 교통수단으로는 사업장으로의 왕복에 드는 시간이 3시간 이상인 경우를 말한다.

2. 근로자와 공무원의 신분을 동시에 가지고 있는 경우 근로자의 신분은 부정하여 실업급여 자격을 제한한다. (O X)
정답: O
해설: 근로자의 신분과 공무원의 신분이 동시에 인정되는 경우, 고용보험법의 기본적 취지가 근로자의 재취업과 생계유지를 목적으로 하고 있음에 비추어 공무원의 신분을 유지시킨다.

3. 우리나라 국민에게 실업급여를 적용하지 않는 국가의 국민에게도 우리나라의 실업급여는 적용된다. (O X)
정답: X
해설: 외국인의 본국법이 자국의 고용보험제도를 우리나라 국민에게 적용하지 않는 경우에는 우리나라의 고용보험법도 외국인을 적용하지 않는다(상호주의).

〈개   요〉

앞 차시까지 여러분께서는 구직급여의 지급에 관한 법규상의 기본적인 내용을 학습하셨습니다. 본 차시에서는 지금까지 학습하신 내용을 바탕으로 하여 구체적으로 어떤 경우에 지급이 되는지 사례를 중심으로 살펴보도록 할 것입니다. 또한 각 요건별로 중요한 사례들도 아울러 학습하실 것입니다. 이러한 사례들에 대한 학습으로 구직급여에 대한 전체적인 내용을 정리하시면 되겠습니다.

〈목   표〉

1. 각 상황별로 상이한 구직급여의 지급사례를 이해할 수 있다.
2. 통상적인 사례와 아울러 특이한 경우의 사례도 처리할 수 있다.
3. 각 요건상 제기될 수 있는 특별한 사례를 이해할 수 있다.

〈내   용〉

1. 실업인정, 자격요건 등과 관련한 구체적 지급사례를 알아봅시다.
2. 구직급여와 관련하여 문의가 들어올 수 있는 경우를 미리 학습해 봅시다.
3. 실제로 노동관서에 질의·회시가 되었던 내용을 이해해 봅시다.

1. 수급자격자가 사망한 경우

사례: 회사의 경영상의 이유로 퇴직한 甲은 구직급여의 수급자에 해당되었다. 최초의 실업인정일은 2008년 1월 15일 이었고 이후 인정일은 4주후였다. 그러던 중 구직면접을 위해 길을 나서다 갑작스러운 교통사고로 인하여 2월 5일 수급자격자가 사망하게 되었을 경우, 사실혼 관계에 있는 처가 구직급여를 대신하여 청구 및 수령할 수 있는가?

답: 실업급여의 수급권 그 자체는 원칙적으로 일신전속적 권리에 해당되어 상속의 대상이 되지 않음이 원칙이다. 그러나 본 사례의 경우는 수급자격자가 사망한 경우에 그 수급자격자에게 지급되어야 할 실업급여가 발생하였고 사망으로 인하여 아직 지급되지 않은 것이 있는 경우에 해당되므로 그 미지급된 실업급여를 유족들이 청구할 수 있다. 유족의 범위에는 사실혼의 관계에 있는 자도 포함되므로 사실혼의 처가 실업의 인정절차를 밟아 청구 및 수령이 가능하다.

○ 해설

본 사례는 지급되지 않은 구직급여에 관한 사항으로서, 『수급자격자가 사망한 경우 그 수급자격자에게 지급되어야 할 구직급여로서 아직 지급되지 아니한 것이 있는 경우에는 그 수급자격자의 배우자(사실상의 혼인 관계에 있는 자를 포함한다)·자녀·부모·손자녀·조부모 또는 형제자매로서 수급자격자와 생계를 같이하고 있던 자의 청구에 따라 그 미지급분을 지급한다(법 제57조)』의 사례입니다.

– 청구절차에 필요한 서류는 아래와 같습니다.
• 지급되지 아니한 실업급여청구서
• 사망한 수급자격자가 실업급여를 받고자 하였을 경우에 제출한 서류 (재취업활동 증거자료, 상병급여청구서, 각 취업촉진수당 청구서)
• 사망한 수급자격자의 사망진단서·사체검안서 또는 사망사실을 증명할 수 있는 서류

- 주민등록등본 (필요시 호적등본)
- 사망한 수급자격자의 수급자격증

- 미지급 구직급여의 산정방법입니다.
- 수급자격자가 실업인정일전에 사망한 경우는 직전의 실업인정일 다음 날부터 사망일까지를 실업인정 대상기간으로 급여를 산정합니다.
- 사망한 수급자격자가 실업인정일에 출석하지 못한 경우로 출석하지 못한 사유가 실업인정일 변경사유에 해당할 때는 실업인정일변경신청서를 받아 청구자가 사망일을 실업인정일로 하고, 직전 실업인정일 다음 날부터 변경후 실업인정일(사망일)까지를 대상으로 급여산정을 합니다.

○ 실업급여를 지급받을 권리는 3년간 행사하지 아니하면 시효로 인하여 소멸합니다[법 제107조제1항].

2. 회사가 사옥을 이전한 경우

사례: 근로자 A씨는 2000년 1월부터 고용보험에 가입되어 있었으며, 2008년 7월 1일 회사의 본사가 서대문구에서 인천으로 이전하였다. 현재 해당 근로자가 거주하는 곳은 동대문구 제기동으로 왕복 4시간 가량이 소요된다. 회사에서 통근버스를 제공하지만 통근버스가 거주지 근처에는 없고 종로에서 출발하는 버스가 있어서 통근버스를 이용한다 하더라도 왕복 3시간 이상 소요된다. 이러한 사유로 이직하는 경우 실업급여의 수급자격이 인정되는가?

답: 실업급여 수급자격은 이직전 18개월간 180일이상 근무하다가 사업장 사정으로 이직하는 경우 수급이 가능하다. 본 사례의 경우 최종 이직사업장의 이직사유가 "사옥이전"이므로 회사의 사정으로 볼 수 있고 또한 통근 시 이용할 수 있는 통상의 교통수단으로 사업장으로의 왕복에 드는 시간이 3시간 이상인 경우에 해당하므로 실업급여의 수급자격이 있는 것으로 판단할 수 있다. 단, 사업주가 통근편의 제공 등의 보완조치를 하여 통근시 왕복 소요시간이 3시간 미만이 되는 경우가 아니어야 할 것이다.

○ 해설

본 사례는 이직사유에 따른 수급자격 제한에 관한 법규정 가운데, 『그 밖에 노동부령으로 정하는 정당한 사유』에 해당되어 수급자격이 인정되는 경우입니다. 구체적으로는, 『다음 각 목의 어느 하나에 해당하는 사유로 통근이 곤란(통근시 이용할 수 있는 통상의 교통수단으로는 사업장으로의 왕복에 드는 시간이 3시간 이상인 경우를 말한다)하게 된 경우(법 제58조제2호, 시행규칙 제101조제2항)』를 말합니다.

- 「통근이 곤란」하다고 함은 통상의 교통수단으로는 사업장으로의 통근 소요시간이 3시간 이상인 경우를 말합니다.
- 「통근 소요시간」이라 함은 통상적으로 거주지에서 출발하여 근무지에 도착하는데 소요되는 왕복시간으로 도보이용 및 환승시간, 승차를 위한 대기시간 등을 포함한 평균적인 시간을 말합니다. 또한 특별한 교통수단으로 출퇴근이 가능한 경우라도 비용이 많이 소요되는 경우에는 통상적 교통수단으로 볼 수 없습니다.
- 사업장의 이전의 경우도, 통근이 불가능한 지역으로 사업장이 이전된 경우로서 사업주가 통근차량 제공·숙소 제공 등의 보완조치를 취하였더라도 이를 수용할 수 없는 정당한 사유가 있거나 통근이 여전히 곤란한 경우에는 수급자격을 제한하지 않습니다.

3. 공무원신분과 근로자신분을 동시에 유지하는 경우

사례: 모 전자회사에서 근무하는 A씨는 고용보험의 피보험자격을 가지고 근무하고 있다. 그러던 중 선출직 지방공무원에 입후보하여 당선되었다. 이에 회사에서는 무급휴직을 허락하여 주었고 해당 A씨는 퇴직하는 대신 휴직을 하고나서 공무원으로서의 직을 수행하였다. 이러한 경우 고용보험법상의 피보험자격을 여전히 유지할 수 있는가? 만약 없다면, 국가공무원법상의 '민간근무휴직제도'에 따라 공

무원직을 휴직하고 고용보험이 적용되는 사업장에 채용되는 경우 해당 사업장에서 고용보험의 피보험자격을 취득할 수 있는가?

답: 선거에 의하여 지방자치단체에 취임하는 자도 정무직공무원으로서 지방공무원에 해당하고 고용보험법 제10조에서 지방공무원법에 의한 공무원에 대하여는 고용보험법을 적용하지 아니한다고 규정하고 있으므로, 고용보험적용사업장에서 고용보험 피보험자격을 가지고 있던 근로자가 종전의 사업장에서 휴직하여 근로자의 지위를 계속 유지하고 있다고 하더라도 지방공무원의 신분을 가지는 동안에는 고용보험법의 적용을 받지 않게 되므로 피보험자격이 상실된다. 이에 따라 자격이 상실된 상태에서 국가공무원법에 의한 '민간근무휴직'을 한 국가공무원이라 하더라도 국가공무원법 및 공무원복무규정 등에 규정된 법령상의 의무를 준수하여야 하므로, 결국 국가공무원이 민간근무휴직을 하고 고용보험적용사업장에 채용되었다 하더라도 그 공무원은 고용보험의 피보험자격을 새로이 취득할 수 없다.

○ 해설

본 사례는 근로자의 신분과 공무원의 신분이 동시에 인정되는 경우에 과연 어느 쪽의 신분을 유지해 주어야 할 것인가에 관한 것으로 고용보험법의 기본적 취지가 근로자의 재취업과 생계유지를 목적으로 하고 있음에 비추어 공무원의 신분을 유지한다는 취지입니다.

- 고용보험법에서 적용 제외 근로자는 고용보험법 제10조에 규정되어 있는데 공무원의 경우는 제3호로서, 「국가공무원법」과 「지방공무원법」에 따른 공무원에 해당되어 제외됩니다. 다만, 대통령령으로 정하는 바에 따라 별정직 및 계약직 공무원의 경우는 본인의 의사에 따라 고용보험(실업급여부분에 한합니다)에 가입할 수 있습니다.

○ 공무원의 경우는 달리 실업에 따른 상계안정과 재취업의 촉진 및 근로자의 직업안정 등의 고용보험법상의 고용보험제도를 통하여 민간근무휴직자까지 보호하여야 할 필요성 없는 것으로 봅니다.

4. 국세징수를 위한 수급자격자의 통장계좌번호 제공요청을 받은 경우

> 사례 : 국세징수를 위하여 주소지에 거주하고 있지 않은 수급자격자의 소재
> 지 및 통장입금 내역확인을 통한 재산상태를 확인하고자 하는 관할
> 세무서의 수급자격자 인적사항 및 통장 계좌번호 제공요청과 관련하
> 여 개인의 사생활 침해여부 등을 고려할 때 자료제공 여부와 그 범
> 위의 적정 여부는?
>
> 답 : 공공기관의개인정보보호에관한법률 제10조의 규정에 따라 다른 기관
> 에 정보를 제공하는 경우에는 당해 기관 또는 단체가 법률에서 정하
> 는 소관업무를 수행하기 위하여 고용보험정보를 이용할 상당한 이유
> 가 있어야 하며, 같은법 동조 제3항의 단서규정에 의거 정보주체 또
> 는 제3자의 권리와 이익을 부당하게 침해할 우려가 없다고 인정되는
> 때에 한하여 자료 제공이 가능합니다. 또한 국세징수를 위한 구직급
> 여 수급자의 통장계좌번호 확인은 금융실명거래및비밀보장에관한법률
> 에 따라 금융기관을 통해서도 가능하고, 또한 구직급여 수급권 보호
> 에 관한 고용보험법 제29조의 취지에 비추어 정보제공을 제한함이
> 타당할 것입니다.

○ 실업급여는 그 가입과 수급자 인정 및 급여제공이 근로자의 근로에 기초한 수입과 밀접한 관련이 있습니다. 근로자 개인의 근로에 따른 수입은 지극히 개인적인 정보이고 이는 당연히 법적 보호의 대상이 됩니다. 국세징수가 국가적인 중대한 업무임에는 틀림이 없으나 고용보험정보를 이용하려면 법적 근거와 타당한 이유가 있어야 함을 확인해 주는 사례입니다.

- 공공기관의 개인정보보호에 관한 법률 제10조의 내용에 의하면, 정보의 보유기관의 장은 보유목적에 따라 처리정보를 이용하게 하거나 제공하는 경우에도 업무수행에 필요한 최소한의 범위로 그 이용 또는 제공을 제한하여야 한다고 하고 있으며 정보제공을 법에서 정하고 있는 경우에도 정보주체 또는 제3자의 권리와 이익을 부당하게 침해할 우려가 있다고 인정되는 때에는 그러하지 않다고 하고 있습니다.

5. 회갑참석으로 인해 실업인정일 출석하지 못하는 경우

> 사례: 모 은행을 재직하다 경영상의 이유로 퇴직한 A씨는 남편형제의 회갑에 참석하기 위해 지정된 출석일에 출석하지 못하였다. 이러한 경우 실업인정일 변경이 가능한가?
>
> 답: 실업인정일의 변경이 가능한 사유에 해당되는지 여부를 판단할 때에는 개별수급자격자가 실업인정일에 출석할 수 없는 사정이 사회통념상 부득이하다고 인정되는 경우에 해당되는지 여부에 따라 판단하여야 하며 본 사례와 같이 남편 형제의 회갑연 참석을 이유로 불가피하게 실업인정일에 출석할 수 없다면 이는 사회통념상 인정되는 부득이한 사정에 해당되어 실업인정일 변경이 가능하다.

○ 본 사례의 실업인정일의 변경은 법 제44조제2항제3호에서 "그 밖에 대통령령으로 정하는 수급자격자"에 해당하게 되고, 이 조항에 따르는 고용보험법시행령 제65조의 규정에 의하여 그 밖에 부득이한 사정이 있는 경우로 직업안정기관의 장이 실업인정일을 변경하는 것이 적당하다고 인정한 자는 실업인정일의 변경이 가능합니다. 아울러 실업인정 및 재취업지원규정 제15조의 규정을 참고하여 판단하여야 할 것입니다.

- 행사나 예식 참석 등이 『부득이하다고 인정되는 경우』라 함은 그 참석의 대상이 되는 행사(예식)가 국민생활상 일반화·관습화 되어 있어 거기에 참석하는 것이 도의적·사회적·논리적으로 요청되는 경우라 할 수 있을 것입니다.

6. 근로자가 외국인인 경우

> 사례: K씨는 서울시 종로구에서 외국어학원을 운영하고 있다. 기존에는 내국인을 강사로 채용했지만 외국 원어민 강사를 선호하는 분위기로 인하여 외국인을 강사로 채용하고자 한다. 면접 후 입사결정 된 직원은 미국인이며 비자타입이 D-8로 되어 있음을 확인하였다. 이러한 경우 이 해당 외국인은 고용보험에 당연히 가입되어야 하는가?
>
> 답: 외국인의 체류자격이 D-7(주재), D-8(기업투자), D-9(무역경영)인 경우는 국가간 상호주의 원칙에 따라 외국인근로자에게 고용보험을 적용하되, 당해 외국인의 본국법이 자국의 고용보험제도를 우리나라 국민에게 적용하지 않는 경우에는 적용을 제외하고 있다(상호주의에 따른 예외). 따라서 본 사례의 사업장의 경우, 미국국적의 D-8의 체류자격을 가진 근로자는 취득신고를 하여 고용보험에 가입하여야 한다.

○ 본 사례는 요즘 점차 증가하고 있는 외국인 고용과 관련된 경우입니다. 국내인과 결혼(F-2)하였거나 영주의 자격(F-5)을 갖은 외국은 고용보험의 당연 적용대상입니다. 다만, 외국인의 본국법이 자국의 고용보험제도를 우리나라 국민에게 적용하지 않는 경우에는 우리나라의 고용보험법도 외국인을 적용하지 않습니다. 현재 적용제외 되는 국가는 베트남, 일본, 독일로 그 외의 국적은 모두 당연적용 대상입니다.

- 고용허가제 외국인 근로자(E-9)에 대한 구직급여 지급요건 및 절차는 원칙적으로 내국인 근로자와 동일합니다. 따라서 고용허가제 외국인 근로자(E-9)에 대한 고용보험은 당연적용됩니다.('04.8.17시행)
- 실업급여 수급요건인 피보험단위기간 180일 이상이 충족되는 '05.2.12 이후 이들 외국인의 실업급여 수급자격이 발생됩니다.
- 고용허가제 외국인 근로자는 고용허가제 전산망(EPS)에 구직등록하여 외국인구직자명부에 등재토록 하고 있으므로, 구직급여 수급자격인정 신청시 고용보험 전산망에 별도의 구직등록이 필요치 않습니다.

<학습정리>

◆ 사망한 수급자격자가 실업인정일에 출석하지 못한 경우로 출석하지 못한 사유가 실업인정일 변경사유에 해당할 때는 실업인정일변경신청서를 받아 청구자가 사망일을 실업인정일로 하고, 직전 실업인정일 다음날부터 변경후 실업인정일(사망일)까지를 대상으로 급여산정을 합니다.

◆ 「통근이 곤란」하다고 함은 통상의 교통수단으로는 사업장으로의 통근 소요시간이 3시간 이상인 경우를 말합니다.

◆ 「통근 소요시간」이라 함은 통상적으로 거주지에서 출발하여 근무지에 도착하는데 소요되는 왕복시간으로 도보이용 및 환승시간, 승차를 위한 대기시간 등을 포함한 평균적인 시간을 말합니다. 또한 특별한 교통수단으로 출퇴근이 가능한 경우라도 비용이 많이 소요되는 경우에는 통상적 교통수단으로 볼 수 없습니다.

◆ 고용보험의 가입에 따른 근로자 개인의 근로에 따른 수입은 지극히 개인적인 정보이고 이는 당연히 법적 보호의 대상이 됩니다. 고용보험정보를 이용하려면 법적 근거와 타당한 이유가 있어야 합니다.

◆ 정보의 보유기관의 장은 보유목적에 따라 처리정보를 이용하게 하거나 제공하는 경우에도 업무수행에 필요한 최소한의 범위로 그 이용 또는 제공을 제한하여야 하며 정보제공을 법에서 정하고 있는 경우에도 정보주체 또는 제3자의 권리와 이익을 부당하게 침해할 우려가 있다고 인정되는 때에는 고용보험법상의 가입정보를 공개하여서는 아니 될 것입니다.

◆ 실업인정일의 변경과 관련된 『부득이하다고 인정되는 경우』라 함은 그 참석의 대상이 되는 행사(예식)가 국민생활상 일반화·관습화 되어 있어 거기에 참석하는 것이 도의적·사회적·논리적으로 요청되는 경우라 할 수 있을 것입니다.

◆ 국내인과 결혼(F-2)하였거나 영주의 자격(F-5)을 갖은 외국은 고용보험의 당연 적용대상입니다. 다만, 외국인의 본국법이 자국의 고용보험제도를 우리나라 국민에게 적용하지 않는 경우에는 우리나라의 고용보험법도 외국인을 적용하지 않습니다. 현재 적용제외 되는 국가는 베트남, 일본, 독

일로 그 외의 국적은 모두 당연적용 대상입니다.

<확인하기>

1. 미지급실업급여의 청구에 필요한 서류가 아닌 것은?

① 지급되지 아니한 실업급여청구서

② 사망 전 직장의 급여명세서

③ 사망한 수급자격자의 수급자격증

④ 사망한 수급자격자가 실업급여를 받고자 하였을 경우에 제출한 서류
 (재취업활동 증거자료, 상병급여청구서, 각 취업촉진수당 청구서)

정답: ②

해설: 청구절차에 필요한 서류는, 지급되지 아니한 실업급여청구서, 사망한
 수급자격자가 실업급여를 받고자 하였을 경우에 제출한 서류(재취업
 활동 증거자료, 상병급여청구서, 각 취업촉진수당 청구서), 사망한 수
 급자격자의 사망진단서·사체검안서 또는 사망사실을 증명할 수 있
 는 서류, 주민등록등본 (필요시 호적등본), 사망한 수급자격자의 수급
 자격증입니다. 사망 전 직장의 급여명세서는 해당하지 않습니다.

2. 실업인정일 변경에 대한 다음 설명 중 틀린 것은?

① 「통근이 곤란」하다고 함은 통상의 교통수단으로는 사업장으로의 통근
 소요시간이 3시간 이상인 경우를 말한다.

② 「통근 소요시간」이라 함은 통상적으로 거주지에서 출발하여 근무지
 에 도착하는데 소요되는 왕복시간으로, 도보이용 및 환승시간, 승차를
 위한 대기시간 등은 제외된다.

③ 특별한 교통수단으로 출퇴근이 가능한 경우라도 비용이 많이 소요되
 는 경우에는 통상적 교통수단으로 볼 수 없다.

④ 통근이 불가능한 지역으로 사업장이 이전된 경우로서 사업주가 통근
 차량 제공·숙소 제공 등의 보완조치를 취하였더라도 이를 수용할 수
 없는 정당한 사유가 있어야 한다.

정답: ②

해설: 「통근 소요시간」이라 함은 통상적으로 거주지에서 출발하여 근무지에 도착하는데 소요되는 왕복시간을 말하는데 이에는 도보이용 및 환승시간, 승차를 위한 대기시간 등을 모두 포함한 평균적인 시간을 말합니다.

3. 외국인의 고용보험 가입과 관련된 다음 설명 중 틀린 것은?

① 국내인과 결혼(F-2)하였거나 영주의 자격(F-5)을 갖은 외국은 고용보험의 당연 적용대상이다. 다만, 현재 적용제외 되는 국가는 베트남, 일본, 독일로 그 외의 국적은 모두 당연적용 대상입니다.

- 따라서 고용허가제 외국인 근로자(E-9)에 대한 고용보험은 당연적용 됩니다.('04.8.17시행)

- 실업급여 수급요건인 피보험단위기간 180일 이상이 충족되는 '05.2.12 이후 이들 외국인의 실업급여 수급자격이 발생됩니다.

- 고용허가제 외국인 근로자는 고용허가제 전산망(EPS)에 구직등록하여 외국인구직자명부에 등재토록 하고 있으므로, 구직급여 수급자격인정 신청시 고용보험 전산망에 별도의 구직등록이 필요치 않습니다.

② 외국인의 본국법이 자국의 고용보험제도를 우리나라 국민에게 적용하지 않는 경우에는 우리나라의 고용보험법도 외국인을 적용하지 않는다.

③ 고용허가제 외국인 근로자(E-9)에 대한 구직급여 지급요건 및 절차는 일부를 제외하고는 원칙적으로 내국인 근로자와 동일하다.

④ 고용허가제 외국인 근로자는 구직급여 수급자격인정신청시, 고용보험 전산망에 별도의 구직등록이 필요하다.

정답: ④

해설: 고용허가제 외국인 근로자는 고용허가제 전산망(EPS)에 구직등록하여 외국인구직자명부에 등재토록 하고 있으므로, 구직급여 수급자격인정신청시 고용보험 전산망에 별도의 구직등록이 필요치 않습니다.

제9과 연장급여

Ⅰ. 사례제시

> 사례: 2008년 4월 25일 현재, 실업으로 인하여 구직급여를 수급하고 있는 A씨는 오는 5월 15일로 구직급여의 지급이 종료된다. A씨는 3번이 이르는 고용안정센터의 직업소개에도 불구하고 취업이 되지 못하고 있으며, 70세의 노모 한분만을 모시고 월세 15만원의 단칸 지하 셋방에서 생활하고 있다. 구직급여가 종료되면 당장 생계에 영향을 받게 되어 어려운 생활이 예상되는데, 이러한 경우 구제방법은 없는가?
>
> 답: 개별연장급여의 신청으로 구제 가능하다. 즉, 실업급여 일수 종료일까지 개별연장급여 신청을 하게 되어 인정되면 최대 60일까지 구직급여액의 70%를 받을 수 있다.

Ⅱ. 미리 알아보기

1. 훈련연장급여는 연령·경력 등을 고려하여 직업안정기관장이 지시한 직업능력개발훈련을 받는 수급자격자에게 최대 1년까지 연장하여 지급한다.(O X)

　정답: X

　해설: 훈련연장급여의 최대 급여일수는 1년이 아니라 2년이다.

2. 국가기술자격법 제9조의 규정에 의한 기술자격증이 있는 경우에는 훈련연장급여를 수급할 자격이 없다.(O X)

정답: X

해설: 국가기술자격법 제9조의 규정에 의한 기술자격증이 없거나 또는 기술자격증이 있는 경우에도 그 기술에 대한 노동시장의 수요가 급격히 감소하였을 경우에는 훈련연장급여의 수급 자격이 있다.

3. 특별연장급여의 실시기간은 6개월 이내로 한다.(O X)

정답: O

해설: 실시기간은 6월 이내로 하되 노동부장관이 특정기간을 정하여 고시하여 실시한다.

III. 개요 및 목표

1. 개 요

구직급여는 이직일로부터 12월의 수급기간 내에 대기기간 경과 후 실업의 인정을 받은 날에 대하여 소정급여일수를 한도로 지급하며, 소정급여일수는 연령과 피보험기간에 의해 결정되지만, 개별적인 수급자격자의 사정이나 경제사정의 악화 등 특수한 상황에 의하여 소정급여일수분의 구직급여로는 보호에 불충분한 경우를 위하여 급여일수 연장제도를 도입하였다.

지방노동관서의 장이 지시한 직업능력개발훈련을 받거나, 취업이 매우 곤란하다고 인정하는 경우, 고실업이 상당기간 지속시 한시적으로 수급자격자의 소정급여일수를 초과하여 구직급여를 지급한다. 연장급여의 종류는 훈련연장급여, 개별연장급여, 특별연장급여의 3가지 종류가 있다.

2. 목 표

○ 훈련연장급여의 수급요건과 주요 관련 내용을 알아본다.
○ 개별연장급여의 수급요건과 주요 관련 내용을 알아본다.
○ 특별연장급여의 수급요건과 주요 관련 내용을 알아본다.

Ⅳ. 본 학습 내용

1. 훈련연장급여

(1) 제도의 취지

○ 연령·경력 등을 고려할 때 재취업을 위하여 직업능력개발이 필요한 경우 직업안정기관의 장이 최대 2년까지 훈련을 받도록 지시하는 제도로서, 기술·기능·전문성 등이 시대에 뒤떨어져 재취업을 위해서는 새로운 직업능력을 익힐 필요가 있는 자 등에게 적합합니다.

(2) 훈련연장급여를 받을 수 있는 자의 요건

○ 훈련지시대상자는 다음의 요건을 모두 갖춘 수급자격자입니다. 다만, 소정급여일수가 종료되거나 수급기간이 만료된 실직자는 대상이 될 수 없음에 유념하여야 합니다.

① 직업능력개발훈련을 받으면 재취업이 용이하다고 인정될 것
 ─수급자격자의 연령·특성 등을 고려할 때 직업능력개발훈련을 받으면 재취업이 용이하다고 인정되어야 함
② 국가기술자격법 제9조의 규정에 의한 기술자격증이 없거나 기술자격

증이 있는 경우에도 그 기술에 대한 노동시장의 수요가 급격히 감소
하였을 것
- 현재의 기술이나 기능수준으로는 재취업이 어려운 실직자를 말함
③ 최근 1년간 직업능력개발훈련을 받지 아니하였을 것
- 실업자재취직훈련 등을 받는 중 훈련연장급여로의 전환을 방지
④ 법 제42조제1항에 따른 실업의 신고일로부터 직업안정기관의 장의 직
업소개에 3회 이상 응하였으나 취업되지 아니하였을 것

(3) 훈련을 지시할 때 우선 고려하여야 하는 자와 훈련기관

○ 훈련연장급여 수급 대상자 선정 및 직업능력개발 훈련을 지시함에 있
어 노동부장관이 정하여 고시하는 자를 우선 고려하여야 합니다.(규칙 제94
조제5항)

① 개별연장급여 지급을 위한 임금 및 재산기준 고시에서 정한 저소득자
• 이직전 최종 사업장에서 급여기초일액이 5만원 이하인 자
• 본인 및 배우자의 재산세 과세 합계액이 3만원 이하인 자
• 본인 및 배우자의 재산합계액이 6천만원 이하인 자
② 여성가장이나 최근 3년간 경력단절 이력이 있는 여성
③ 장애인고용촉진및직업재활법 제2조제2호 및 같은 법시행령 제4조에서
규정한 중증장애인
④ 이직 직전에 3월 이상 일용, 기간제, 임시직 등 비정규직으로 근로한
경력이 있는 자로서 1억원 이상의 고액금품수령자가 아닌 자
⑤ 최근 3년간 직업능력 부족 또는 직업적성 부적합 등으로 2회 이상 이
직한 경험이 있는 자
⑥ 「제조업 등의 무역조정 지원에 관한 법률」제11조에 의하여 무역조정
근로자로 지정을 받은 자로서 이직한 자
⑦ 기타 ①~⑥호에 준하는 자

○ 훈련을 받을 수 있는 기관은 구체적으로 다음과 같습니다. 즉, ①「근로자직업능력개발법」에 의한 직업능력개발훈련시설(법인포함), ②「장애인고용촉진법및직업재활법」에 의한 장애인직업능력개발 훈련시설, ③「고등교육법」에 의한 고등교육시설, ④「학원의 설립·운영 및 과외교습에 관한 법률」에 의한 학원, ⑤「평생교육법」에 의한 평생교육시설에서 실시하는 훈련 등입니다.

(4) 훈련연장급여 지급기간 및 지급액

○ 직업훈련을 받는 기간 중의 실업하고 있는 날을 지급기간으로 하며 훈련연장급여 지급액은 구직급여일액의 100%로 합니다.

(5) 훈련지정시 실업인정

○ 훈련개시 전 실업인정

고용지원센터 실업인정 담당자는 훈련지시를 받은 수급자격자의 변경된 실업인정일(월 1회)을 지정하여 당해 수급자격자에게 통지하고 훈련개시 전 날까지 실업인정을 하여 해당 구직급여를 지급합니다.

○ 훈련개시 후 실업인정

월 1회 지정된 실업인정일에 당해 수급자격자 또는 훈련기관 담당자가 수강증명서 및 실업인정신청서를 고용지원센터에 제출합니다. 수강증명서의 제출은 대리인에 의할 수 있습니다.

○ 고용지원센터 담당자가 수강내용을 확인한 후 실업인정을 하여 구직급여 및 직업능력개발수당을 지급하되, 수강증명서를 확인하여 훈련기관 사정, 수급자격자 본인의 질병·부상 등 특별한 경우를 제외하고 출석률이 80%미만인 경우에는 훈련지시를 철회합니다.

- 훈련지시가 철회되면 훈련연장급여 및 직업능력개발수당 지급이 중지됩니다. 다만, 소정급여일수가 만료전인 경우에는 4주간 지급을 정지합니다.

2. 개별연장급여

(1) 목적 및 취지

○ 개별연장급여는 취업이 특히 곤란하고 생활이 어려운 수급자격자에게 60일까지 구직급여를 연장하여 주는 제도입니다. 생계안정이 시급한 자로서 적극적으로 재취업 활동을 하였음에도 취업이 안된 상태로 소정급여일수가 종료되는 경우에 적합합니다.

(2) 지급대상자

○ 다음 아래의 요건을 모두 갖춘 자에게 지급합니다.

① 법 제42조제1항의 규정에 의한 실업신고일로부터 구직급여의 지급이 종료될 때까지 직업안정기관의 장의 직업소개에 3회 이상 응하였으나 취업되지 못한 자

- '구직급여의 지급이 종료될 때까지'란 수급자격자가 실업신고 후 자신이 받을 수 있는 구직급여일수(연장급여일수를 포함)가 남아있어야 함을 의미하며 따라서 수급기간만료일의 도과로 소정급여일수를 다 받지 못하는 경우에는 수급기간만료일을 구직급여 지급종료일로 보아야 함
- '직업안정기관의 장의 직업소개에 3회 이상 응한다'는 것은 구직등록 후 구직급여일수 종료일까지 지방노동관서의 취업알선에 3회 이상 응한 것을 의미하며 특별연장급여 등 연장급여를 지급받고 있는 동안 직업안정기관의 직업소개에 응한 것도 직업소개 횟수에 포함됨
- '직업소개'라 함은 구인 또는 구직의 신청을 받아 구인자와 구직자간에 고용계약의 성립을 알선하는 것을 말하므로 구직자에게 통보 없이 구인업체에게 구직자의 명단을 제공하고 구직자가 이에 응하지 않은 경우에는 이에 해당하지 않으며 또한 하루에 여러 업체를 알선 받았더라도 직업소개는 1회로 인정

- '취업하지 못한 자'의 판단은 원칙적으로 개별연장급여신청서 처리시에 취업하지 못한 것을 의미함

② 18세 미만이나 65세 이상, 장애인고용촉진및직업재활법에 의한 장애인, 1개월 이상 요양을 요하는 환자인 부양가족이 있는 자

- 만 18세 미만이므로 현재 18세는 포함되지 않으며 65세 이상의 부양가족 여부는 개별연장급여 신청일을 기준으로 주민등록등본상 부양가족으로 등재되어 있어야 함
- 수급자격자가 반드시 세대주일 필요는 없으며 신청자가 주민등록등본 이외에 호적등본이나 의료보험증을 근거로 부양가족임을 주장할 경우에는 실제 부양여부를 조사하여 처리
- 1개월이 상의 요양을 요하는지 여부는 진단서등을 통해 확인

③ 급여기초임금일액과 본인 및 배우자의 재산합계액이 각각 노동부장관이 정하여 고시한 기준 이하인 자

- 개별연장급여는 생활이 어려운 수급자격자에게 구직급여를 연장하여 지급하는 제도이므로 퇴직 전 임금수준과 재산수준을 고려하여 지원대상을 한정함
- 급여기초임금일액은 수급자격자의 이직 전 최종사업장을 기준으로 하며 5만원 이하인 경우에만 대상이 됨
- 본인 및 배우자의 재산합계액은 재산세 과세증명서, 전·월세계약서 등을 통해 확인하며 아래의 기준을 적용함(토지와 금융자산 등은 제외)

구 분	기 준	증빙자료
본인 및 배우자 소유의 주택·건물이 있는 경우	본인 및 배우자의 재산세과세액의 합계액이 3만원 이하일 것	본인 및 배우자의 재산세 과세증명서 각1통
본인 및 배우자 소유의 주택·건물이 없는 경우	본인 및 배우자의 재산합계액이 6,000만원 이하일 것	① 본인 및 배우자의 재산세과세증명서 각1통(필수) ② 전·월세계약서 (전·월세입자의 경우) ③ 무료임대확인서 (무료임대주택 거주자의 경우)

- 본인 및 배우자 소유의 주택·건물이 있으면서 동시에 전·월세를 살고 있는 경우에는 "재산세과세액이 3만원 이하"인지와 "전·월세보증금이 6,000만원 이하"인지의 여부를 모두 조사해야 함
- 주민등록등본상 수급자격자 본인과 배우자의 주소가 각각 다를 경우에는 각각의 주소지에서의 주거형태를 조사하여야 함

④ 직업능력개발훈련을 받지 못하였거나 받고 있지 아니한 자

(3) 지급일수 및 연장지급액

○ 지급일수는 최대 60일분으로 수급기간 중 실업인정을 받은 날에 한합니다. 또한 지급액은 구직급여액의 70%입니다. 다만, 구직급여일액이 최저구직급여일액보다 낮은 경우 최저구직급여일액을 그 수급자격자의 구직급여일액으로 봅니다.
- 따라서 2008년의 경우 시간당 최저임금은 3,770원이고 일일 8시간 기준으로 30,160원이므로 최저구직급여일액은 3,770원×8시간×70%이므로 21,112원이 됩니다.

(4) 신청절차 및 연장결정 통지

○ 개별연장급여를 지급받고자 하는 수급자격자는 구직급여일수 종료일까지(수급기간만료일이 그 이전에 있는 경우는 수급기간만료일까지) 개별연장급여신청서에 수급자격증을 첨부하여 거주지 관할 고용지원센터에 신청하여야 합니다.
- '구직급여일수 종료일'이란 구직급여의 지급이 종료되는 최종 실업인정일을 말하며, '구직급여일수 종료일'까지 수급기간만료일(연장급여 지급결정이 된 경우에는 연장된 수급기간 포함)이 있는 경우는 수급기간만료일까지 신청하여야 함
- 다만, 주민등록등본의 미첨부 등 단순히 서류가 미비한 경우에는 우선 신청서를 접수하고 연장결정시까지 보완하도록 함

(5) 실업인정

○ 실업인정은 일반 구직급여 수급자격자와 마찬가지로 수급자 유형에 따라 1~4주에 1번씩 하도록 합니다. 따라서 실업인정과정에서도 일반수급 자격자와 마찬가지로 수급자격자 본인 출석여부, 적극적 구직활동여부 확인, 취업한 날의 확인, 구직급여의 감액, 실업인정일의 변경, 증명서에 의한 실업인정, 직업소개, 직업지도, 직업능력개발훈련 지시 및 정당한 이유 없는 거부에 대한 제한 등도 동일하게 적용됩니다.

(6) 직업소개 거부에 따른 급여지급 정지

○ 수급자격자가 직업안정기관의 장이 지시한 직업소개를 정당한 사유없이 거부하는 경우에는 법 제60조 및 영 제79조, 실업인정 및 재취업지원규정 제14조에 따라 조치하는데, 처음에는 "구직급여가 지급 정지될 수 있음을 사전 고지"하고, 2차부터는 거부한 날부터 구직급여의 지급을 2주간 정지합니다.
  - 직업소개 거부의 범위는 ① 직업소개를 위한 출석요구에 계속 거부한 경우, ② 취업알선한 사업장의 채용절차에 정당한 사유없이 불참한 경우(면접 등 불참), ③ 채용절차에 응하였더라도 정당한 이유없이 면접 시 채용거부 의사를 밝힌 경우, ④ 채용이 결정된 이후에 실제 취업을 거부한 경우 등입니다.

(7) 연장급여간의 상호조정

○ 개별연장급여 등 연장급여는 법 제39조의 규정에 의한 구직급여의 지급종료 후에 지급됨

○ 특별연장급여 또는 훈련연장급여를 지급받고 있는 수급자격자는 특별연장급여 또는 훈련연장급여의 지급이 종료된 후가 아니면 개별연장급여를 지급하지 아니함

○ 개별연장급여나 특별연장급여를 받고 있는 자가 훈련지시를 받아 훈련연장급여를 받게 되는 경우에는 개별 및 특별연장급여는 지급하지 아니함

○ 개별연장급여를 지급받고 있는 수급자격자는 개별연장급여의 지급이 종료된 후가 아니면 특별연장급여를 지급하지 아니함

○ 구직급여의 종료 후 특별연장급여와 개별연장급여 요건을 모두 충족하는 경우 법적으로는 어느 것을 먼저 주든 관계없으나

- 특별연장급여가 고용상황의 악화 등을 사유로 전체 수급자격자를 대상으로 하고, 개별연장급여는 취업이 특히 곤란하고 생계지원이 필요한 수급자격자를 대상으로 하므로

- 이 경우 특별연장급여를 먼저 지급받도록 하고 특별연장급여 지급 후에도 계속 실업상태에 있을 경우 개별연장급여를 지급하도록 함

3. 특별연장급여

(1) 개요

○ 특별연장급여는 실업급증 등 실업상황이 극히 악화된 경우 "일정기간"내의 수급자격자에게 급여를 연장하여 지급하는 제도로서, 개별 실직자의 이직일, 피보험기간에 따른 차등 없이 그 기간 내에 급여가 종료된 수급자격자에 대해 지급하는 것입니다.

(2) 실시결정과 기간

○ 실시요건은 연속되는 3개월간 실업률 등 피보험자의 실업상황악화를 반영하는 지표가 일정률을 초과하여 필요하다고 인정하는 경우에 실시를 결정하게 됩니다. 구체적으로는 다음과 같습니다.

① 매월의 구직급여의 지급을 받은 수급자격자의 수(법 제51조부터 제53조의 규정에 의하여 훈련·개별·특별연장급여를 지급받는 자의 수

는 제외)를 당해 월의 말일의 피보험자수로 나누어 얻은 비율이 연속하여 3월간 각각 3%를 초과하는 경우

② 수급자격신청률(매월의 수급자격신청자의 수를 당해 월의 말일에 있어서 피보험자수로 나누어 얻은 율)이 연속하여 3월간 1%를 초과하는 경우

③ 매월의 실업률이 연속하여 3월간 6%를 초과하는 경우

○ 실시기간은 6월 이내로 하되 노동부장관이 특정기간을 정하여 고시하게 됩니다.

- 실시결정에 관하여 노동부장관은 매월 5일 전달 말일을 기준으로 하여 실시사유 성립여부 판단하고 실시사유 성립 후 15일 이내에 특별연장급여 실시여부 결정함

- 단, 실업률의 경우에는 매월 5일 현재 가장 최근의 실업률로 판단함

(3) 대상자 선정

○ 특별연장급여 지급 대상자는, 구직급여 수급자격자로서 시행기간동안 구직급여의 지급이 만료되는 자가 지급대상자입니다. 따라서 구직급여의 미지급일수가 남아있지 않은 경우는 수급자격자가 아닙니다.

○ 구직급여는 실업인정신청에 의해 실업인정을 행한 각각의 날에 대하여 지급하는 것으로 구직급여의 지급이 종료되는 마지막 실업인정일까지는 수급자격자로 인정됩니다.

○ 다음의 경우에 해당되는 때에는 적용 제외자로 되어 수급자격이 인정되지 않습니다.

- 퇴직시 시행령 제68조의 급여기초임금일액의 상한액(8만원)의 24월분(730일) 이상의 금품(5,840만원)을 받고 이직한 자

- 실업자 재취업훈련수당이 특별연장급여액을 초과하는 등의 사유로 특별연장급여를 받지 아니하고자 하는 수급자격자

(4) 지급일수 및 연장지급액

○ 지급일수는 최대 60일분이고 지급액은 구직급여액의 70%입니다. 단, 최저구직급여일액보다 낮은 경우에는 최저구직급여일액이 기준이 됩니다.

(5) 실업인정

○ 실업인정의 요령은 일반 수급자격자와 마찬가지로 수급자격자 본인 출석여부, 적극적 구직활동여부 확인, 취업한 날의 확인, 구직급여의 감액, 실업인정일의 변경, 증명서에 의한 실업인정, 직업소개, 직업지도, 직업능력개발훈련 지시 및 정당한 이유 없는 거부에 대한 제한 등도 동일하게 적용됩니다.

(6) 특별연장급여 포기

○ 이직당시 퇴직금 등으로 급여기초임금일액의 상한액의 24월분(730일분) 미만의 금품을 받은 수급자격자로서 특별연장급여 지급대상자가 될 수 있으나, 본인이 특별연장급여를 받지 아니하고자 하는 수급자격자는 구직급여 최종 실업인정일까지 「특별연장급여 포기서」를 작성하여 제출함으로써 포기가 가능합니다.

○ 특별연장급여의 포기는 특별연장급여액이 훈련수당보다 작은 경우, 실업자대부를 받고자 하는 경우 등 본인이 원할 경우 어떠한 사유도 모두 가능합니다.

○ 특별한 사유에 의하여 특별연장급여를 지급받지 않기 위해 특별연장급여를 포기한 경우에는 이후 어떠한 경우에도 동 수급자격과 관련하여 특별연장급여를 받을 수 없습니다.

V. 확인하기

1. 훈련연장급여를 받을 수 있는 자의 요건에 해당하지 않는 것은?
① 직업능력개발훈련을 받으면 재취업이 용이하다고 인정될 것
② 국가기술자격법 제9조의 규정에 의한 기술자격증이 없거나 기술자격
증이 있는 경우에도 그 기술에 대한 노동시장의 수요가 급격히 감소
하였을 것
③ 최근 6개월간 직업능력개발훈련을 받지 아니하였을 것
④ 법 제42조제1항에 따른 실업의 신고일로부터 직업안정기관의 장의 직
업소개에 3회 이상 응하였으나 취업되지 아니하였을 것
정답: ③
해설: 6개월이 아니라 최근 1년간 직업능력개발훈련을 받지 아니하였을
것을 요구한다. 이는 실업자재취직훈련 등을 받는 중 훈련연장급여
로의 전환을 방지하기 위해서이다.

2. 훈련을 지시할 때 우선 고려하여야 하는 자에 대한 설명으로 틀린 것은?
① 본인 및 배우자의 재산세 과세 합계액이 각각 3만원 이하인 저소득자
② 여성가장이나 최근 3년간 경력단절 이력이 있는 여성
③ 장애인고용촉진및직업재활법 제2조제2호 및 같은 법시행령 제4조에서
규정한 중증장애인
④ 이직 직전에 3월 이상 일용, 기간제, 임시직 등 비정규직으로 근로한
경력이 있는 자로서 1억원 이상의 고액금품수령자가 아닌 자
정답: ①
해설: 개별연장급여 지급을 위한 임금 및 재산기준 고시에서 정한 저소득
자는, 이직전 최종 사업장에서 급여기초일액이 5만원 이하인 자,
본인 및 배우자의 재산세 과세 합계액이 3만원 이하인 자, 본인 및
배우자의 재산합계액이 6천만원 이하인 자이다. 각각이 아니라 합

계이다.

3. 훈련연장급여의 훈련대상기관이 아닌 것은?
① 「근로자직업능력개발법」에 의한 직업능력개발훈련시설(법인제외)
② 「장애인고용촉진법및직업재활법」에 의한 장애인직업능력개발 훈련시설
③ 「고등교육법」에 의한 고등교육시설
④ 「학원의 설립·운영 및 과외교습에 관한 법률」에 의한 학원
정답: ①
해설: 「근로자직업능력개발법」에 의한 직업능력개발훈련시설에는 법인도
    포함된다.

VI. 정리하기

1) 훈련연장급여 [법 제51조]
○ 수급자격자가 지방노동관서의 장이 지시한 직업능력개발훈련 등을 받
  는 경우 그 기간 중에 실업하고 있는 날에 대하여 지급
○ 지급내용
− 구직급여일액의 100%를 최고 2년까지 지급
− 직업능력개발수당: 직업안정기관이 지시한 직업훈련을 받는 날로서 구
  직급여의 지급대상이 되는 날에 대하여 1일 7,000원 지급

2) 개별연장급여 [법 제52조]
○ 취업이 특히 곤란하고 생활이 어려운 수급자격자가 실업하고 있는 날
  에 대하여 지급됨
○ 지급기간 및 지급내용: 구직급여일액의 70%를 60일간 지급

3) 특별연장급여 [법 제53조]

○ 실업의 급증 등 대통령령이 정하는 사유가 발생한 경우 노동부장관이
  정하는 기간중 수급자격자가 실업하고 있는 날에 대하여 지급

○ 대통령이 정하는 사유

－구직급여수급률(매월 구직급여지급자／피보험자수)이 3월간 3／100 초과

－수급자격신청률(매월 수급자격신청자수／피보험자수)이 3월간 1／100 초과

－실업률이 3월간 6／100 초과

○ 지급내용: 구직급여일액의 70%를 60일의 범위 내에서 지급

≪연장급여종류 및 지급내용≫

구 분	대 상	연장일수	급여수준
훈 련 연장급여	• 연령·경력 등을 고려하여 직업안정기관장이 지시한 직업능력개발훈련을 받는 수급자격자	• 훈련기간 (최대2년)	• 구직급여일액의 100%
개 별 연장급여	• 취업이 특히 곤란하고, 생활이 어려운 수급자격자	• 60일이내	• 구직급여일액의 70%
특 별 연장급여	• 노동부장관이 정하는 기간에 소정급여일수가 종료되고 재취업이 되지 않은 수급자격자	• 60일이내	• 구직급여일액의 70%

제10과 취업촉진수당

Ⅰ. 사례제시

사례: 서울특별시 종로구에 거주하고 있는 A씨는 회사의 불가피한 사정으로 인하여 퇴직하고 구직급여를 수급하며 구직활동을 하던 중 대전광역시의 한 인쇄회사에 취업이 되었다. 출퇴근의 거리가 멀고 자녀의 교육문제 등 가족 전체가 이주를 하기에는 곤란한 상황이어서 불가피하게 A씨 혼자 이주하여 직장생활을 하기로 하였다. 이 경우 실업급여 가운데 혜택을 받을 수 있는 규정은 없겠는가?

답: 본 사례의 경우 A씨는 이주비를 지급받을 수 있다. 이주비는 수급자격자가 취업하거나 지방노동관서의 장이 지시한 직업능력개발훈련 등을 받기 위해 그 주거를 이전하는 경우에 지급된다. 주거변경의 필요가 있어야 하는데 구체적으로 통상교통수단을 이용하여 통근 왕복소요시간이 3시간 이상이거나, 교통수단 이용이 불편하여 통근에 현저히 장애를 받는 때 그리고 사업장 또는 훈련기관의 특수성 또는 사업주의 요구에 의해 이전이 불가피한 때이다. 취업의 경우 지방노동관서의 장의 직업소개를 요건으로 하지는 않는다. 본 사례의 경우는 이 경우에 해당하므로 이주비를 받을 수 있는 것이다. 이주비는 이주거리에 따라 국가공무원 공무원여비규정의 이전비지급표에 의하도록 고시하도록 하고 있는데, 상기 사례의 경우는 단독으로 이주하는 경우이므로 이주비의 50%를 감액하고 지급받게 된다.

II. 미리 알아보기

1. 조기재취업수당을 받으려면 취업일의 전날을 기준으로 구직급여의 미지급일수가 남아있어야 한다.(O   X)

정답: O

해설: 조기재취업수당은 실직자의 실직기간을 최소화시키고 안정된 직장에 조기에 재취업을 장려하기 위한 인센티브제도이므로 수급자격자의 구직급여의 미지급일수를 남기고 『안정된 직업에 조기취업』한 경우에 지급된다.

2. 현재 직업능력개발수당의 노동부장관 고시금액은 훈련 등을 받는 날 1일 기준으로 7천원이다.(O   X)

정답: X

해설: 현재 고시금액은 훈련 등을 받는 날 1일 기준으로 5천원이다.

3. 광역구직활동비의 경우, 수급자격자가 광역구직활동에 소요되는 비용을 방문사업장의 사업주로부터 받은 경우에도 지급된다. (O   X)

정답: X

해설: 수급자격자가 광역구직활동에 소요되는 비용이 방문사업장의 사업주로부터 받은 경우에는 그 금액을 신고하여야 하며, 이 경우 수급자격자가 신고한 금액을 공제한 금액을 광역구직활동비로 지급한다.

Ⅲ. 개요 및 목표

1. 개 요

구직급여가 실직근로자의 생계지원 및 재취업을 목적으로 하는 데 반하여 취업촉진수당은 실업급여의 지급으로 인한 실업의 장기화를 막고 구직급여를 지급받는 근로자의 재취업 활동과 의욕을 보다 고취시키고 장려하기 위하여 지급하는 부가급여의 성격을 갖은 수당이다. 취업촉진수당의 종류로는 조기재취업수당, 직업능력개발수당, 광역활동구직비 그리고 이주비가 있다.

2. 목 표

○ 조기재취업수당의 지급요건과 구체적 지급액을 알아봅시다.
○ 직업능력개발수당의 지급요건과 구체적 지급액을 알아봅시다.
○ 광역구직활동비의 지급요건과 구체적 지급액을 알아봅시다.
○ 이주비의 지급요건과 구체적 지급액을 알아봅시다.

Ⅳ. 본 학습 내용

1. 조기재취업수당

(1) 개요 및 지급요건

○ 조기재취업수당은 실직자의 실직기간을 최소화시키고 안정된 직장에

조기에 재취업을 장려하기 위한 인센티브제도로 수급자격자의 구직급여의 미지급일수를 남기고『안정된 직업에 조기취업』한 경우에 지급되며 구체적 지급요건은 다음과 같습니다.

○ 조기재취업수당은 수급자격자가 다음 모두에 해당하는 경우에만 지급합니다.

① 취업일의 전날을 기준으로 구직급여의 미지급일수가 남아있을 것

- 미지급일수라 함은 소정급여일수에서 이미 지급한 구직급여와 상병급여 일수를 뺀 일수임

- 취업한 날은 형식적인 근로계약의 성립일(또는 사업자등록일)을 의미하는 것이 아니라 실제 근로관계에 들어간(또는 사업을 개시한) 최초의 날을 말함

② 6월 이상 계속 고용될 것이 확실하다고 인정되는 직업에 취직할 것

- 해당 사업장이 고용보험의 적용여부나 국내외 사업장인지의 여부를 불문

- 개인의 운전수, 정원관리사 등과 같이 개인에게 고용기간의 약정없이 고용되는 경우로서 전임자 또는 동일 업무에 종사하는 근로자들의 통상적인 고용기간, 해직의 사유 및 형태 등을 고려하여 6월을 초과하여 고용되는 것이 일반적이라고 인정되는 경우 인정

- 다만, 최후에 이직한 사업의 사업주 또는 그와 관련된 사업주에게 재고용되는 것이 아닐 것

③ 6월 이상 계속하여 스스로 영리를 목적으로 사업을 계속할 것이 확실하다고 인정되는 경우

- 자영업 준비활동을 법 제44조제2항에 따라 재취업활동으로 신고하여 실업으로 인정을 받았을 것이 요구되며 구체적으로는 다음과 같은 경우에 인정됨

• 자본금 5천만원 이상의 상법상의 회사를 설립하고 동 회사의 대표자(주식회사의 경우 임원)로 등재된 경우

• 위의 회사설립의 경우에 해당되지 아니하는 경우에는 근로계약 기간이 기한의 정함이 없거나, 6월 이상인 직원을 고용하여 고용보험 피보험

자로 등록한 경우
- 사업장 시설을 임대차할 경우 그 계약기간이 6월 이상인 경우
④ 재취업일 이전 2년 이내에 조기재취업수당을 지급받은 사실이 없을 것
- 위 요건은 조기재취업수당의 지급대상이 되는 재취업일간의 기간이 2년 이내임을 의미함

(2) 지급금액

○ 조기재취업수당의 금액은 수급자격자가 재취업한 시점에 따라 구직급여 일액에 남은 미지급일수에 따라 미지급일수의 2/3, 1/2, 1/3을 곱한 금액입니다.
- 소정급여일수가 2/3 이상 남은 경우: 구직급여일액×미지급일수의 2/3
- 소정급여일수가 1/3이상~2/3미만 남은 경우: 구직급여일액×미지급일수의 1/2
- 소정급여일수가 1/3미만 남은 경우: 구직급여일액×미지급일수의 1/3
○ 수급자격자가 아래의 요건을 모두 갖춘 경우에는 구직급여일액에 잔여 소정급여일수를 곱한 금액을 지급합니다.
- 중소기업기본법시행령 제3조의 규정에 의한 중소기업에 해당하는 제조업, 건설업 또는 어업으로서 노동부장관이 정하여 고시하는 업종(조기재취업수당 우대지급 업종) 중 기능원 및 관련 기능종사자나 장치·기계조작 및 조립종사자 또는 단순노무종사자에 해당하는 직종에 재취업되었을 것
- 위 직종은 통계법 제17조의 규정에 의하여 통계청장이 고시한 한국표준직업분류표의 구분에 따름

(3) 조기재취업수당의 지급을 받은 자가 다시 실업한 경우

○ 수당을 지급받고 취업한 자가 소정급여일수 만료일내에 다시 실업한 경우에는 소정급여일수에서 지급된 구직급여일수와 조기재취업수당의 환산

분 일수를 공제한 나머지 일수(잔여소정급여일수)분에 대하여 구직급여를 지급할 수 있습니다.

- 조기재취업수당의 환산분일수란 지급된 수당의 금액을 구직급여일액으로 나눈 일수를 말함
- 미지급일수의 분할이 소숫점까지 산정되어 처리된 경우에는 환산분 일수 및 잔여소정급여일수도 소숫점까지 처리하여 지급(소숫점은 0.5일로 처리)

사례: 법정 소정급여일수가 150일이고 구직급여일액이 30,000원인 수급자격자가 수급자격인정신청을 늦게 하여 유효 소정급여일수가 120일이 남아 있는 상태에서 구직급여를 30일분 지급받은 후 새로운 직장에 재취업하여 조기재취업수당을 1,800,000원 지급받았으나 재이직 하여 10일이 지난 후 유효소정급여일수 만료일 이내에 재이직한 경우의 구직급여 지급방법은?

답: 아래와 같이 계산할 수 있습니다. 즉,

$$\text{조기재취업수당환산분일수} = \frac{\text{지급된 조기재취업수당액}}{\text{구직급여일액}}$$

$$= \frac{1,800,000}{30,000} = 60일$$

재이직시 지급가능한 잔여소정급여일수는, 유효소정급여일수 - 지급받은 구직급여일수 - 조기재취업수당환산분일수 - 재이직후 미신고 기간이므로 = 120일 - 30일 - 60일 - 10일 = 20일이 됩니다. 재취업한 직장에서 이직 후 즉시 실업신고(구직표작성)를 하지 않으면 해당기간만큼 소멸되므로 재이직 후 즉시 신고하여 불이익을 받지 않도록 하여야 할 것입니다.

---

(4) 조기재취업수당의 유의사항

○ 수차에 걸쳐 재취업한 후 조기재취업수당 청구 시에는 안정된 직장에 조기취업을 촉진하기 위한 제도임을 감안하여 재취업사업장과의 근로계약

기간이 6월 이상이었음에도 불구하고 재이직후 기간의 단절 없이 유사 직종의 다른 사업장에 재취업하였을 경우에는 이전 재취업시점을 기준으로 지급합니다.

○ 별도의 자영업활동계획서를 제출하지 않더라도 해당 사업의 준비활동으로 실업인정을 받은 경우에 위 절차를 거친 것으로 처리합니다.

– 또한, 구직활동과 동시에 자영업준비활동을 병행하는 경우가 있는 바, 실업인정 시 반드시 심층상담을 하여 함께 기록 조치

○ "일용근로자라 함은 현실적으로 1월 미만의 기간동안 고용되는 자를 말하는 바, 비록 건설현장에서 6월 이상 근로계약을 체결하고 조기재취업수당을 청구하였다 할지라도 근로현장에서 동 수급자가 제공하는 근로의 내용, 기술수준, 임금지급형태, 사업주의 계속 고용의사 등을 종합적으로 고려하여 판단합니다.

– 다만, 건설일용근로자가 하나의 사업장에서 6월이상 근로를 제공하고 조기재취업수당을 청구하였을 때는 주휴일을 감안하여 80% 이상 근로 (대략 실제 근무한 날이 월 16~17일)한 경우는 안정된 일자리로 인정하여 지급함

2. 직업능력개발수당

(1) 개요 및 지급요건

○ 직업능력개발수당은 수급자격자가 지방노동관서의 장의 지시로 직업능력개발훈련 등을 받는 경우에 그 훈련 등의 수강을 용이하게 하기 위하여 구직급여 외에 지급하는 일정액의 수당입니다.

○ 지급요건은 수급자격자가 지방노동관서의 장이 지시한 직업능력개발훈련 등을 받은 날로서 구직급여의 지급대상이 되는 날에 대하여 지급합니다. 그러나 다음의 날에 대하여는 지급하지 않습니다.

- 직업능력개발훈련 등을 수강하지 않는 날
- 휴일 등으로 훈련이 행해지지 않은 날
- 질병·부상·출산 등의 사유로 직업능력개발훈련 등을 수강하지 않은 날
- 구직급여의 지급이 정지된 기간의 날
- 직업능력개발훈련기간이라도 직업지도, 직업소개 등의 거부로 구직급여 지급이 정지된 기간에는 직업능력개발수당도 부지급

사례: A지방노동사무소에서 실업급여를 지급받고 있는 수급자를 **B**지방노동사무소에서 직업훈련을 지시한 경우에 고용보험법상의 기본급여연장지급 등의 요건이 되는 직업훈련지시로 볼 수 있는가?

답: 실업급여의 기본급여 수급자격자에 대한 직업훈련지시는 수급자격자의 실업급여에 관한 업무를 담당하는 지방노동관서에서 수급자격자의 직종·연령·재취직가능성 등을 감안하여 재취직훈련 및 기본급여 연장지급의 필요성 등을 면밀히 검토하여 결정해야 할 사항임에도 불구하고, 그 자에 대한 실업급여업무를 담당하지 아니하는 지방노동관서에서 이러한 고려 없이 단순히 고용보험의 직업능력개발사업 수행의 일환으로서 실업자재취직훈련대상자를 이미 선발하였다면 이는 비록 고용보험법에 의한 "실업자재취직훈련대상자 선발"이라고는 할 수 있을 것이나, "기본급여 지급연장 등의 요건이 되는 직업훈련지시"로는 볼 수 없어 기본급여의 연장 및 직업능력개발수당지급 등의 조치를 행할 수는 없다.

---

(2) 지급금액

○ 직업능력개발수당은 교통비, 식대 등 직업능력개발훈련 등의 수강에 필요한 금액을 감안하여 노동부장관이 결정하여 고시합니다.

- '08. 1. 1 현재 고시금액은 훈련 등을 받는 날 1일 기준으로 5천원임 (노동부고시 제2008 – 36호)

○ 노동력의 수급상황을 고려하여 노동부장관이 특히 필요하다고 인정하여 고시한 직종에 관한 직업능력개발훈련 등을 수강하는 경우에는 금액을 달리 정할 수 있으나 현재 별도로 정한 사항은 없음

(3) 청구 및 지급절차

○ 수급자격자가 직업능력개발수당을 받고자 하는 때에는 『실업인정일』에 실업인정신청서, 직업능력개발훈련등 수강증명서에 수급자격증을 첨부하여 제출하여야 합니다.
- 수강증명서에 기재된 사실에 의거하여 각각의 날에 대해 수당 지급여부를 결정함

○ 청구를 위한 서류는 원칙적으로 본인이 직접 출석하여 제출하여야 하나, 주간에 직업능력개발훈련 수강으로 출석할 수 없는 경우에는 대리인에 의한 제출도 가능합니다.

○ 지급여부는 실업급여 (부)지급결정 통지서에 의해 통지하되, 지급하기로 결정한 경우에는 수급자격증에 그 사실을 기재함으로써 통지에 갈음할 수 있습니다.

3. 광역구직활동비

(1) 개요 및 지급요건

○ 광역구직활동비는 수급자격자가 지방노동관서의 소개에 의하여 광범위한 지역에 걸쳐 구직활동을 하는 경우에 지급하는 것으로서, 지방노동관서의 장이 필요하다고 인정하는 경우에는 교통비 및 숙박료를 광역구직활동을 한 거리 및 숙박수에 따라 지급하게 됩니다.

○ 광역구직활동비는 수급자격자가 다음 모두에 해당되는 경우에 지급합니다.
① 지방노동관서의 소개에 의한 구직활동일 것
② 구직활동에 소요되는 비용이 방문 사업장의 사업주로부터 지급되지 아니하거나 지급되더라도 그 지급액이 광역구직활동비의 금액에 미달할 것

③ 수급자격자의 거주지로부터 구직활동을 위하여 방문하는 사업장까지의 거리가 편도 50㎞이상일 것. 이 경우 수로(水路)는 실제거리의 두 배로 봄(공무원 여비규정)

  – 2004.1.1부터는 대기기간 중 광역구직활동에 대하여도 수당지급

(2) 지급금액

○ 광역구직활동비는 운임(철도운임, 자동차운임, 선박운임) 및 숙박료로 구분합니다.

○ 운임은 거주지로부터 방문 사업장까지의 순로에 따라서 계산하고 숙박료는 숙박한 밤의 수에 따라 계산합니다.

  – 철도운임은 철도 이용이 가능한 구간에서 이동시 보통여객(무궁화호 일반실 또는 통일호 특실) 운임 상당액을 지급함

  – 자동차운임은 철도가 없는 구간이나 있더라도 자동차를 이용하여 이동한 경우에 일반고속버스 운임 또는 직행버스 운임 상당액을 지급함

  – 선박운임은 수로를 이용하는 경우 2등 운임 상당액을 지급함

  – 숙박료는 공무원여비규정의 국가공무원 제4호등급(6급이하)의 숙박료에 의하도록 고시하였음. 구체적 숙박료는 1일 22,000원임

○ 지급액이 감액되는 경우가 있는데, 수급자격자가 광역구직활동에 소요되는 비용이 방문사업장의 사업주로부터 받은 경우에는 그 금액을 신고하여야 하며, 이 경우 수급자격자가 신고한 금액을 공제한 금액을 광역구직활동비로 지급합니다.

(3) 청구 및 지급절차

○ 수급자격자는 광역구직활동을 종료한 날부터 14일 이내에 고용보험 광역구직활동비청구서를 제출하여야 하나, 천재지변 기타 부득이한 사유가 있는 경우에는 당해 사유가 종료된 날부터 7일 이내에 제출하여야 합니다.

  – 다만, 위 청구기간이 경과하였다 하더라도 광역구직활동을 한 날로부

터 3년 이내 청구할 경우에는 광역구직활동비를 지급할 수 있음

○ 지급요건에 해당되는지 여부를 확인하여 결정하되, 필요시 수급자격자에게 광역구직활동 사실을 증명할 수 있는 서류를 제출토록 하여 그 사실을 확인하고 지급결정을 행합니다.

○ 지급여부는 실업급여(부)지급 결정통지서에 의해 통지하되, 지급하기로 결정하였을 경우에는 수급자격증에 그 사실을 기재함으로써 통지에 갈음할 수 있습니다.

4. 이주비

(1) 개요 및 지급요건

○ 이주비는 수급자격자가 취업하거나 지방노동관서의 장이 지시한 직업능력개발훈련 등을 받기 위해 그 주거를 이전하는 경우에 지급할 수 있습니다.

○ 이주비는 수급자격자가 다음의 모두에 해당하는 때에 지급할 수 있습니다. 다만, 1년 미만의 근로계약기간을 정하여 취업하는 경우는 지급하지 않습니다.

① 법 제67조의 규정과 같이 수급자격자가 취업하거나 지방노동관서장이 지시한 직업능력개발훈련 등을 받게 된 경우로서 『거주지 관할지방노동관서의 장』이 주거의 변경이 필요하다고 인정할 것

　－취업의 경우 지방노동관서의 장의 직업소개를 요건으로 하지 않음

　－주거를 변경할 필요가 있다고 인정할 수 있는 기준은 다음과 같음

　• 통상교통수단을 이용하여 통근 왕복소요시간이 3시간 이상인 때

　• 교통수단 이용이 불편하여 통근에 현저히 장애를 받는 때

　• 사업장 또는 훈련기관의 특수성 또는 사업주의 요구에 의해 이전이 불가피한 때

② 수급자격자를 고용하는 사업장의 사업주로부터 이주에 소요되는 비용이 지급되지 않거나 그 지급액이 이주비에 미달할 것

(2) 지급금액 및 절차

○ 이주비는 이주거리에 따라 국가공무원 공무원여비규정의 이전비지급표에 의하도록 고시하도록 하고 있습니다.

　- 독신인 경우에는 상기금액에서 50%를 감액하고 동반가족수가 본인포함 5인이상인 경우에는 30%를 증액 지급함

　- 국외로 이주하는 경우에도 이주비를 지급할 수 있으나 그 금액은 국내이주비의 상한액을 초과할 수 없음

　- "이동거리"라 함은 구거주지에서 신거주지까지의 육로에 의한 편도거리를 말한다.

　- 이동거리가 육로와 수로에 걸치는 경우에는 수로 1킬로미터를 육로 2킬로미터로 계산한다.

　- 이사화물의 적재 및 하차에 소요되는 인건비 및 장비사용료에 대해서는 "국내이전비지급표" 외의 금액으로 이주비 지급대상이 아님

〈공무원여비규정 이전비지급표〉

(단위: 원)

이 동 거 리	지 급 액	이 동 거 리	지 급 액
50킬로미터까지	86,300	300킬로미터까지	186,200
100킬로미터까지	110,200	350킬로미터까지	207,800
150킬로미터까지	135,100	400킬로미터까지	229,200
200킬로미터까지	154,400	450킬로미터까지	250,000
250킬로미터까지	162,800	451킬로미터이상	268,300

○ 지급액이 감액되는 경우가 있는데, 수급자격자가 주거의 이전에 소요되는 비용 중 그 수급자격자를 고용하는 사업주로부터 지급받았거나 또는 지급받기로 된 경우에는 그 금액을 신고하여야 하며 이 경우 수급자격자가

신고한 금액을 공제한 금액을 이주비로 지급합니다.

○ 수급자격자가 이주비를 지급받고자 하는 경우에는 고용보험이주비청구서에 사업주의 확인을 받아 수급자격증을 첨부하여 제출하여야 합니다.

○ 이주비청구서는 이주한 날부터 14일 이내에 새로운 거주지(국외로 이주하는 경우에는 종전 거주지)를 관할하는 지방노동관서에 제출하여야 하는데, 천재지변 기타 부득이한 사유가 있는 경우에는 당해 사유가 없어진 날부터 7일 이내에 제출하여야 합니다. 다만, 위 청구기간이 경과하였다 하더라도 이주한 날로부터 3년이내 청구할 경우에는 이주비를 지급할 수 있습니다.

○ 지급여부는 실업급여(부)지급결정 통지서에 의해 통지하되, 지급하기로 결정하였을 경우에는 수급자격증에 그 사실을 기재함으로써 통지에 갈음할 수 있습니다.

V. 확인하기

1. 조기재취업수당에 대한 설명 중 틀린 것은?
① 취업일의 전날을 기준으로 구직급여의 미지급일수가 남아있어야 한다.
② 6월 이상 계속 고용될 것이 확실하다고 인정되는 직업에 취직해야 한다.
③ 소정급여일수가 2 / 3 이상 남은 경우의 지급액은 구직급여일액×미지급일수의 2 / 3이다.
④ 소정급여일수가 1 / 3미만 남은 경우의 지급액은 구직급여일액×미지급일수의 1 / 2이다.
정답: ④
해설: 구체적 지급액으로서, 소정급여일수가 1 / 3미만 남은 경우는 구직급여일액×미지급일수의 1 / 3이다.

2. 광역구직활동비의 지급요건으로 맞지 않는 것은?

① 지방노동관서의 소개 또는 개인적인 구직활동일 것

② 구직활동에 소요되는 비용이 방문 사업장의 사업주로부터 지급되지
   아니하거나 지급되더라도 그 지급액이 광역구직활동비의 금액에 미달
   할 것

③ 수급자격자의 거주지로부터 구직활동을 위하여 방문하는 사업장까지
   의 거리가 편도 50㎞이상일 것.

④ 수로(水路)의 경우는 실제거리의 두 배로 인정함

정답: ①

해설: 광역구직활동비 지급을 위한 구직활동에는 지방노동관서의 소개에
     의한 구직활동이어야만 한다.

3. 직업능력개발수당에 대한 설명 중 틀린 것은?

① 수급자격자가 지방노동관서의 장이 지시한 직업능력개발훈련 등을 받
   은 날이다.

② 위의 ①의 경우, 구직급여의 지급대상이 되는 날임을 요하지는 않는다.

③ 직업능력개발수당은 노동부장관이 결정하여 고시한다.

④ 노동력의 수급상황을 고려하여 노동부장관이 특히 필요하다고 인정하
   여 고시한 직종에 관하여는 금액을 달리 정할 수 있다.

정답: ②

해설: 직업능력개발수당은 수급자격자가 지방노동관서의 장이 지시한 직
     업능력개발훈련 등을 받은 날로서 구직급여의 지급대상이 되는 날
     에 대하여 지급한다.

VI. 정리하기

◆ 조기재취업수당의 지급요건은 다음 모두에 해당하는 경우에만 지급합니다.

① 취업일의 전날을 기준으로 구직급여의 미지급일수가 남아있을 것

② 6월 이상 계속 고용될 것이 확실하다고 인정되는 직업에 취직할 것

③ 6월 이상 계속하여 스스로 영리를 목적으로 사업을 계속할 것이 확실하다고 인정되는 경우

④ 재취업일 이전 2년 이내에 조기재취업수당을 지급받은 사실이 없을 것

◆ 조기재취업수당의 지급금액은 아래와 같습니다.

조기재취업수당의 금액은 수급자격자가 재취업한 시점에 따라 구직급여 일액에 남은 미지급일수에 따라 미지급일수의 2/3, 1/2, 1/3을 곱한 금액입니다.

- 소정급여일수가 2 / 3 이상 남은 경우: 구직급여일액×미지급일수의 2 / 3

- 소정급여일수가 1 / 3이상~2 / 3미만 남은 경우: 구직급여일액×미지급일수의 1 / 2

- 소정급여일수가 1 / 3미만 남은 경우: 구직급여일액×미지급일수의 1 / 3

◆ 직업능력개발수당의 지급요건은 수급자격자가 지방노동관서의 장이 지시한 직업능력개발훈련 등을 받은 날로서 구직급여의 지급대상이 되는 날에 대하여 지급합니다. 그러나 다음의 날에 대하여는 지급하지 않습니다.

- 직업능력개발훈련 등을 수강하지 않는 날

- 구직급여의 지급이 정지된 기간의 날

◆ 직업능력개발수당은 교통비, 식대 등 직업능력개발훈련 등의 수강에 필요한 금액을 감안하여 노동부장관이 결정하여 고시합니다.

- '08. 1. 1 현재 고시금액은 훈련 등을 받는 날 1일 기준으로 5천원임 (노동부고시 제2008 – 36호)

- 노동력의 수급상황을 고려하여 노동부장관이 특히 필요하다고 인정하

여 고시한 직종에 관한 직업능력개발훈련 등을 수강하는 경우에는 금액을 달리 정할 수 있으나 현재 별도로 정한 사항은 없음

◆ 광역구직활동비는 수급자격자가 다음 모두에 해당되는 경우에 지급합니다.

① 지방노동관서의 소개에 의한 구직활동일 것
② 구직활동에 소요되는 비용이 방문 사업장의 사업주로부터 지급되지 아니하거나 지급되더라도 그 지급액이 광역구직활동비의 금액에 미달할 것
③ 수급자격자의 거주지로부터 구직활동을 위하여 방문하는 사업장까지의 거리가 편도 50㎞이상일 것. 이 경우 수로(水路)는 실제거리의 두 배로 봄(공무원 여비규정)

◆ 광역구직활동비는 운임(철도운임, 자동차운임, 선박운임) 및 숙박료로 구분합니다.

- 철도운임은 철도 이용이 가능한 구간에서 이동시 보통여객(무궁화호 일반실 또는 통일호 특실) 운임 상당액을 지급함
- 자동차운임은 철도가 없는 구간이나 있더라도 자동차를 이용하여 이동한 경우에 일반고속버스 운임 또는 직행버스 운임 상당액을 지급함
- 선박운임은 수로를 이용하는 경우 2등 운임 상당액을 지급함
- 숙박료는 공무원여비규정의 국가공무원 제4호등급(6급이하)의 숙박료에 의하도록 고시하였음. 구체적 숙박료는 1일 22,000원임

◆ 이주비는 수급자격자가 다음의 모두에 해당하는 때에 지급할 수 있습니다.

① 법 제67조의 규정과 같이 수급자격자가 취업하거나 지방노동관서장이 지시한 직업능력개발훈련 등을 받게 된 경우로서『거주지 관할지방노동관서의 장』이 주거의 변경이 필요하다고 인정할 것
② 수급자격자를 고용하는 사업장의 사업주로부터 이주에 소요되는 비용이 지급되지 않거나 그 지급액이 이주비에 미달할 것

◆ 이주비는 이주거리에 따라 국가공무원 공무원여비규정의 이전비지급

표에 의하도록 고시하도록 하고 있습니다.

　－독신인 경우에는 상기금액에서 50%를 감액하고 동반가족수가 본인포
　　함 5인이상인 경우에는 30%를 증액 지급함

제11과 부정수급 개요

Ⅰ. 사례제시

가짜 실업 '꾼들이 늘고 있다……서류 꾸며 10억'꿀꺽

　수도권 건설현장에서 노무관리를 해온 고모씨(46). 고씨는 평소 친분이 있는 건설업체 4~5곳과 짜고 일용직 근로자가 입사했다가 퇴사한 것처럼 서류를 꾸미는 수법으로 실업급여를 상습적으로 타냈다. 고씨가 부정하게 받아 낸 실업급여는 2004년부터 최근까지 3년동안 74차례에 걸쳐 모두 10억5000만원. 고씨는 이 돈을 해당 근로자와 나눠가졌다. 고씨는 영세한 건설업체의 특성상 현장관리가 쉽지 않다는 점을 악용했다.
　개인사정으로 스스로 퇴사한 정모씨(45) 등 4명은 퇴직 사유를 허위로 기재해 실업 급여를 받아냈다. 정씨 등은 회사 담당 직원과 공모하여 이직사유를 '경영상 필요에 의한 해고·납품부서 폐지'라고 신고해 120일간 411만원을 챙겼다.
　실업자가 아닌데도 실업 급여를 챙기는 '가짜실업자'가 해마다 크게 늘고 있다. 16일 경인지방노동청에 따르면 2006년 1년 동안 경기·인천지역에서 실업급여를 부정하게 타낸 가짜실업자는 모두 2481명으로 2005년의 2171명에 비해 310명, 2004년 1555명과 비교해서는 926명이 각각 늘었다. 올해 상반기에만 2028명이 적발돼 2006년 한 해 동안의 부정수급자 수에 이미 육박하고 있다. 현재 노동청에서는 실업급여 수급자에 대해 1~4주마다 구직 여부를 확인하고 있지만 부정 수급하는 방법이 점차 지능화·조직화하는 추세여서 적발이 쉽지 않은 실정이다.
　경인지방노동청 관계자는 "건설회사 일용직 중에는 일자리를 잃었다가 다시 일하게 됐는데도 실업급여를 타가는 사례가 많다"며 "이중에는 서류를 허위로 꾸며 전문적으로 타가는 사람도 있다"고 말했다. 이어 "부정수급 특별조사단을 운영해 실업급여 수급자를 중심으로 의심 사업장과 대상자에 대해 지속적인 조사와 점검을 강화할 방침"이라고 말했다. (출처: 경향신문 2007년 07월 16일자)

II. 미리 알아보기

1. 부정수급자란 허위 기타 부정한 방법으로 실업급여를 받았거나 받고자 한 자를 말하고 이 의미는 부정수급에 성공한 경우를 말하므로, 부정수급 행위의 실행에 착수하였으나 미수에 그친 경우에는 부정수급에 해당하지 않는다. (O   X)

정답: X

해설: 부정수급은 실제로 부정수급에 성공한 경우뿐만 아니라 부정수급의 실행에 착수하였으나 미수에 그친 경우도 포함된다.

2. 거짓 또는 그 밖에 부정한 방법이 사업주의 허위신고·보고 또는 증명으로 인한 것인 때에는 그 사업주도 해당 구직급여를 지급받은 자와 연대하여 책임을 지므로 해당 사업주가 우선하여 부정수급액의 반환책임을 지게 된다. (O   X)

정답: X

해설: 「연대」의 의미는 민법의 연대채무에 관한 규정을 준용하게 되며, 따라서 부정수급자, 사업주 중 한명이나 양자에 대하여 동시나 순차로 부정수급액의 반환 및 추가징수액의 납부를 명할 수 있다.

3. 부정수급은 그 행위 자체가 위법적 행위이므로 반드시 행위자의 고의성을 요하지는 않으며 단순한 사무착오의 경우에도 부정수급의 부정행위에 해당한다. (O   X)

정답: X

해설: 부정행위로 인정되기 위해서는 반드시 행위자의 고의성이 존재해야 하고 단순한 사무착오(예: 근로일수의 단순 착오기재)에 의한 경우 등은 부정행위에 해당되지 않는다.

Ⅲ. 개요 및 목표

1. 개 요

실업급여는 실직한 근로자만을 그 대상으로 하는 제도로서 특히 구직급여의 경우에는 수급을 위하여 법이 정한 엄격한 요건을 갖추어야만 자격을 인정하고 급여를 하고 있습니다. 그러나 이러한 법정요건과 인정요건을 갖추지 않거나 위반한 채 거짓이나 부정한 방법으로 수급을 받는 경우가 있으며 점차 그 형태가 다양화·지능화 하고 있습니다. 이러한 부정수급에 대한 개념, 유형, 예방대책, 부정수급에 대한 처리 그리고 포상제도 등이 중요한 내용이 됩니다. 본 차시에서는 이 가운데 법규상의 용어의 정의, 부정수급의 개념과 유형에 대하여 학습하시겠습니다.

2. 목 표

○ 부정수급에 대한 용어에 대한 정확한 정의를 내려봅시다.
○ 부정수급의 개념에 대하여 알아봅시다.
○ 부정수급의 유형에 대하여 알아봅시다.

Ⅳ. 본 학습 내용

1. 부정수급 용어의 정의

(1) 부정수급자

○ 부정수급자란 허위 기타 부정한 방법으로 실업급여를 받았거나 받고자 한 자를 말하며 구직급여 수급자에 한정하지 않고 타인의 자격으로 실업급여를 받고자 한 자, 타인의 수급자격증을 사용한 자 등 수급자격이 원천적으로 없는 자도 모두 해당됩니다.

- 「실업급여를 지급 받았거나」의 의미는 부정수급에 성공한 경우를 말하고, 「실업급여를 지급 받고자」의 의미는 실행에 착수하였으나 미수에 그친 경우를 말합니다. 따라서 부정수급 행위의 실행에 착수하였으나 미수에 그친 경우에도 부정수급에 해당됩니다.

(2) 연대책임

○ 부정수급자를 고용하고 있거나, 고용하였던 사업주가 부정수급을 방조 또는 교사하고 허위의 신고·보고·증명을 한 경우에는 당해 사업주도 부정수급자와 연대하여 책임을 집니다.

① 사업주의 연대책임
- 거짓 또는 그 밖에 부정한 방법이 사업주(사업주의 대리인·사용인 기타 종업원을 포함)의 허위신고·보고 또는 증명으로 인한 것인 때에는 그 사업주도 해당 구직급여를 지급받은 자와 연대하여 책임을 짐
- 「연대」의 의미는 민법의 연대채무에 관한 규정을 준용하며, 따라서 「연대하여」라는 것은 부정수급자, 사업주 중 한명이나 양자에 대하여 동시나 순차로 부정수급액의 반환 및 추가징수액의 납부를 명할 수 있음

을 의미함

- 연대채무는 객관적으로 단일한 목적(부정수급액 반환 및 추가징수액의 납부)을 가지기 때문에, 부정수급자에 의한 것이든 또는 사업주에 의한 것이든 부정수급액 반환 및 추가징수액의 납부가 완료되면 양자의 채무는 소멸됨

- 참고로 민법의 연대채무에 관한 규정은 아래와 같음

• 민법 제413조 (연대채무의 내용) 수인의 채무자가 채무 전부를 각자 이행할 의무가 있고 채무자1인의 이행으로 다른 채무자도 그 의무를 면하게 되는 때에는 그 채무는 연대채무로 한다.

• 민법 제414조(각 연대채무자에 대한 이행청구) 채권자는 어느 연대채무자에 대하여 또는 동시나 순차로 모든 연대채무자에 대하여 채무의 전부나 일부의 이행을 청구할 수 있다.

② 연대책임을 지는 사업주

○ 해당 부정수급자를 고용하였거나 또는 고용하고 있는 자일 것이어야 합니다. 이 경우, 고용에는 위장 고용도 포함됩니다.

○ 부정수급을 방조 또는 교사하고, 그 수단으로서 허위신고, 보고 또는 증명을 하였어야 합니다.

- 사업주가 법인인 경우에는 신고, 보고 및 증명과 관련하여 법인이 행위능력 및 불법행위능력을 가지는 것으로 해석됨. 따라서 경영담당자가 책임을 지는 것이 아니고 법인 자체가 책임을 짐

③ 연대 반환명령의 업무처리

○ 부정수급자와 연대책임 사업주 중 한명 또는 양자에 대하여 동시 또는 순차적으로 반환명령할 수 있습니다.

- 연대반환을 명할지 여부 및 연대반환을 명하는 경우에 납부의 중점을 어느 쪽에 둘 것인지 등은 양자의 납부능력, 책임정도 등을 고려하여 지방관서장의 재량에 따라 결정됨

- 사업주에게 연대하여 반환을 명하는 경우는 연대반환 이유와 납부금액의 내용이 포함된 공문 발송(고용보험실업급여지급중지및반환·추가징수결정통지서 부본 첨부)

○ 연대채무는 객관적으로 단일한 목적을 가지기 때문에, 어느 일방이라도 부정수급액 반환 및 추가징수액의 납부를 완료하면, 민법상 연대채무의 규정에 의하여 양자의 채무는 소멸함
- 따라서 양자로부터 받은 합계액이 반환받아야 할 금액을 초과하는 경우는 양자 또는 어느 일방에게 초과액을 반환해야 함

2. 부정수급의 개념

○ 구직급여는 이직한 피보험자가 법 제40조의 수급요건을 모두 갖추고 규칙 제87조의 재취업활동으로 인정되는 경우에 지급하므로 「부정수급」이라 함은 거짓 그 밖의 부정한 방법으로 동 수급요건이나 재취업활동 인정요건 등을 위반하여 실업급여를 수급 받았거나 받고자 한 것을 말합니다.
- 「거짓 그 밖의 부정한 방법」이라 함은 사기, 협박, 뇌물 등과 같이 형법상의 구성요건에 해당하는 행위는 물론이고, 형법상 범죄를 구성하지 않는 행위유형을 통한 방법도 포함됨
- 「구직급여 수급요건 위반」이라고 함은 ① 피보험자가 아니거나 ② 이직 전 18개월 동안 피보험단위기간이 180일에 미달하거나 ③ 근로의 의사 및 능력이 없거나 ④ 취업하고 있는 자이거나 ⑤ 적극적인 재취업 노력을 하지 않거나 ⑥ 실직한 상태가 아닌 자 등이 구직급여를 수급 받으려고 하는 행위가 이에 해당함
- 아울러 과다, 과잉, 미신고, 허위 신고, 첨부서류 위조, 허위증명, 부정행위 조력자 등 행위도 부정행위가 됨

○ 부정수급 방지의 보호법익은 건전한 고용보험의 운영에 있습니다. 따라서 수급자격이 없는 자가 실업급여를 받는 경우나 정당한 수급자라고 하

더라도 부정행위로 인해 실업급여를 과다지급 받는 경우 등은 부정행위에 해당되나, 실업급여를 지급받을 정당한 권리를 가진 자가 실업급여를 지급받은 때에는 설사 직업안정기관에 대한 신고의무 위반행위를 하여도 그 행위의 내용이 실업급여의 지급을 받을 권리에 어떠한 영향을 미치지 않는다면 부정행위에 해당되지 않습니다.

- 실업인정신청시 시행규칙 제92조에 따라 취업의 기준에 해당하지 않는 근로제공(가령 1월간 소정근로시간을 60시간 미만으로 정하고 근로를 제공한 경우) 또는 소득사실(가령 근로제공의 대가로 구직급여일액 미만의 소득을 수령한 경우) 등은 신고하지 않더라도 실업급여를 지급받을 권리에 영향을 미치는 것이 아니므로 부정행위가 되는 것이 아님

- 또한 부정행위로 인정되기 위해서는 반드시 행위자의 고의성이 존재해야 하므로 단순한 사무착오(예: 근로일수의 단순 착오기재)에 의한 경우 등도 부정행위에 해당되지 않음

3. 부정수급의 유형

○ 실업급여 부정수급은 ① 피보험자격 취득 → ② 상실 및 이직신고 → ③ 수급자격신청 → ④ 실업인정 등의 각 단계에서 발생할 수 있는 유형이나 요소가 상이합니다.

- 특히, ④ 실업인정 단계의 부정수급은 대부분 생계형·단독형 범죄에 해당하므로 그 규모가 크지 않으나, 피보험자격 취득 및 상실·수급자격 신청 및 인정 단계에서부터 발생하는 부정수급은 지능형·조직형 범죄가 많고 그 규모도 크며 발생하면 반환받는 것도 쉽지 않음

○ 각 단계별 주요 유형은 다음과 같습니다.

- 실업급여 수급자격 신청시에 등장할 수 있는 유형으로는 피보험자격 취득일 또는 상실일의 허위신고, 이직사유, 평균임금 등의 허위기재, 타인의 자격이용, 위장해고 등으로 구체적으로는 다음과 같음

① 이직확인서 등의 위조, 변조 등 부정사용

② 피보험자격취득 및 상실의 허위신고(위장고용 포함)

③ 급여기초임금일액산정의 기초가 되는 임금액의 과다기재

④ 이직사유의 허위기재 및 진술(위장해고 포함)

⑤ 기준기간 연장사유의 허위기재

⑥ 허위의 실업신고

⑦ 각종 증명서 및 확인서 등의 위조 또는 허위기재

⑧ 기타 부정한 방법으로 수급자격을 인정받거나 받고자 한 경우

　- 실업인정시에 나타날 수 있는 유형으로는 시행규칙 제92조에 해당하는 취업사실의 미신고, 실업인정대상기간 중 재취업활동의 허위신고 등으로 구체적으로는 다음과 같음

① 취업한 사실을 은닉한 채 계속 실업인정을 받는 경우

② 자신의 근로에 의한 소득의 미신고 및 허위신고

③ 구직활동 여부의 허위신고

④ 확정된 취직 또는 자영업의 개시사실을 미신고한 경우

⑤ 법령의 규정에 위반하여 대리인에 의해 실업인정을 받은 경우

⑥ 허위의 증명서 등을 제출하여 실업인정을 받은 경우

⑦ 실업인정일 변경사유의 허위신고

⑧ 수급자격증의 부정사용

⑨ 휴업급여를 지급 받은 사실을 미신고하여 실업인정을 받은 경우

⑩ 기타 부정한 방법으로 실업인정을 받거나 받고자 한 경우

　- 기타의 경우로서 법령의 규정에 의한 서류 또는 첨부서류의 위조 및 허위기재, 취업촉진수당을 지급받기 위한 사업주의 허위증명 등이 있고 구체적으로는 다음과 같음

① 취직촉진수당 수급을 위한 각종 허위신고

② 상병급여 수급을 위한 각종 허위신고

③ 미지급구직급여의 수급을 위한 각종 허위신고

④ 구직급여 연장사유의 허위신고

⑤ 수급기간 연장사유의 허위신고
⑥ 기타 위에 준하는 경우로서 부정수급행위가 객관적으로 인정되는 경우

Ⅴ. 확인하기

1. 부정수급자에 관한 다음 설명 중 틀린 것은?
① 부정수급자의 범위에는 타인의 수급자격증을 사용한 자 등 수급자격이 원천적으로 없는 자도 해당한다.
② 「실업급여를 지급 받고자」의 의미는 실행에 착수하였으나 미수에 그친 경우를 말한다.
③ 연대책임을 지는 사업주의 범위에는 사업주의 대리인은 포함되지 않는다.
④ 부정수급자에 의한 것이든 또는 사업주에 의한 것이든 부정수급액 반환 및 추가징수액의 납부가 완료되면 양자의 채무는 소멸된다.

정답: ③

해설: 거짓 또는 그 밖에 부정한 방법이 사업주(사업주의 대리인·사용인 기타 종업원을 포함)의 허위신고·보고 또는 증명으로 인한 것인 때에는 그 사업주도 해당 구직급여를 지급받은 자와 연대하여 책임을 진다.
부정수급자란 허위 기타 부정한 방법으로 실업급여를 받았거나 받고자 한 자를 말하며 구직급여 수급자에 한정하지 않고 타인의 자격으로 실업급여를 받고자 한 자, 타인의 수급자격증을 사용한 자 등 수급자격이 원천적으로 없는 자도 모두 해당됩니다.

2. 부정수급의 개념에 관한 다음 설명 중 틀린 것은?
① 부정수급 방지의 보호법익은 건전한 고용보험의 운영에 있습니다.

② 과다, 과잉, 미신고, 허위 신고, 첨부서류 위조, 허위증명, 부정행위 조력자 등 행위도 부정행위의 범위에 들어간다.

③ 「거짓 그 밖의 부정한 방법」이라 함은 사기, 협박, 뇌물 등과 같이 형법상의 구성요건에 해당하는 행위를 말하며 형법상 범죄를 구성하지 않는 행위는 제외 된다.

④ 실업급여를 지급받을 정당한 권리를 가진 자가 직업안정기관에 대한 신고의무 위반행위를 한 경우, 그 행위의 내용이 실업급여의 지급을 받을 권리에 어떠한 영향을 미치지 않는다면 부정행위에 해당되지 않는다.

정답: ③

해설: 「거짓 그 밖의 부정한 방법」이라 함은 사기, 협박, 뇌물 등과 같이 형법상의 구성요건에 해당하는 행위는 물론이고, 형법상 범죄를 구성하지 않는 행위유형을 통한 방법도 포함된다.

3. 실업인정시에 나타날 수 있는 부정수급의 유형으로 맞지 않는 것은?

① 취업한 사실을 은닉한 채 계속 실업인정을 받는 경우

② 자신의 근로에 의한 소득의 미신고 및 허위신고

③ 구직활동 여부의 허위신고

④ 급여기초임금일액산정의 기초가 되는 임금액의 과다기재

정답: ④

해설: ④는 실업급여 수급자격 신청시에 나타날 수 있는 유형이다.

VI. 정리하기

◆ 부정수급자란 허위 기타 부정한 방법으로 실업급여를 받았거나 받고자 한 자를 말하며 구직급여 수급자에 한정하지 않고 타인의 자격으로 실업급여를 받고자 한 자, 타인의 수급자격증을 사용한 자 등 수급자격이 원

천적으로 없는 자도 모두 해당

◆ 「실업급여를 지급 받았거나」의 의미는 부정수급에 성공한 경우를 말하고, 「실업급여를 지급 받고자」의 의미는 실행에 착수하였으나 미수에 그친 경우를 말하므로 부정수급 행위의 실행에 착수하였으나 미수에 그친 경우에도 부정수급에 해당

◆ 부정수급자를 고용하고 있거나, 고용하였던 사업주가 부정수급을 방조 또는 교사하고 허위의 신고·보고·증명을 한 경우에는 당해 사업주도 부정수급자와 연대하여 책임을 짐

◆ 거짓 또는 그 밖에 부정한 방법이 사업주(사업주의 대리인·사용인 기타 종업원을 포함)의 허위신고·보고 또는 증명으로 인한 것인 때에는 그 사업주도 해당 구직급여를 지급받은 자와 연대하여 책임을 짐

◆ 「연대」의 의미는 민법의 연대채무에 관한 규정을 준용하며, 따라서 「연대하여」라는 것은 부정수급자, 사업주 중 한명이나 양자에 대하여 동시나 순차로 부정수급액의 반환 및 추가징수액의 납부를 명할 수 있음을 의미함

◆ 「부정수급」이라 함은 거짓 그 밖의 부정한 방법으로 동 수급요건이나 재취업활동 인정요건 등을 위반하여 실업급여를 수급 받았거나 받고자 한 것을 말함

◆ 「거짓 그 밖의 부정한 방법」이라 함은 사기, 협박, 뇌물 등과 같이 형법상의 구성요건에 해당하는 행위는 물론이고, 형법상 범죄를 구성하지 않는 행위유형을 통한 방법도 포함됨

◆ 실업급여를 지급받을 정당한 권리를 가진 자가 실업급여를 지급받은 때에는 설사 직업안정기관에 대한 신고의무 위반행위를 하여도 그 행위의 내용이 실업급여의 지급을 받을 권리에 어떠한 영향을 미치지 않는다면 부정행위에 해당되지 않음

◆ 부정행위로 인정되기 위해서는 반드시 행위자의 고의성이 존재해야 하므로 단순한 사무착오에 의한 경우 등은 부정행위에 해당되지 않음

◆ 실업급여 부정수급은 피보험자격 취득 → 상실 및 이직신고 → 수급자격 신청 → 실업인정 등의 각 단계에서 발생할 수 있는 유형이나 요소가 상이함

제12과 부정수급 방지대책 및 적발요령

Ⅰ. 사례제시

> **"10월, 고용보험 부정수급 자진신고 하세요"**
>
> 노동부는 2008년 10월 1~31일 한 달간 실업급여 및 고용안정지원사업 부정수급 자진신고기간을 운영한다. 이 기간에 부정수급 사실을 자진신고하는 실업급여수급자나 사업주에 대해서는 추가징수를 면제하고 형사처벌을 유예할 방침이다. 이번에 부정수급 자진신고기간을 운영하는 이유는 실업급여 및 고용안정지원사업에 대한 부정수급 발생이 고용보험 사업에 대한 도덕적 해이를 증가시켜 동 제도의 근간을 흔들 우려가 있고 고용보험 재정을 위협할 위험이 있기 때문이다. 또 고용보험 부정수급 방지를 위해서는 부정수급을 알고 있는 시민의 제보가 매우 중요하므로 시민이 제보하는 경우 지급하는 포상금 제도를 적극 홍보할 계획이다. 제보자에 대해서는 반드시 비밀을 보장하고, 조사결과 부정 수급 사실이 확인될 경우 부정수급액의 일정 비율에 대하여 제보자에게 소정의 포상금을 지급하게 된다.
>
> 노동부는 고용보험사업관련 부정수급을 방지하기 위해 2007년 하반기에 '고용보험 부정수급 종합방지대책'을 마련하고 '부정수급 자동경보 시스템'을 가동하고 있으며 지방에 '부정 수급조사팀'을 설치(6개 지방청)하고 '부정수급조사관'을 임명(153명), 부정수급 예방 및 적발 노력을 강화왔다. 이에 따라 지난 8월 현재 실업급여 부정수급액이 전년 동기 대비 29.6% 감소하는 등 고용보험 부정수급 방지대책이 효과를 발휘하고 있음에도 고용보험 부정수급의 여지를 최소화하기 위해 이번에 부정수급 자진신고기간을 운영하게 됐다고 노동부는 설명했다. 노동부 관계자에 따르면 종전과 달리 고용보험정보, 타 사회 보험정보, 국세청 정보 등을 적극 활용해 부정수급 여부를 적발하고 있기 때문에 부정수급이 언제 적발되느냐가 문제일 뿐 결국 적발될 수 밖에 없다고 강조했다. (출처: 대한민국 정책포털 2008.9.30)

II. 미리 알아보기

1. 실업급여의 수급을 받는 모든 수급자를 상대로 부정수급의 조사를 의무적으로 하여야만 한다. (O   X)

정답: X

해설: 모든 수급자를 대상으로 부정수급을 조사하는 것은 현실적으로 불가능하므로 4대보험가입정보, 고용보험전산망, 수사기관, 신고, 인터넷, 언론보도 등을 통하여 부정수급 의심자 또는 사업장의 명단을 확보한 경우를 중심으로 조사하여야 한다.

2. 피보험단위기간을 180일 이상(건설일용근로자는 150일 이상) 소급하는 신고서가 접수된 경우, 이를 고용보험전산망에 입력하면 경보가 울린다. (O   X)

정답: O

해설: 피보험자격(피보험단위기간)을 180일 이상(건설일용근로자는 150일 이상) 소급하는 신고서가 접수된 경우, 이를 고용보험전산망에 입력하려면 경보가 울리고 다음 단계의 업무진행이 안되도록 하여 확인절차를 거치도록 하고 있다.

3. 노동부에서는 고용보험 부정수급 자진신고기간을 일년에 1회 운영하고 있다. (O   X)

정답: X

해설: 고용보험 부정수급 자진신고기간은 반기에 1회(연 2회)를 운영한다.

Ⅲ. 개요 및 목표

1. 개 요

실업급여 부정수급을 사전에 방지하고, 기 수급한 자에 대해 부정수급 사실을 적발하여 적정한 제재를 취하는 것은 고용보험제도의 올바른 적용과 건전한 재정운용을 위하여 매우 중요하다고 할 수 있습니다. 특히, 실업급여의 부정수급은 사실 확인이 어렵고, 부정수급액의 환수 등 조치과정에서 수급자와의 민원발생의 소지가 크며 환수과정도 간단히 끝날 문제가 아니므로 부정수급의 업무는 사후의 처리와 아울러 사전에 부정수급을 예방하는 것이 더욱 중요합니다.

2. 목 표

○ 부정수급의 예방 및 적발에 대한 기본적 처리과정을 알아봅시다.
○ 자동경보시스템에 대하여 알아봅시다.
○ 구체적 적발요령과 관련 업무에 대하여 알아봅시다.

Ⅳ. 본 학습 내용

1. 부정수급 방지를 위한 조치

(1) 수급자격자에 대한 사전교육

○ 수급자격자 최초 교육시 실업급여 지급에 관한 제반사항을 철저히 교

육하여 이해부족으로 부정수급자가 되는 것을 방지하여야 하며 아울러 부정수급자에 대한 제재사항(지급중지·반환 및 추가징수·형사고발) 및 부정수급 사례를 충분히 설명하여야 합니다.

○ 4대보험 전산망, 국세청 전산망, 자동경보시스템 가동, 인터넷 제보 등 다양한 부정수급 적발시스템을 소개하여 부정수급이 원천적으로 불가능함을 안내하여야 합니다.

(2) 신청서 및 청구서 작성·제출시 확인

○ 피보험자격 및 상실·이직확인서, 수급자격신청서, 실업인정신청서 등을 접수한 때는 그 작성 목적·요령 등을 알고 있는지 확인하고, 기재하고자 하는 내용이 옳게 작성되었는지 검토합니다.

○ 특히 소급하여 신고하거나 신청하는 서류에 대해서는 반드시 제3자 및 유관기관, 전화, 출석요구 조사 등의 방법을 통해 사실관계를 정확하게 확인하여 처리해야 합니다.

(3) 실업인정시 반복 안내

○ 실업인정시 취업사실(자영업 포함), 소득발생 사실 등을 반드시 신고하도록 안내하고, 의심자 등에 대해서는 적발시 제재가 가해짐을 재차 안내하여 부정수급 시도를 사전에 예방하여야 합니다.

2. 부정수급의 적발

○ 직업안정기관의 장은 부정수급의 신속한 적발을 위하여 체계적이고 지속적인 노력을 경주하여야 하며 부정수급 전담자 및 사업담당자 등은 고용보험전산망, 수사기관, 신고, 인터넷, 언론보도 등을 통하여 부정수급 의심자 또는 사업장의 명단을 확보한 경우에는 지체 없이 조사계획을 수립하

여 신속·공정하게 조사하고 그 결과를 직업안정기관의 장에게 보고하여야 합니다.

　○ 부정수급 전담팀 설치 및 부정수급 조사관 임명

　－6개청의 종합고용지원센터 기획총괄과에 팀장을 포함하여 5명 이상으로 전담팀을 구성합니다. 또한 각 지청은 3명 이상을 부정수급 전담자로 임명하고 이들을 '부정수급 조사관'으로 임명하여 부정수급업무를 담당토록 합니다.

　－부정수급 조사관은 고용보험 각 사업에 걸쳐 경험이 많거나 근로감독관 등 수사경험이 있는 자를 우선적으로 배치합니다.

3. 부정수급 적발 요령

(1) 자동경보시스템 연계조사

　○ 실업급여는 피보험자격 취득→ 상실 및 이직신고→ 수급자격신청 및 인정→ 실업인정 등의 단계를 거쳐 수급 받게 됨으로 평소 각 단계마다 마다 부정수급이 발생할 수 있는 유형이나 요소를 미연에 파악하여 확인하는 과정이 중요합니다.

　○ '07.12.10부터 작동되는 부정수급 자동경보시스템은 사전 경보사항의 경우 사업팀이 처리하도록 하고, 사후 경보사항은 부정수급 전담팀(전담자)이 처리하도록 합니다.

　○ 모든 수급자를 대상으로 부정수급을 조사하는 것은 현실적으로 불가능하므로 자동경보시스템의 작동사항과 연계하여 피보험자 자격관리, 수급자격 인정, 실업인정, 부정수급 전담팀 의심자 리스트 조사 등의 방법으로 조사하는 것이 실효성을 확보할 수 있을 것이며 따라서 이러한 각 단계에서 집중적으로 부정수급의 적발하여야 합니다.

(2) 각 사업팀(과) 업무별 처리사항

○ 피보험자격관리 업무와 관련하여서는 다음의 경우를 유의하여야 합니다.

- 고용보험이 의무적용되어 피보험자격의 소급 처리가 가능하고, 피보험자가 이직일 이전 18개월 동안 피보험단위기간이 180일 이상 근무할 경우 구직급여를 수급 받을 수 있는바, 피보험기간을 6개월 이상 소급하여 신고하는 피보험자격 신청서에 대해서는 사실관계를 정확하게 조사하여 처리

- 특히 위장 사업장(사업자등록 및 고용보험 가입을 소급)이나 휴·폐업 사업장, 건설현장 등에서 전혀 근로한 사실이 없는 자의 경력을 180일 이상 근무한 것처럼 거짓으로 만들어 피보험자격을 소급하여 취득하고 구직급여를 수급한 사례 빈발

- 피보험자격(피보험단위기간)을 180일 이상(건설일용근로자는 150일 이상) 소급하는 신고서가 접수된 경우, 이를 고용보험전산망에 입력하려면 경보가 울리고 다음 단계의 업무진행이 안되도록 하였는바, 이 경우 파업창 형식의 "확인조사결과 입력창"에 사실관계를 정확하게 조사하여 입력한 후 다음단계 업무를 진행

• 조사할 때는 유관기관(동사무소, 통반장, 파출소, 소방서, 수도·전기·가스관리소, 세무서, 간이상점, 중개소 등) 확인, 관계자 출석요구 등의 신뢰할 수 있는 방법으로 사업장 존재 및 신청자의 실제 근로 여부를 정확하게 조사

• 질문할 때는 사업장 위치·구조·간부나 동료 이름·전화번호·생산품·근로자수·담당했던 직무·거래처 등을 묻는 방법으로 사실관계를 정확하게 확인

- 비자발적 실업의 52%가 권고사직이고, 이중 중대한 귀책사유로 이직하는 경우 등은 구직급여 수급을 받을 수 없는데, 권고사직에 대한 구체적 사유를 기록하지 아니하여 수급자격이 인정되고 있음

- 피보험자격 사유가 "권고사직"인 경우 권고사직의 구체적 이유를 최소

13자 이상 입력하지 않을 경우 다음단계의 업무진행이 자동 중단되므로 사업주나 동료근로자 등에게 문의하여 사실관계를 정확하게 확인한 후 그 결과를 입력

- 부정수급자는 대부분 되도록 많은 급여를 수급받고자 평균임금을 과도하게 높게 써넣는 경향이 있음으로, 이직확인서상의 평균임금을 입력할 때 동종업종이나 지역의 기준임금에 비해 평균임금이 70%이상 과다하게 높은 경우 그 사실관계를 확인하여 입력하지 않으면 다음단계 업무진행이 자동 중단됨

- 이직확인서를 허위 기재한 것으로 의심되는 경우에는 사업장 관할 관서에서 사실관계에 대한 조사를 요구하여 허위 기재한 것으로 확인되면 이직확인서의 전산입력시 비고란에 그 사실을 입력하여 추후 수급자격판단시 수급자격불인정 및 부정수급 처리

사례 : 甲은 3달간의 임금체불로 인하여 회사를 그만두게 되었다. 그러나 이러한 사유가 구직급여의 수급자격이 되는 줄 모르고 회사에 부탁하여 퇴직의 사유를 '경영상의 어려움으로 인한 구조조정'이라고 이직사유를 허위로 신고하였다. 그러나 부정수급자 조사과정에서 실제의 이직사유가 "정당한 사유 있는 자기사정"으로 확인된 경우 부정수급에 해당하는가?

답 : 부정수급에 대한 조사결과 근로자의 실제 이직사유가 임금체불 2개월 이상의 "정당한 사유 있는 자기사정"이 분명할 때에는 수급자격이 제한되지 아니하므로 정당한 수급으로 보아야 하고 따라서 부정수급으로는 볼 수 없을 것이며 이직사유 정정이 가능하다고 판단된다. 다만, 사업주의 이직사유 허위신고 사실은 고용보험법 제117조 제1항의 적용여부를 검토하여 해당할 경우 과태료 처분을 하여야 할 것이다.

○ 수급자격 인정업무와 관련하여서는 다음의 경우를 유의하여야 합니다.
- 이직일 이전 18개월 동안 피보험단위기간을 150일 이상 소급신고한 일용근로자가 1인의 고용관리책임자에 의해 2개 이상 관리되는 건설사업

장 소속인 경우 수급자격신청서를 입력하면 자동적으로 다음단계의 업무진행이 차단

- 수급자격 인정단계에서 경보가 울리면 피보험자관리팀에 10일내 위장근로자 여부 등 사실관계조사를 의뢰하고, 그 결과가 회보되면 조사결과를 입력하고 수급자격 인정여부를 결정

- 건설현장 고용관리책임자는 자격이 있는 것도 아니고 건설현장이나 건설업체가 작을수록 계속 고용가능성도 희박함으로 부정수급 유혹이 강한 바, 현장에서 일하지 않은 근로자를 근로내역서에 끼워 넣는 수법으로 부정수급하는 사례가 빈발하니 유의해야 함

○ 실업인정 업무

- 실업인정 담당자는 실업인정 과정에서 적극적 구직활동 의심자로 생각되는 수급자가 있는 경우 당일 처리건수의 2~5% 범위내에서 실업인정자 리스트에 체크(√) 표시

- 부정수급 전담팀에서는 실제 구직활동 여부를 조사하여 부정수급 여부를 결정

- 실업급여가 지급되지 않더라도 1회 부정수급으로 인정됨으로 다음에 또 구직활동을 하지 않는 경우 2회 부정수급으로 되어 구직급여 전체가 중지될 수 있음을 사전에 고지

- 실업인정시 구직활동 여부를 확인하는 사항에 모집직종 및 보수수준 항목을 추가하여 사실 확인을 강화하고 특히, 방문사업장의 정보를 제대로 기록하지 못한 자, 자기의 구직직종과 관련이 없는 사업장을 방문한 자, 구인모집이 없는 사업장을 방문한 자, 방문사업장을 중복해서 기록한 자 등 의심이 가는 자 등에 대해서는 체크하여 부정수급 전담자가 조사할 수 있도록 조치

- 수급자와 출석자가 다른 것으로 의심되는 자 또는 이른 아침·점심시간·퇴근시간 직전에 출석하는 자, 실업인정을 필요 이상으로 급히 서두르는 자, 실업인정일 변경을 자주하는 자, 지각이 잦은 자, 필요 이상의 친절 또는 불친절 행동을 보이는 자 등 거동이 이상스러운 자는

평소 유심히 관찰하였다가 상담할 때는 이직전 사업장의 구체적 사정
(주소, 대표자, 생산품, 전화번호, 간부이름, 동료이름 등)을 질문하는
방법 등으로 사실관계를 확인
- 조기재취업수당 청구서는 반드시 사업장에 전화 또는 출장 등의 방법
으로 직접 확인하여 처리하되, 청구서의 기재사항에 대한 위·변조 여
부 등을 사전에 면밀하게 검토하여야 하며 특히, 건설일용근로자가 부
정수급의심자로 발견되었을 경우에는 향후 현장이 소멸되어 조사하기
가 어려운 점을 감안하여 우선적으로 처리

(3) 전담팀(전담자) 부정수급 업무

○ 일반적 사항으로 부정수급 및 부정행위 예방을 위한 종합계획을 수립
하고 정기점검, 특별점검, 수시점검 등 각종 조사·점검을 실시합니다.
- 점검대상은 자동경보시스템에서의 경보대상, 사회적 물의를 일으킨 사
건, 각 사업팀(과)으로부터 요청이 있는 사안, 특히 부정수급 발생 우려
가 높다고 판단되는 직종 등을 선정하여 정기점검 등 실시
- 보험회사 보험모집인, 신용정보회사 위촉직 채권추심원, 학습지 교사
등 자유직업종사자, 5인 미만을 고용하는 도소매업 종사자 등은 4대
보험 가입이나 사업자등록, 갑종근로소득세 납부 등을 하지 않는 경우
가 많아 부정수급 적발이 곤란함으로 이 부분에 대한 조사계획이 필요
- 직업안정기관의 장은 매년 반기별 1회 이상의 정기 또는 수시점검을
포함한 부정수급 조사계획을 수립하여 시행
- 외부로부터의 신고·제보·이첩 등 부정기적으로 발생되는 부정수급,
부정행위 사건에 대한 조사처리
- 실업급여 부정수급 사건이 발생하면 신규고용촉진장려금 등 각종 지원
금의 부정수급 여부도 함께 조사(반대로 신규고용촉진장려금 등의 부
정수급 사건이 발생할 경우 여타 지원금 및 실업급여 부정수급 여부도
병행 조사)

- 고용보험 부정수급 자진신고기간 운영 (반기 1회)
○ 자동경보시스템 사후 경보사항 처리업무
① 6개월이상 피보험자격을 소급취득한 후 3개월 이내 비자발적 사유로 이직하여 수급자격을 신청한 자와 그 사업장의 경우
- 처리절차: 수급자격신청서 입력 → 사후경보 매뉴얼(전담팀) 이동 → 리스트 검색 → 사실관계조사 → 조치결과 입력
- 사후경보 매뉴얼로 이동하여 해당 사업장 및 수급자격자 리스트를 검색하고 위장 피보험자격 취득 여부 등을 조사
② 6개월이상 고용보험을 소급 가입한 사업장 소속으로 6개월 이상 피보험자격을 소급 취득한 후 수급자격을 신청한 자와 그 사업장의 경우
- 처리절차; 수급자격인정신청 입력 → 사후경보 매뉴얼(전담팀) 이동 → 리스트 검색 → 사실관계조사 → 조치결과 입력
- 실업인정 단계에서 부정수급이 안되도록 1차 조사를 10일내 마무리하고, 실업인정을 받고자 찾아온 자를 상대로 부정수급 여부를 구체적으로 조사
③ 수급자격 신청자가 상시근로자수 5인 미만이나 최근 1년간 이직근로자수가 10배가 넘는 사업장 소속인 경우
- 처리절차; 수급자격인정신청 입력 → 사후경보 매뉴얼(전담팀) 이동 → 리스트 검색 → 사실관계조사 → 조치결과 입력
④ 실업급여 중복수혜 의심자 조사
- 실업급여 수급자가 사업자등록 취득, 휴업급여 수령, 국민연금 납부, 건강보험 유지, 기타소득이 있는 경우 리스트 출력
- 다만, 부정수급 가능성이 희박한 수급자격신청 당시 국민연금, 건강보험 상실 미처리자는 중복수혜 의심자 리스트에서 제외
⑤ 실업인정 과정에서 실업인정 담당자가 적극적 구직활동 의심자로 체크(√)한 자의 사실관계 확인
- 실제 구직활동을 하였는지 여부를 관련 사업체에 전화하거나 출장·확인하고 그 결과를 입력

Ⅴ. 확인하기

1. 부정수급안내에 관한 다음 설명 중 틀린 것은?
① 수급자격자 최초 교육시 실업급여 지급에 관한 제반사항을 충분히 고지하여야 한다.
② 부정수급자에 대한 제재사항은 부정수급자로 확인된 후 자세히 설명해 주어야 한다.
③ 각종의 신청서와 서식 등을 접수할 때 바르게 기재되었는지 점검해야 한다.
④ 실업인정시 취업사실이나 소득발생 사실 등을 반드시 신고하도록 안내하여야 한다.

정답: ②

해설: 수급자격자 최초 교육시 실업급여 지급에 관한 제반사항을 철저히 교육하여 이해부족으로 부정수급자가 되는 것을 방지하여야 하며 아울러 부정수급자에 대한 제재사항(지급중지·반환 및 추가징수·형사고발) 및 부정수급 사례를 충분히 설명하여야 한다.

2. 피보험자격관리 업무와 관련하여 유의하여야 할 점으로 틀린 것은?
① 피보험기간을 6개월 이상 소급하여 신고하는 피보험자격 신청서에 대해서는 사실관계를 정확하게 조사하여 처리하여야 한다.
② 피보험자격 사유가 "권고사직"인 경우 권고사직의 구체적 이유를 최소 13자 이상 입력하지 않을 경우 다음단계의 업무진행이 자동 중단된다.
③ 이직확인서상의 평균임금을 입력할 때 동종업종이나 지역의 기준임금에 비해 평균임금이 50%이상 과다하게 높은 경우 그 사실관계를 확인하여 입력하지 않으면 다음단계 업무진행이 자동으로 중단된다.
④ 이직확인서를 허위 기재한 것으로 의심되는 경우에는 사업장 관할 관

서에서 사실관계에 대한 조사를 요구하여야 한다.

정답: ③

해설: 평균임금이 동종업종이나 지역의 기준임금에 비해 70%이상 과다할 경우 사실관계를 확인하여야 한다.

3. 부정수급 업무와 관련된 다음 설명 중 바르지 않은 것은?

① 부정수급 점검대상은 자동경보시스템에서의 경보대상, 사회적 물의를 일으킨 사건, 각 사업팀(과)으로부터 요청이 있는 사안 등 부정수급 발생 우려가 높다고 판단되는 사안과 직종 등을 선정하여 정기점검을 실시하여야 한다.

② 자유직업종사자, 5인 미만을 고용하는 도소매업 종사자 등은 4대 보험 가입이나 사업자등록, 갑종근로소득세 납부 등을 하지 않는 경우가 많아 부정수급 적발이 쉽지 않다.

③ 직업안정기관의 장은 매년 반기별 1회 이상의 정기 또는 수시점검을 포함한 부정수급 조사계획을 수립하여 시행하여야 한다.

④ 부족한 조사인력과 현실적인 제약으로 인하여, 실업급여 부정수급 사건이 발생하면 구직급여의 경우로 한정하여 조사하고 신규고용촉진장려금 등 각종 지원금은 별도의 의심이 있을 때에만 실시하면 된다.

정답: ④

해설: 실업급여 부정수급 사건이 발생하면 신규고용촉진장려금 등 각종 지원금에 대하여도 부정수급이 의심되므로 이에 대하여도 함께 조사하여야 하며, 반대로 신규고용촉진장려금 등의 부정수급 사건이 발생할 경우 여타 지원금 및 실업급여 부정수급 여부도 병행하여 조사하여야 한다.

VI. 정리하기

◆ 모든 수급자를 대상으로 부정수급을 조사하는 것은 현실적으로 불가능하므로 자동경보시스템의 작동사항과 연계하여 피보험자 자격관리, 수급자격 인정, 실업인정, 부정수급 전담팀 의심자 리스트 조사 등의 방법으로 조사하는 것이 실효성을 확보할 수 있을 것이며 따라서 이러한 각 단계에서 집중적으로 부정수급의 적발

◆ 고용보험이 의무적용되어 피보험자격의 소급 처리가 가능하고, 피보험자가 이직일 이전 18개월 동안 피보험단위기간이 180일 이상 근무할 경우 구직급여를 수급 받을 수 있는바, 피보험기간을 6개월 이상 소급하여 신고하는 피보험자격 신청서에 대해서는 사실관계를 정확하게 조사하여 처리

◆ 조기재취업수당 청구서는 반드시 사업장에 전화 또는 출장 등의 방법으로 직접 확인하여 처리하되, 청구서의 기재사항에 대한 위·변조 여부 등을 사전에 면밀하게 검토하여야 하며 특히, 건설일용근로자가 부정수급의 심자로 발견되었을 경우에는 향후 현장이 소멸되어 조사하기가 어려운 점을 감안하여 우선적으로 처리

◆ 실업급여 부정수급 사건이 발생하면 신규고용촉진장려금 등 각종 지원금의 부정수급 여부도 함께 조사(반대로 신규고용촉진장려금 등의 부정수급 사건이 발생할 경우 여타 지원금 및 실업급여 부정수급 여부도 병행 조사)

제13과 부정수급 처리 1

Ⅰ. 사례제시

사례 : 회사와 짜고 퇴직사유를 허위로 기재하여 실업급여를 부정 수급한 A씨는 이후 이러한 사실이 적발되어 부정수급 금액을 반환하게 되었다. 이에 담당 부서는 당시의 사업주에게 부정수급액의 반환을 명하였으나 해당 사업주는 자신이 수급한 것이 아니고 이로 인해 이익을 본 것이 없다며 반환명령을 거부하고 있다. 이러한 사업주의 주장은 타당한가?

답 : 민법 제413조에 의거 연대채무인 경우 수인의 채무자가 채무전부를 각자 이행할 의무가 있고 그 중 채무자 1인의 이행으로 다른 채무자도 그 의무를 면하게 되는 바, 노동부 예규『실업급여 부정수급방지 업무처리규정』제8조에 의하여 사업주가 연대책임을 지는 경우 연대채무가 발생한다 할 것이므로 부정수급자와 연대하여 책임을 지는 사업주는 각각 독립하여 부정수급 반환금액 전액에 대한 채무를 부담해야 하며, 그 중 1인이 동 반환금액 전액을 납부하게 되면 다른 일방의 채무도 소멸된다.
또한 이에 대한 징수방법으로 실업급여 부정수급방지업무처리규정 제8조의2에는 민법 제414조를 준용하여 "부정수급자와 연대책임 사업주 어느 일방에 대하여 또는 동시나 순차로 그 쌍방에 대하여 반환금액의 전부 또는 일부에 대하여 징수할 수 있다"고 규정하고 있으므로 부정수급 반환금액 전액을 징수가 용이한 어느 일방에 대하여 청구하여 징수하거나 또는 동시나 순차로 그 쌍방에 대하여 청구하여 어느 일방이 동 금액을 납부하면 종결된다. 이후 부정수급자와 연대책임 사업주 어느 1인이 부정수급 반환금액을 납부한 뒤 다른 일방에 대하여 추후 구상권을 행사하는 것은 별개의 문제이다.

II. 미리 알아보기

1. 브로커 등 제3자가 개입한 부정수급은 지능적이고 조직적인 악질적 범죄유형이므로 이러한 제3자에 대한 처벌규정도 고용보험법에 규정되어 있다. (O   X)

정답: X

해설: 브로커 등 제3자가 개입한 부정수급은 지능적이고 조직적인 악질적 범죄유형에 속함에도 불구하고 직접적인 고용보험법상의 수급자가 아니므로 고용보험법에서 규정한 책임을 물을 수는 없으나, 형법상의 사기 또는 교사 등의 혐의가 적용될 여지가 있고 이에 해당된다면 사법처리가 가능하다. 또한 이와는 별도로 민법상의 손해배상청구도 가능하다.

2. 부정한 방법으로 실업급여를 지급받았거나 또는 지급받으려 한 경우는 수급권 자체를 박탈하는 것이 원칙이나, 부정행위의 사안이 경미한 경우에는 수급권은 유지하되 제재처분으로서 그 실업인정대상기간에 한해 실업급여의 지급을 제한한다. (O   X)

정답: O

해설: 부정행위의 사안이 경미한 경우에는 1회에 한하여 수급권은 유지한다. 여기에서 경미한 부정행위란, 실업인정 대상기간 중에 근로를 제공한 사실을 실업인정 신청시 신고하지 아니하거나 사실과 다르게 신고한 경우와 실업인정 대상기간 중의 재취업활동 내용을 실업인정 신청시 사실과 다르게 신고한 경우이다.

3. 부정수급액의 반환에 있어서 반환금액의 납부는 일시납을 원칙으로 하므로 분할납부는 인정되지 않는다. (O   X)

정답: X

해설: 반환금액의 납부는 일시납을 원칙으로 하되, 재취업한 부정수급자의 반환금액이 월임금총액의 1/2을 초과하는 경우와 재취업을 하지 않은 부정수급자의 반환금액이 50만원을 초과하는 경우에는 3회 이내로 분할납부하도록 할 수 있다.

III. 개요 및 목표

1. 개 요

본 차시에서는 적발된 부정수급에 대한 구체적 처리방안을 학습하시겠습니다. 부정수급자에 대한 일정한 제재를 가함으로써 부정수급자 개인에 대한 불이익을 줌은 물론 고용보험제도의 건전하고 안정적 운용을 위해서도 반드시 필요한 절차라 하겠습니다. 부정수급은 그 자체가 위법적 행위이므로 법에서 정한 절차대로 엄정히 처리함이 원칙입니다. 이와 함께 기 지급된 급여에 대한 환급문제와 민·형사상의 처리 등도 아울러 다루도록 할 것입니다.

2. 목 표

○ 부정수급에 대한 법적 처리의 내용을 구체적으로 알아봅시다.
○ 실업급여의 중지, 제한, 환급의 효력을 알아봅시다.
○ 실업급여의 추가징수, 연대책임을 알아봅시다.
○ 형사고발 및 과태료의 상세한 내용을 알아봅시다.

Ⅳ. 본 학습 내용

1. 실업급여 부정수급의 처리

○ 부정한 방법으로 실업급여를 받았거나 받고자 한 자는 실업급여 제도를 교란한 자로서 고용보험의 건전한 운영을 위하여 고용보험법령 등이 정한 바에 따라 적정한 제재를 취하여야 합니다.

○ 현행 고용보험법령에서는 부정수급자에 대한 구체적 제재로서 ① 실업급여의 지급중지(법 제61조제1항), ② 부정수급액의 반환 및 추가징수(법 제62조 제1항), ③ 1년 이하의 징역 또는 300만원 이하의 벌금 등 행정형벌(법 제116조 제2항)을 규정하고 있습니다.

○ 브로커 등 제3자가 개입한 부정수급은 지능적이고 조직적인 악질적 범죄유형에 속함에도 불구하고 직접적인 고용보험법상의 수급자가 아니므로 고용보험법에서 규정한 책임을 물을 수는 없으나, 형법상의 사기 또는 교사 등의 혐의가 적용될 여지가 있고 이에 해당된다면 사법처리가 가능하다. 또한 이와는 별도로 민법상의 손해배상청구도 가능하다.

2. 실업급여의 지급중지

○ 부정한 방법으로 실업급여(구직급여 및 취업촉진수당)를 받았거나 받으려 한 자는 고용보험 제도를 어지럽히는 자이므로 실업급여를 받을 자격이 없고 따라서 해당 수급자격에 의한 실업급여의 수급권을 박탈하고, 나아가 피보험기간의 산정과 상병급여를 지급받을 수 있는 일수의 산정 등에 있어서도 불리한 취급을 함으로써 고용보험제도의 적정한 운영을 확보하려는 것이 목적입니다.

○ 「지급정지」와는 다음과 같이 구별됩니다.

- 「지급중지」는 일정한 부정행위가 있는 경우 바로 수급권을 박탈하여 해당 수급자격에 의한 실업급여를 더 이상 지급하지 않는다는 점에서, 법 제60조의 규정에 따른 훈련거부 등의 경우와 같이 그 사유가 해소되면 지급이 재개되는 「지급정지」와 구별됨

> 고용보험법 제60조(훈련 거부 등에 따른 급여의 지급 제한) ①수급자격자가 직업안정기관의 장이 소개하는 직업에 취직하는 것을 거부하거나 직업안정기관의 장이 지시한 직업능력개발 훈련 등을 거부하면 대통령령으로 정하는 바에 따라 구직급여의 지급을 정지한다.

- 아울러, 지급중지는 수급자격이 발생한 이후에 수급권을 박탈하는 것으로 법 제58조의 이직사유에 의한 수급자격의 제한과 같이 수급자격 자체를 인정하지 않는 경우와 구별됨

(1) 지급중지의 시기

○ 부정수급에 의해 실업급여가 지급되지 않는 날은 '거짓이나 그 밖의 부정한 행위에 의해 실업급여의 지급을 받은 날 또는 받으려 한 날' 이후입니다.

- 부정한 방법(이직사유 허위기재 등)으로 수급자격을 인정받아 실업급여를 지급받은 경우 또는 부정한 방법으로 수급자격인정신청을 하여 실업급여를 지급받으려 한 경우는 수급자격인정신청일 이후부터 실업급여를 지급 중지함
- 실업인정대상기간 중 부정한 방법(취업사실 미신고 등)으로 실업급여를 지급받은 경우 또는 부정한 방법으로 실업인정신청을 하여 실업급여를 지급받으려 한 경우는 부정한 방법으로 실업급여를 받은 또는 받으려 한 실업인정일 이후부터 실업급여를 지급 중지함
- 다만, 법 제60조 제2항에 따른 실업인정대상기간 중 경미한 부정행위가 있는 경우에는 2회 이상의 부정행위에 의해 실업급여를 받은 또는 받으려 한 실업인정일부터 지급중지

(2) 지급중지의 효력

○ 실업급여가 지급중지 되면, 지급중지일 이후부터 해당 수급자격에 따른 실업급여 수급권이 박탈됩니다. 따라서 실업급여 지급중지일 이후에는 그 수급자격에 의한 구직급여 뿐만 아니라 상병급여 및 취업촉진수당도 모두 지급되지 않습니다.

- 조기재취업수당을 부정수급 하여 지급중지 된 경우에는 그 수급기간 내에 다시 실업하여도 잔여일수에 대해 구직급여를 부지급
- 지급중지일 이후의 이미 지급받은 실업급여는 과오급금에 해당하므로, 법 제62조에 따라 반환처리

○ 실업급여 지급중지일 이후에는 해당 수급자격에 따른 구직급여가 모두 지급된 것으로 간주하여 부정수급과 관련된 피보험기간은 완전히 소멸됩니다. 따라서 지급중지 이후 잔여 피보험기간은 다른 수급자격 판단 및 소정급여일수 산정시 피보험기간에 포함되지 않습니다.

(3) 경미한 부정행위에 의한 실업급여 지급제한

○ 부정한 방법으로 실업급여를 지급받았거나 또는 지급받으려 한 경우는 수급권 자체를 박탈하는 것이 원칙이나, 부정행위의 사안이 경미한 경우(단, 1회에 한함)에는 수급권은 유지하되 제재처분으로서 그 실업인정대상기간에 한해 실업급여의 지급을 제한합니다.

① 경미한 부정행위(법 제61조제2항, 시행령 제80조)
- 실업인정 대상기간 중에 근로를 제공한 사실을 실업인정 신청시 신고하지 아니하거나 사실과 다르게 신고한 경우
- 실업인정 대상기간 중의 재취업활동 내용을 실업인정 신청시 사실과 다르게 신고한 경우

② 경미한 부정행위에 의한 지급제한의 효력
- 경미한 부정행위가 1회인 경우에는 당해 실업인정 대상기간에 한하여 구직급여를 지급하지 않으며 따라서, 당해 실업인정 대상기간 이후 구

직급여 및 취업촉진수당은 지급중지 되지 않고 계속하여 지급됨
- 구직급여를 이미 지급받은 경우에는 법 제62조에 따라 그 실업인정 대상기간에 해당하는 구직급여를 반환처리
- 경미한 부정행위가 2회 이상인 경우에는 2회째 부정행위로 실업인정을 받은 날 또는 받으려 한 날 이후부터 실업급여를 지급 중지함
- 따라서, 실업급여 지급중지일 이후에는 그 수급자격에 의한 구직급여 뿐만 아니라 상병급여 및 취업촉진수당도 지급되지 않음
- 해당 실업인정 대상기간에 대하여 지급받은 구직급여액 및 지급중지일 이후 지급받은 실업급여는 권리 없는 이득에 해당하므로, 법 제62조에 따라 반환처리

3. 부정수급액의 반환

○ 부정수급은 상당히 나중에 발견되는 것이 일반적이어서 지급중지 처분은 통상 소급하여 행해지기 때문에 법 제61조에 의한 수급권 박탈제도가 실효성을 가질 수 있도록 고용보험법령에서는 부정수급액의 반환제도를 마련하고 있습니다.

(1) 반환명령의 대상이 되는 자

○ 거짓이나 그 밖의 부정한 방법으로 실업급여를 받았거나 받으려 한 자로 수급자격자에 한정되지 않고 수급자격이 없이 이직확인서를 위조한 자, 타인의 수급자격증을 사용한 자 등도 모두 포함됩니다.

(2) 반환을 명하는 금액(추가징수액 별도)

○ 반환을 명하는 금액은 거짓 그 밖의 부정한 방법에 의해 지급받은 실업급여액에 해당하는 금액입니다.

- 수급자격인정신청일 이후부터 지급중지 된 경우에는 지급받은 실업급여액 전체가 반환금액

- 1회의 경미한 부정행위에 의한 부정수급의 경우에는 해당 실업인정대상기간에 해당하는 구직급여액이 반환금액

- 2회 이상의 경미한 부정행위에 의한 부정수급의 경우에는 그 실업인정대상기간에 해당하는 구직급여액 및 지급중지일(2회째 부정행위로 실업인정을 받은 날 또는 받으려 한 날) 이후 지급받은 실업급여액이 반환금액

○ 반환을 명하는 금액에는 지급중지일 이후 지급된 상병급여 및 취업촉진수당도 포함됩니다.

○ 법 제62조에서 『반환을 명할 수 있다』는 주소불명 등의 경우를 제외하고 『반환을 명하여야 한다』로서 해석하여야 합니다.

(3) 반환명령의 절차

○ 반환명령은 다음과 같은 절차에 의하여 진행됩니다.

---

① 부정수급 의심자 적발 → ② 증거자료수집 → ③ 의견제출 통지(등기우편) → ④ 의견청취 → ⑤ 부정수급사실조사 및 처리보고(부정수급 보고서 작성 및 결재) → ⑥ 전산입력(기금출납명령관에게 징수결정 의뢰) → ⑦ 부정수급처분(반환 및 지급중지 통지) → ⑧ 징수결정 및 납입고지서 발부(관리과) → ⑨ 납입고지서 송달(등기우편)

※ 지급중지만 하는 경우는 ⑧, ⑨번의 절차가 필요 없음

- 의견제출은 대리인으로 하여금 하게 할 수 있으며, 이때 대리인은 해당 부정수급 사실에 대하여 전후 사정을 잘 알고 있는 자로 하고, 당사자가 정당한 이유 없이 지정한 기한 내에 의견제출을 하지 않는 경우는 의견이 없는 것으로 처리

- 반환금액의 납부는 일시납을 원칙으로 하되, 다음의 경우는 분할납부 하도록 할 수 있음(분할납부 횟수는 3회 이내)

a. 재취업한 부정수급자의 반환금액이 월임금총액의 1/2을 초과하는 경우

b. 재취업을 하지 않은 부정수급자의 반환금액이 50만원을 초과하는 경우
 - 분할납부를 통지받은 자는 통지일로부터 1차는 30일 이내, 2차는 60일 이내, 3차(최종분)는 90일 이내에 각각 납부하여야 함

4. 추가징수

○ 부정행위의 사안이 고의적·악질적인 경우에는 노동부장관이 정하는 기준에 따라 부정수급한 금액에 상당한 금액을 한도로 추가징수 할 수 있습니다.

(1) 추가징수 대상이 되는 부정행위 유형

① 1회의 부정행위만 있어도 추가징수 되는 경우
 - 이직확인서를 위조·변조하거나 허위기재하는 경우
 - 타인의 수급자격증을 부정하게 사용한 경우
 - 법 제44조제3항 및 규칙 제90조(증명서에 의한 실업인정)에 의한 증명서를 위조 또는 변조하여 제출한 경우
 - 실제로는 고용되지 않았으나 고용되어 있었던 것으로 위장한 경우
 - 실제로는 해고되지 않았으나 해고된 것으로 위장한 경우
 - 조기재취업수당을 지급받기 위해 취직하거나 자영업을 개시하지 않은 자가 허위로 취직 또는 자영업 개시신고를 하거나, 취업이 예정된 사실을 은닉한 경우
 - 직업능력개발수당을 지급받기 위해 허위로 수강신고를 하거나 수강증명서를 제출한 경우
 - 광역구직활동비를 지급받기 위해 허위로 광역구직활동신고를 한 경우
 - 이주비를 지급받기 위해 허위로 이주신고를 한 경우
② 2회 이상의 부정행위가 있어야 추가징수 되는 경우

- 실업인정대상기간 중 취업(자영업의 개시, 보험모집인·채권추심원 등 자유직업종사자 포함)하고도 그 사실을 숨긴 채 실업인정을 받은 경우
- 실업인정 대상기간 중 부업이나 보조업무에 종사함으로써 근로에 의한 소득(구직급여일액 이상 또는 구직급여일액이 일단위 최저임금액의 100분의 120에 해당하는 금액보다 낮은 경우에는 일단위 최저임금액의 100분의 120에 해당하는 금액이상의 소득에 한함)이 발생했음에도 그 사실을 신고하지 아니한 경우
- 실업인정대상기간 중 재취업활동 내용을 사실과 다르게 신고한 경우

사례: 실업급여 수급자격자인 A씨가 1999.3.9 수급자격인정신청 후 1999.3.9~7.26 기간 동안 구직급여를 지급받던 중 재취업사실 미신고를 사유로 1999.8.2 실업급여 지급중지 및 반환·추가징수 결정처분을 받았으나 同人이 이에 불복하여 1999.10.6 고용보험심사관을 거쳐 고용보험심사위원회에 재심사를 청구하여 1999.11.22 동 위원회로부터 동 처분의 취소결정을 받음에 따라 동 처분을 취소하고 실업급여 미지급분을 소급하여 지급할 수 있는가?

답: 고용보험법시행령 제65조제6호 및 동법시행규칙 제88조제4항의 규정에 의하면 심사·재심사 또는 소송에 의하여 수급자격 및 실업인정에 관한 처분이 취소·변경된 자의 경우에는 구직활동에 대한 확인을 생략하고 소급하여 실업인정을 할 수 있도록 규정하고 있는 바, 본 사례의 경우에도 이에 준하여 재심사청구에 의하여 실업급여 지급중지 및 반환명령처분이 취소되었다면 처분이 없었을 경우 실업인정을 받을 수 있었던 기간에 대하여 소급실업인정을 할 수 있을 것이다. 다만 이 경우에는 실업인정 대상기간동안 취업여부, 소득유무 등을 확인하여 실업인정을 하여야 한다.

---

(2) 추가징수의 면제

○ 부정행위자가 본인 또는 사업장에 대한 조사를 착수하기 전까지 부정행위를 자진 신고한 경우에는 추가징수가 면제됩니다.

○ 1회의 경미한 부정행위(실업인정대상기간 중 근로제공 사실 미신고

및 재취업활동 허위신고)의 경우(1회의 부정행위에 한함)에도 추가징수가 면제됩니다.

(3) 추가징수대상자와 금액

○ 추가징수의 대상이 되는 자는 부정행위를 직접 한 자 뿐만이 아니라 부정수급의 연대책임이 있는 사업주도 포함됩니다.

○ 부정수급자가 지급받은 실업급여액 중 거짓 또는 그밖에 부정한 방법에 의해 지급받은 급여액의 100분의 100에 해당하는 금액으로 합니다.

(4) 사업주의 연대책임

○ 거짓 또는 그 밖에 부정한 방법이 사업주(사업주의 대리인·사용인 기타 종업원을 포함)의 허위신고·보고 또는 증명으로 인한 것인 때에는 그 사업주도 해당 구직급여를 지급받은 자와 연대하여 책임을 지게 됨은 학습하셨습니다.

○ 연대책임을 지는 사업주는 해당 부정수급자를 고용하였거나 또는 고용하고 있는 자(이 경우 고용에는 위장 고용도 포함)로서 부정수급을 방조 또는 교사하고, 그 수단으로서 허위신고, 보고 또는 증명을 한 사업주입니다.

○ 연대반환을 명할지 여부 및 연대반환을 명하는 경우에 납부의 중점을 어느 쪽에 둘 것인지 등은 양자의 납부능력, 책임정도 등을 고려하여 지방관서장의 재량에 따라 결정하게 됩니다. 사업주에게 연대하여 반환을 명하는 경우에는 연대반환 이유와 납부금액의 내용이 포함된 공문을 발송하여야 합니다.

5. 브로커 등 제3자로서 부정수급 행위를 교사한 자의 책임

○ 브로커 등 제3자는 피보험·자격이나 수급자격이 없는 자에게 임금대장이나 갑근세보고자료, 근로자명부 등 근로경력 증명자료를 거짓으로 만들

어 주고 실업급여를 수급 받도록 배후에서 교사하고 그 대가로 수급액의 일정비율 등을 수수료를 받는 자이나 이들에 대하여는 현행 고용보험법상으로 책임을 물을 수 있는 법적 근거가 없습니다.

○ 브로커 등은 지능적이고 조직적인 악질적 범죄유형에 속함으로 직접적인 수급자가 아니더라도 반드시 그 책임을 물어야 하고, 특히 이들이 교사하여 위장 실업급여를 수급 받은 자는 대부분 신용불량자 등으로 부정수급액 환수도 곤란한 경우가 많습니다.

○ 형법상의 사기 또는 교사 등의 혐의로 사법처리가 가능하므로 발견 즉시 형사고발하여 신병이 확보되도록 하는 것이 중요합니다.

○ 더불어 민법상의 손해배상 청구도 가능하므로 인적사항이 확인되는 대로 재산조회 등을 거쳐 가압류 조치 및 손해배상 청구소송 제기를 위한 증거 확보 등의 소송제기 전의 사무절차를 밟아두어야 합니다.

6. 형사고발

(1) 형사고발 대상

○ 부정수급자로 적발되었던 자가 재적발 된 경우
- 두 번의 부정수급이 동일한 수급자격에 기초한 경우인지 여부 불문
- 자진신고의 경우 적발된 것이 아니기 때문에 부정수급 적발 횟수에서 제외

○ 재산은닉 등으로 체납처분을 면하고자 한 경우
○ 2인 이상이 공모하여 부정 수급한 경우(사업주와 공모한 경우 포함)
○ 반환명령을 불이행하여 독촉을 받고도 정해진 기간 내에 이행하지 아니한 경우
○ 기타 부정수급의 방지를 위하여 지방노동관서의 장이 형사처벌이 필요하다고 인정하는 경우

(2) 형사고발 면제 또는 확정시까지 유보대상

○ 사망한 경우

○ 공소시효 또는 소멸시효가 완성된 경우

○ (재)심사청구 또는 행정소송을 진행 중이거나 제척기간 안에 준비 중인 경우에는 확정시까지 형사고발 유보

○ 반환금액을 분할 납부하는 경우로서 각 분할납부기한 내 반환명령을 불이행하여 독촉을 받고도 정해진 기간 내에 이행하지 아니한 경우에는 마지막 분할납부기한 경과 후 독촉기한까지 형사고발 유보

(3) 형사고발 요령

○ 고발자: 지방노동관서의 장(청·지청장)

○ 접수처: 당해 고용지원센터 소재지 관할 사법기관(경찰서)

○ 부속서류: 고발장을 제출할 때에는 조사복명서, 본인진술서, 기타 당해 부정수급 관련 증빙자료 사본(원본대조 날인)을 첨부

7. 과태료 부과

○ 피보험자격 또는 이직확인서 의무불이행과 관련하여서는 과태료가 부과됩니다.(제117조 제1항 및 시행령 제146조, 노동관계법위반자 과태료부과·징수업무에관한규정)

○ 과태료를 부과하려면 해당 위반행위를 조사·확인한 후 위반행위의 종류, 과태료의 금액과 납부기한 등을 명시하여 서면으로 해당 과태료 부과 대상자에게 알려야 합니다.

○ 10일 이상의 기간을 정하여 과태료 부과 대상자에게 구술이나 서면(전자문서를 포함한다)으로 의견을 진술할 기회를 주어야 하고, 지정된 날까지 의견을 진술하지 아니하면 의견이 없는 것으로 간주합니다.

○ 피보험자격 취득 및 상실을 위반한 자에 대해서는 위반행위 유형에 따라 피보험자 1인당 5만원, 8만원, 10만원의 과태료를 부과하고, 이직확인서 제출 위반, 이직확인서를 내주지 아니한 자 등은 300만원 범위 내에서 과태료 부과기준에 따라 부과합니다.(시행령 제146조제3항「별표 2」)

○ 과태료 처분에 대하여 불복하는 자는 그 처분의 고지를 받은 날부터 30일 이내에 부과권자에게 이의를 제기할 수 있으며, 부과권자는 지체 없이 관할 법원에 그 사실을 통보하고 이의를 제기한 자에게 그 사실을 알려야 합니다.(규정 제8조 및 제10조)

○ 기타 법 제108조(보고 등) 또는 제109조(조사 등)의 각항을 위반한 자에 대하여도 과태료를 부과합니다.

실업급여 관련 과태료 부과기준
(시행령 제146조제3항「별표 2」발췌)

위반행위	해당 법규정	금액
1. 법 제15조(피보험자격 취득 및 상실)를 위반하여 신고하지 아니하거나 거짓으로 신고한 자	법 제117조 제1항제1호	
가. 상습적으로 신고하지 아니하거나 상습적으로 거짓으로 신고한 자		• 피보험자 1인당 10만원. 다만, 과태료 금액의 합산액은 300만원을 초과할 수 없음
나. 고의로 신고하지 아니하거나 거짓으로 신고한 자		• 피보험자 1인당 8만원. 다만, 과태료 금액의 합산액은 200만원을 초과할 수 없음
다. 그 밖에 신고를 게을리 한 자		• 피보험자 1인당 5만원. 다만, 과태료 금액의 합산액은 100만원을 초과할 수 없음
2. 법 제16조제1항(이직확인서 제출)을 위반하여 이직확인서를 제출하지 아니하거나 거짓으로 작성하여 제출한 자	법 제117조 제1항제2호	
가. 상습적으로 이직확인서를 제출하지 아니하거나 상습적으로 거짓으로 작성하여 제출한 자		300만원
나. 고의로 이직확인서를 제출하지 아니하거나 거짓으로 작성하여 제출한 자		200만원
다. 그 밖에 이직확인서 제출을 게을리 한 자		100만원
3. 법 제16조제2항 후단을 위반하여 이직 확인서를 내주지 아니한 자	법 제117조 제1항제3호	
가. 상습적으로 이직확인서를 내주지 아니한 자		300만원
나. 고의로 이직확인서를 내주지 아니한 자		200만원
다. 이직확인서 내주는 것을 게을리 한 자		100만원

위반행위	해당 법규정	금액
4. 법 제108조제1항에 따른 요구·보고·문서 제출을 불이행하거나 거짓 보고·제출한 자	법 제117조제1항제4호	
가. 상습적으로 그러한 자		300만원
나. 고의로 그러한 자		200만원
다. 그 밖에 사유로 그러한 자		100만원
5. 법 제108조제2항에 따른 요구에 따르지 아니하여 증명서의 교부를 거부한 자	법 제117조제1항제5호	
가. 상습적으로 그러한 자		300만원
나. 고의로 그러한 자		200만원
다. 그 밖에 사유로 그러한 자		100만원
6. 법 제109조제1항에 따른 질문 미답변, 거짓진술 또는 조사를 거부·방해하거나 기피한 자	법 제117조제1항제6호	
가. 상습적으로 그러한 자		300만원
나. 고의로 그러한 자		200만원
다. 그 밖에 사유로 그러한 자		100만원
7. 법 제108조제3항을 위반하여 미보고, 거짓보고, 문서 미제출, 거짓문서 제출 또는 불출석한 자	법 제117조제2항제1호	
가. 상습적으로 그러한 자		100만원
나. 고의로 그러한 자		50만원
다. 그 밖에 사유로 그러한 자		30만원
8. 법 제109조제1항에 따른 질문 미답변, 거짓 진술 또는 조사를 거부·방해하거나 기피한 자	법 제117조제2항제2호	
가. 상습적으로 그러한 자		100만원
나. 고의적으로 그러한 자		50만원
다. 그 밖에 사유로 그러한 자		30만원

Ⅴ. 확인하기

1. 경미한 부정행위에 의한 지급제한의 효력에 관한 다음 설명 중 틀린 것은?

　① 경미한 부정행위가 1회인 경우에는 당해 실업인정 대상기간에 한하여 구직급여를 지급하지 않는다.

　② 구직급여를 이미 지급받은 경우에는 법 제62조에 따라 그 실업인정 대상기간에 해당하는 구직급여를 반환 처리한다.

③ 경미한 부정행위가 2회 이상인 경우에는 2회째 부정행위로 실업인정을 받은 날 또는 받으려 한 날 이후부터 실업급여를 지급 중지한다.

④ 2회 이상인 경우, 실업급여 지급중지일 이후에는 그 수급자격에 의한 구직급여만 중지되며 상병급여 및 취업촉진수당은 그대로 유효하다.

정답: ④

해설: 경미한 부정행위가 2회 이상인 경우, 실업급여 지급중지일 이후에는 그 수급자격에 의한 구직급여 뿐만 아니라 상병급여 및 취업촉진수당도 지급되지 않는다.

2. 추가징수 대상이 되는 부정행위 유형 가운데 1회의 부정행위만 있어도 추가징수 되는 경우가 아닌 것은?

① 실업인정대상기간 중 재취업활동 내용을 사실과 다르게 신고한 경우

② 이직확인서를 위조·변조하거나 허위기재하는 경우

③ 실제로는 고용되지 않았으나 고용되어 있었던 것으로 위장한 경우

④ 광역구직활동비를 지급받기 위해 허위로 광역구직활동신고를 한 경우

정답: ①

해설: 실업인정대상기간 중 재취업활동 내용을 사실과 다르게 신고한 경우는 2회 이상 부정행위를 한 경우의 추가징수 요건이다.

3. 상습적으로 이직확인서를 제출하지 아니하거나 상습적으로 거짓으로 작성하여 제출한 자의 과태료로 맞는 것은?

① 50만원 ② 100만원 ③ 200만원 ④ 300만원

정답: ④

해설: 상습적으로 이직확인서를 제출하지 아니하거나 상습적으로 거짓으로 작성하여 제출한 자는 300만원, 고의로 이직확인서를 제출하지 아니하거나 거짓으로 작성하여 제출한 자는 200만원 그리고 그 밖에 이직확인서 제출을 게을리 한 자는 100만원이다.

Ⅵ. 정리하기

◆ 현행 고용보험법령에서는 부정수급자에 대한 구체적 제재로서 ① 실업급여의 지급중지(법 제61조제1항), ② 부정수급액의 반환 및 추가징수(법 제62조 제1항), ③ 1년 이하의 징역 또는 300만원 이하의 벌금 등 행정형벌(법 제116조 제2항)을 규정

◆ 실업급여가 지급중지 되면, 지급중지일 이후부터 해당 수급자격에 따른 실업급여 수급권이 박탈 됨. 따라서 실업급여 지급중지일 이후에는 그 수급자격에 의한 구직급여 뿐만 아니라 상병급여 및 취업촉진수당도 모두 지급되지 않음

◆ 실업급여 지급중지일 이후에는 해당 수급자격에 따른 구직급여가 모두 지급된 것으로 간주하여 부정수급과 관련된 피보험기간은 완전히 소멸. 따라서 지급중지 이후 잔여 피보험기간은 다른 수급자격 판단 및 소정급여 일수 산정시 피보험기간에 불 산입

◆ 부정한 방법으로 실업급여를 지급받았거나 또는 지급받으려 한 경우는 수급권 자체를 박탈하는 것이 원칙이나, 부정행위의 사안이 경미한 경우(단, 1회에 한함)에는 수급권은 유지하되 제재처분으로서 그 실업인정대상기간에 한해 실업급여의 지급을 제한

◆ 부정행위의 사안이 고의적・악질적인 경우에는 노동부장관이 정하는 기준에 따라 부정 수급한 금액에 상당한 금액을 한도로 추가징수 가능

◆ 브로커 등 제3자로서 부정수급 행위를 교사한 자의 책임에 관하여는 형법상의 사기 또는 교사 등의 혐의로 사법처리가 가능하므로 발견 즉시 형사고발하여 신병이 확보되도록 하고 민법상의 손해배상 청구도 가능하므로 인적사항이 확인되는 대로 재산조회 등을 거쳐 가압류 조치 및 손해배상 청구소송 제기를 위한 증거 확보 등의 소송제기 전의 사무절차를 밟아 두어야 함

◆ 형사고발 대상

- 부정수급자로 적발되었던 자가 재적발 된 경우
- 재산은닉 등으로 체납처분을 면하고자 한 경우
- 2인 이상이 공모하여 부정 수급한 경우(사업주와 공모한 경우 포함)
- 반환명령을 불이행하여 독촉을 받고도 정해진 기간 내에 이행하지 아니한 경우
- 기타 부정수급의 방지를 위하여 지방노동관서의 장이 형사처벌이 필요하다고 인정하는 경우

◆ 과태료 처분에 대하여 불복하는 자는 그 처분의 고지를 받은 날부터 30일 이내에 부과권자에게 이의를 제기할 수 있으며, 부과권자는 지체 없이 관할 법원에 그 사실을 통보하고 이의를 제기한 자에게 그 사실을 고지하여야 함.

제14과 부정수급 처리 2

I. 사례제시

사례: 실업급여 수급기간 중 사업자등록증을 보유하고 있었으나 동 사실을
     신고하지 않았는 바, 별도의 사무실이나 관리인도 두지 않고 사업
     도 사실상 타인이 맡아 하는 경우 부정수급에 해당하겠는가?

답: 실업급여 수급자격인정신청서 제출시 사업자등록 유무를 2회에 걸쳐
   기재 또는 확인하도록 되어 있음에도 동 신청인이 사업자등록증이 있
   음을 신고하지 않았다면 동 사업자등록증을 명의대여 하였거나 수급자
   격인정신청 당시 동 휴업 또는 폐업 등으로 실제 사업을 수행하지 않
   았음을 객관적으로 입증하지 않는 한 부정수급에 해당할 것임.

II. 미리 알아보기

1. 수급자격인정신청서의 이직사유와 피보험자격상실신고서(이직확인서)
상의 이직사유가 상이한 경우는 부정수급이다. (O   X)

정답: X

해설: 이러한 경우에는 무조건 부정수급이라고 할 수는 없고 사업주, 동
     료직원 등을 대상으로 정확한 사실확인을 거쳐 이직사유를 판단하
     여야 한다. 사실확인 결과 자발적 이직임에도 실업급여 수급을 위

하여 비자발적 이직을 한 것으로 이직사유를 허위기재한 경우에 부정수급에 해당한다.

2. 근로제공의 대가로 구직급여일액 미만의 소득을 수령한 경우, 소득발생 사실을 신고하지 않았다면 부정수급에 해당한다. (O X)

정답: X

해설: 근로제공의 대가로 구직급여일액 미만의 소득을 수령한 경우는 소득발생 사실을 신고하지 않았더라도, 부정수급이 아님을 유의해야 하며 또한 직업안정기관에 대한 신고의무 위반행위를 하여도 그 위반행위의 내용이 실업급여의 지급을 받을 권리에 어떠한 영향을 미치지 않는 경우에는 부정행위에 해당되지 않는다.

3. 조기재취업수당의 부정수급처리에서 급여의 지급중지 시기는, 부정행위로 조기재취업수당을 받은 날 또는 받으려 한 날부터이다. (O X)

정답: O

해설: 부정행위로 조기재취업수당을 받고자 한 경우는 부지급 처리하고, 이후 구직급여는 부지급된다. 이미 지급받은 조기재취업수당에 대하여는 반환명령을 하고, 조기재취업수당 부정수급 후 재실업신고를 하여 구직급여를 지급받은 경우는 당해 구직급여에 대하여도 반환명령하고 부정수급한 조기재취업수당액 만큼을 추가징수한다.

III. 개요 및 목표

1. 개 요

본 차시에서는 지금까지 학습하셨던 부정수급의 내용을 정리하고 실무에 적용하는 능력을 키우기 위한 단계입니다. 각 업무단계별로 발생할 수 있는 부정수급의 사례를 중심으로 하여 그 구체적 절차와 관련되는 법규 내용 그리고 처리사항 등을 학습하시겠습니다. 본 차시에서 학습하시는 사례 외에도 예상치 못하는 다양한 부정수급의 형태가 나타날 수 있으므로 각 경우에 대한 정확한 이해가 바탕이 되어야 하겠습니다.

2. 목 표

○ 다양한 사례별 주요 부정수급 사례와 그 처리에 대하여 알아봅시다.

Ⅳ. 본 학습 내용

1. 수급자격신청 단계에서의 부정수급

(1) 이직사유의 허위기재

【사례】
○ 수급자격인정신청서의 이직사유와 피보험자격상실신고서(이직확인서)상의 이직사유가 상이한 경우

【처리】
○ 사업주, 동료직원 등을 대상으로 정확한 사실확인을 거쳐 이직사유 판단
 -사실확인 결과 자발적 이직임에도 실업급여 수급을 위하여 비자발적 이직을 한 것으로 이직사유를 허위기재한 경우는 부정수급 처리
 ○ 이직사유 허위기재에 대한 부정수급 처리
 • 수급자격신청일부터 지급중지(상병급여 및 취업촉진수당도 부지급)

• 이미 지급받은 실업급여 전액에 대하여는 반환명령 및 추가징수

• 해당 수급자격신청과 관련된 피보험기간은 완전히 소멸

○ 사업주가 이직사유를 고의로 허위신고 하였거나 또는 이직사유의 정정신고를 하는 경우에는 사업주에 대하여 과태료 부과

− 피보험자격 취득신고·상실신고를 하지 않거나 거짓으로 신고한 사업주, 이직확인서를 제출하지 않거나 거짓으로 작성하여 제출한 사업주에 대하여는 300만원 이하의 과태료를 부과

(2) 허위의 실업신고(현재 취업사실을 은닉하고 수급자격신청)

【사례】

○ 수급자격신청 당시 이직신고된 사업장에 여전히 취업하고 있음에도 불구하고 사업주와 공모하여 거짓으로 고용보험 상실신고를 한 경우

○ 이직신고된 사업장에서는 이직하였으나, 이후 다른 사업장에 취업하고 있는 상태에서 수급자격신청을 한 경우

− 이 경우에는 새로 취업한 사업주와 공모하여 실업급여 수급이 종료될 때까지 고용보험·국민연금 등의 가입을 연기하는 경우도 있음

○ 수급자격신청 당시 이미 사업자등록을 하고 사업을 영위하고 있거나, 보험모집인·위촉직 채권추심원으로 활동하고 있는 경우

【처리】

○ 부정수급의 적발: 고용보험전산망에 중복수급 의심자로 조회되는 경우(예: 수급자격 신청당시 고용보험상실신고는 되어 있으나, 국민연금·건강보험의 취득상태가 유지되고 있는 경우 또는 국세청에 사업자등록이 되어 있는 경우)는 부정수급의심자 조사절차를 거쳐 부정수급 여부 결정

○ 부정수급의 처리: 조사결과 사업주와 공모하여 거짓으로 실업신고를 한 것으로 확인되는 경우는 부정수급 처리(부정수급자 및 사업주 연대책임)하고, 부정수급자 및 사업주에 대한 형사고발 조치

− 수급자격신청 이전에 실제 사업을 영위(보험모집인, 위촉직 채권추심

원, 학습지 교사 등 포함)한 것이 확인되는 경우 부정수급 처리
- 다만, 사업자등록만 되어 있고 실제사업을 영위하지 않았음을 객관적으로 입증하는 경우에는 부정수급이 아님

허위의 실업신고에 대한 부정수급 처리

- 수급자격신청일부터 지급중지(상병급여 및 취업촉진수당도 부지급)
- 이미 지급받은 실업급여 전액에 대하여는 반환명령 및 추가징수
- 해당 수급자격신청과 관련된 피보험기간은 완전히 소멸

---

(3) 수급자격신청일 이전 1월간 근로일수를 거짓으로 기재(일용근로자)

【사례】

○ 최종이직 당시 일용근로자로 수급자격신청을 하면서, 수급자격신청일 이전 1월간의 근로일수가 10일 이상임에도 10일미만인 것으로 거짓신고 하는 경우

【처리】

○ 수급자격신청시 해당 일용근로자에 대하여 「수급자격신청일 이전 1월간 근로일수가 10일 미만인 경우에 실업급여 수급자격이 발생」함을 충분히 설명한 후, 수급자격신청일 이전 1개월간 근로일수(주휴, 월차 등 포함)가 10일 미만인지를 재차 확인
  - 일용근로자라 하더라도 6일간을 계속 근로하는 경우에는 유급휴일(주휴)을 주거나 1월간 계속 근로하는 경우 월차를 주는 경우가 있는 바, 근로일수에는 실제 근로한 날은 아니지만, 주휴 또는 월차와 같이 사업주와 근로자간의 고용관계가 유지되어 소득이 있는 날도 포함됨에 유의

○ 근로내역확인신고서에 의해 '수급자격신청일 이전 1개월간 근로일수가 10일 이상'으로 신고 되고, 고의로 근로일수를 허위 신고한 것으로 확인되는 경우(예: 근로일수가 20일이 넘음에도 10일 미만인 것으로 신고)
  - 수급자격 가인정을 취소하고, 부정수급 처리
  - 수급자격가인정이 취소되는 것이므로 부정수급액의 반환 및 추가징수

는 발생하지 않으나, 수급자격신청일 이후 지급중지되므로 당해 수급자격신청과 관련된 피보험기간 및 피보험단위기간은 소멸

- 따라서, 실업급여를 수급하기 위해서는 다시 피보험단위기간을 충족하여야 함

수급자격신청일 이전 1월간 근로일수 허위기재에 대한 부정수급 처리

- 수급자격신청일부터 지급중지(상병급여 및 취업촉진수당도 부지급)
- 해당 수급자격신청과 관련된 피보험단위기간 및 피보험기간은 완전히 소멸

○ 근로내역확인신고서에 의해 '수급자격신청일 이전 1개월간 근로일수가 10일 이상'으로 신고 되었으나, 단순착오로 근로일수를 잘못 인식하여 수급자격신청을 한 것으로 인정되는 경우(예: 실제근로일수가 10일이었으나, 9일로 착각하여 수급자격신청)

- 신고의무가 있는 경우에 진실을 알리지 않는 것은 통상 부정행위이나, 부정행위가 성립하기 위해서는 행위자에게 고의가 있음을 요건으로 함
- 수급자격 가인정을 취소하되, 부정수급은 아님
- 따라서, 수급자격 가인정이 취소되더라도 당해 피보험단위기간 및 피보험기간은 유지되는 것이므로 다시 수급자격신청 가능

○ 근로내역확인신고서에 의해 '수급자격신청일 이전 1개월간 근로일수가 10일 이상'으로 신고 되었으나, 사업주가 허위로 근로내역을 신고하였으며 실제 근로일수는 10일 미만인 것으로 확인되는 경우(건설현장의 특수성)

- 정당수급으로 처리하고, 사업주에 대하여는 피보험자격 허위신고에 대한 과태료 부과
- 근로내역확인신고서의 근로일수는 피보험단위기간 산정의 기초가 되는 임금지급일수를 의미하므로, 해당 수급자가 실제 근로한 일수 외에 주휴 또는 월차 등이 지급된 날까지 포함하여 근로일수를 신고하였더라도 거짓신고를 한 것이 아님에 유의

(4) 기타 거짓신고

【사례】

○ 급여기초일액의 산정기초가 되는 평균임금액을 과다 기재한 경우

○ 사업주가 실제 고용하지도 않고 서류상 피보험자격취득신고를 하여 수급자격요건이 충족될 때 피보험자격상실신고를 하여 실업급여를 수급하도록 방조·교사하는 경우

【처리】

○ 이 경우는 부정수급의 적발이 쉽지 않으나, 부정수급 제보 등의 통로를 통해 이 사실이 확인되면, 부정수급 처리(부정수급자 및 사업주 연대책임)하고, 부정수급자 및 사업주에 대한 형사고발 조치

2. 실업인정 단계에서의 부정수급

(1) 취직사실을 은닉하고 계속 실업인정을 받은 경우

【사례】

○ 실업인정대상기간 중 취직한 사실을 숨기고 실업인정을 1회 받은 경우(1회의 경미한 부정행위)

○ 실업인정대상기간 중 취직한 사실을 숨기고 실업인정을 2회 이상 받은 경우(2회 이상의 경미한 부정행위)
  - 1월간의 소정근로시간을 60시간 이상으로 정하고 근로를 제공한 경우
    (1주간의 소정근로시간을 15시간 이상으로 정하는 경우 포함)
  - 생업을 목적으로 3월 이상 계속하여 근로를 제공하는 경우
  - 법 제2조제6호의 규정에 의한 일용근로자로서 근로를 제공한 경우
  - 상업·농업 등 가업에 종사(무급 가사종사자 포함)하거나 다른 사람의 사업에 참여하여 근로를 제공하므로 다른 사업에 상시 취직하기가 곤란하다고 인정되는 경우

- 세법의 규정에 의하여 사업자등록을 한 경우(사업자등록을 한 경우라
  도 휴업신고를 하는 등 실제 사업을 영위하지 아니하였음을 입증한 경
  우와 부동산임대업 중 근로자를 고용하지 아니하고 임대사무실도 두지
  아니한 경우 제외)
- 그 밖에 사회통념상 취업을 하였다고 인정되는 경우

【처리】

<부정수급의 적발>

○ 고용보험전산망에 중복수급 의심자로 조회되는 경우(예: 실업인정을 받
았으나, 실업인정대상기간 중 고용보험·국민연금·건강보험에 가입된 사실
이 나타난 경우)는 부정수급 의심자 조사절차를 거쳐 부정수급 여부 결정

○ 고용보험전산망에서 부정수급의심자로 조회되는 경우가 아니라도, 이
른 아침·점심시간·퇴근시간 직전에 출석하는 자로서 평소 행동이 의심스
럽거나, 부정수급 제보가 있는 등의 경우에는 반드시 사업장 등에 현재 취
업여부를 확인하는 것이 필요

<1회의 경미한 부정행위의 처리>

○ 조사결과 취직한 사실을 숨기고 실업인정을 1회 받은 것으로 확인되
는 경우에는 실업인정대상기간에 한하여 구직급여를 부지급
- 따라서, 해당 실업인정대상기간 이후 구직급여 및 취업촉진수당은 지
  급중지 되지 않고 계속 지급
- 구직급여를 이미 지급받은 경우에는 법 제62조에 따라 해당 실업인정
  대상기간에 해당하는 구직급여를 반환처리(해당 실업인정대상기간 이
  후의 구직급여는 반환처리 하지 않음)

1회의 경미한 부정행위에 의한 부정수급 처리

- 실업인정대상기간에 대하여 지급제한(이후 상병급여 및 취업촉진수당은 지급가능)
- 해당 실업인정대상기간에 이미 지급받은 실업급여에 대하여는 반환명령(추가징수 면제)

(예시) 취업사실을 신고하지 않고 거짓으로 실업인정을 1회 받은 후 적발

된 경우

실 업	취업(8일)		실 업		
구직급여 기지급				→ 계속지급	
A	B	C	D		

위에 실업인정일, 실업인정일, 실업인정일, 부정행위 발견, 실업인정일 표시

○ 반환금액: A＋B＋C(취업사실 미신고로 구직급여를 받은 기간)

○ 추가징수: 없음

○ 1회의 경미한 부정행위를 자진 신고한 경우는 실업인정대상기간 중 취업한 각각의 날에 지급받은 구직급여(단, 1회의 자진신고에 한함). 따라서 이 경우의 반환금액은 B이다.

<2회 이상의 경미한 부정행위의 처리>

○ 조사결과 취직한 사실을 숨기고 2회 이상 실업인정을 받은 것으로 확인되는 경우에는 2회째 부정행위로 실업인정을 받은 날 이후부터 실업급여를 지급중지

 - 따라서, 실업급여 지급중지일 이후에는 해당 수급자격에 의한 구직급여 뿐만 아니라 상병급여 및 취업촉진수당도 부지급

 - 해당 실업인정대상기간에 대하여 지급받은 구직급여액 및 지급중지일 이후 지급받은 실업급여는 반환처리

 - 거짓 그 밖의 부정한 방법에 의하여 지급받은 급여액의 100분의 100에 해당하는 금액을 추가징수

 - 부정수급자로 적발되었던 자가 재적발된 경우로 형사고발 조치

<table>
<tr><td colspan="3" align="center">2회 이상의 경미한 부정행위에 대한 부정수급 처리</td></tr>
</table>

- 2회째 부정행위로 실업인정을 받은 날 이후 지급중지(상병급여 및 취업촉진수당 지급불가)
- 해당 실업인정대상기간에 대한 구직급여 및 지급중지일 이후 지급받은 실업급여에 대하여는 반환명령(일용근로자로서 근로를 제공한 경우 반환금 예외규정 적용)
- 부정수급액에 해당하는 금액은 추가징수
- 형사고발
- 해당 수급자격신청과 관련된 피보험기간은 완전히 소멸

(예시) 취업사실을 미신고하여 거짓으로 실업인정을 계속하여 2회 받은 후 적발된 경우

①실업인정일	②실업인정일		③실업인정일 부정행위 발견	
실 업	취업(10일)		실 업	
기 지급			→지급중지	
A	B	C	D	

○ 반환금액: A+B+C+D

○ 추가징수: C

○ 지급중지: ③실업인정일 이후 지급중지

(예시) 취업사실을 신고하지 않고 거짓으로 실업인정을 2회 이상 받은 후 적발된 경우

○ 반환금액: A+B+C+D+E+F+G(단, 일용근로자는 A+B+C+D+E)

○ 추가징수: E

○ 지급중지: ③실업인정일 이후 지급중지

<일용근로자의 부정수급 처리>

○ 실업인정 후 근로내역확인신고서에 의해 실업인정대상기간 중 근로한 사실이 확인되는 경우 부정수급 처리하되

- 수급자가 그 날짜에 근로를 제공한 사실이 없음을 주장하는 경우에는 사업장 등에 근로여부를 확인하여 부정수급 처리 여부 결정

- 사업장이 소멸되어 사업주에 의한 확인이 불가능한 경우에는 급여명세서, 동료근로자의 진술 등을 토대로 종합적으로 판단하여 처리

○ 수급자가 그 날짜에 실제 근로를 제공하지 않은 사실이 확인되는 경우 사업장에 대하여는 피보험자격 허위신고에 대한 과태료 부과

- 근로내역확인신고서의 근로일수는 피보험단위기간 산정의 기초가 되는 임금지급일수를 의미하므로, 해당 수급자가 실제 근로한 일수 외에 주휴 또는 월차 등이 지급된 날까지 포함하여 근로일수를 신고하였더라도 거짓신고를 한 것이 아님에 유의

(예시) 실업인정대상기간 중 일용근로자로서 근로제공 사실을 신고하지 않아 부정수급한 경우

①실업 인정일	②실업인정일		③실업인정일	④실업인정일	부정행위 발견	
↓	↓		↓	↓		↓

실업	일용취업	실업	실업	일용취업	실	업	
기 지급					→ 실업급여 미지급		
A	B	C	D	E	F	G	

○ 반환명령액: A+B+C+D+E

- 부정수급액: B+E

○ 추가징수액: E

(2) 자영업을 개시한 사실을 숨기고 계속 실업인정을 받은 경우

【사례】

○ 실업급여 수급중에 세법상의 사업자등록을 한 사실을 숨기고 계속하여 실업인정을 받은 경우

○ 실업급여 수급중에 보험모집인, 위촉직 채권추심원, 학습지교사(이하 '자유직업종사자') 등으로 활동한 사실을 숨기고 계속하여 실업인정을 받은 경우

【처리】

<부정수급의 적발>

○ 고용보험전산망에 중복수급 의심자로 조회되는 경우(예: 실업인정을 받았으나, 실업인정대상기간 중 사업자등록을 한 것으로 나타난 경우)는 부정수급의심자 조사절차를 거쳐 부정수급 여부 결정

○ 자유직업종사자의 경우는 4대보험에 가입되지 않고, 사업자등록을 하지 않기 때문에 부정수급의 적발이 어려움

<부정수급의 처리>

○ 조사결과 사업자등록을 하고 실제 사업을 영위하고 있는 사실 또는 자유직업종사자로 사업을 영위하고 있는 사실을 신고하지 않고 실업인정을 받은 사실이 확인되는 경우 부정수급 처리

　－ 사업개시 사실을 숨기고 1회의 실업인정을 받은 후 적발된 경우는 당해 실업인정대상기간에 한하여 반환명령을 하고, 이후에는 사업을 계속 영위하는지 여부를 판단하여 실업인정 여부 결정

　－ 사업개시 사실을 숨기고 2회 이상의 실업인정을 받은 후 적발된 경우는 2회째 부정행위로 실업인정을 받은 날 이후부터 실업급여를 지급중지

　• 해당 실업인정대상기간에 대하여 지급받은 구직급여액 및 지급중지일 이후 지급받은 실업급여는 반환처리

　• 부정수급액에 대하여는 추가징수

　• 형사고발 조치

○ 다만, 사업자등록만 되어 있고 실제사업을 영위하지 않았음을 객관적으로 입증하는 경우에는 정당수급으로 처리

(3) 근로소득의 미신고 및 허위신고

【사례】

○ 1일 근로소득이 노동부장관이 정하는 금액 이상(구직급여일액 이상 또는 일단위 최저임금액의 120% 이상)임에도 불구하고, 소득발생 사실을 신고하지 않거나, 적게 신고하여 실업인정을 받은 경우
  - 근로제공의 대가로 임금 등 명칭여하를 불문하고 노동부장관이 정하는 금액 이상을 수령하는 경우 취업으로 봄(시행규칙 제52조의3 제2호)
  - 근로소득이 1일 구직급여일액(다만, 구직급여일액이 일단위 최저임금액의 100분의 120에 해당하는 금액보다 낮은 경우에는 일단위 최저임금액의 100분의 120에 해당하는 금액) 이상인 경우 취업에 해당

```
예 1 : 2주간 50만원을 받기로 하고, 매일 근로를 제공하는 경우에는
      「50만원÷14일」로 소득일액을 산정하여 구직급여일액을 초과하
      면 동기간 전체에 대하여 실업불인정
예 2 : 2주간 50만원을 받기로 하고, 1주일에 3일씩 근로를 제공하는
      경우에는 「50만원÷2주간 근로일수(6일)」로 해당일의 소득일
      액을 산정하여 구직급여일액을 초과하면 해당일은 실업불인정(일
      하지 않는 날은 실업상태이므로 당연히 실업인정)
```

【처리】

○ 조사결과 1일 근로소득이 노동부장관이 정하는 금액 이상임에도 불구하고, 소득발생 사실을 신고하지 않거나 적게 신고하여 실업인정을 받은 것으로 확인되는 경우 부정수급 처리
  - 1회의 부정행위로 실업인정을 받은 경우는 해당 실업인정대상기간에 한하여 반환명령

- 2회 이상의 부정행위로 실업인정을 받은 경우는 2회째 부정행위로 실업인정을 받은 날 이후부터 실업급여를 지급중지
• 해당 실업인정대상기간에 대하여 지급받은 구직급여액 및 지급중지일 이후 지급받은 실업급여는 반환처리(후자의 경우 일용근로자는 제외)
• 부정수급액에 대하여는 추가징수
• 형사고발 조치

○ 다만, 근로제공의 대가로 구직급여일액 미만의 소득을 수령한 경우는 소득발생 사실을 신고하지 않았더라도, 부정수급이 아님에 유의
- 직업안정기관에 대한 신고의무 위반행위를 하여도 그 위반행위의 내용이 실업급여의 지급을 받을 권리에 어떠한 영향을 미치지 않는 경우에는 부정행위에 해당되지 않음

(4) 재취업활동의 허위신고

【사례】
○ 실업인정대상기간 중 구직활동(구인응모, 구인자와의 면접 등)을 하지 않았는데도 하였다고 신고하거나, 구직활동 내용을 거짓으로 신고하여 실업인정을 받은 경우
○ 실업인정대상기간 중 자영업준비활동 내용을 거짓으로 신고(자영업준비활동 내역을 거짓으로 신고 등)하여 실업인정을 받은 경우
【처리】
<부정수급의 적발>
○ 구인처에 대한 전화확인 등을 통해 해당 수급자가 실제 구인에 응모한 사실이 있는지를 확인
○ 자영업준비활동에 대하여는 사전에 제출된 재취업활동계획서 상의 자영업준비활동계획 내용과 실업인정시 신고된 준비활동 내용을 반드시 비교·확인하여 적정하게 자영업준비활동을 하였는지 여부를 확인

<부정수급의 처리>

○ 조사결과 구직활동 및 자영업준비활동 내용을 허위로 신고하여 실업인정을 받은 사실이 확인되는 경우 부정수급 처리

- 2회 이상의 부정행위에 대하여는 2회째 부정행위로 실업인정을 받은 날 이후부터 실업급여를 지급중지

• 해당 실업인정대상기간에 대하여 지급받은 구직급여액 및 지급중지일 이후 지급받은 실업급여는 반환처리

• 부정수급액에 대하여는 추가징수

• 형사고발 조치

(5) 휴업급여를 받고 있는 사실을 숨기고 실업인정을 받은 경우

【사례】

○ 휴업급여를 지급받고 있는 사실을 신고하지 않고 실업인정을 받은 경우

【처리】

<부정수급의 적발>

○ 고용보험전산망에 중복수급 의심자로 조회되는 경우(예: 실업인정을 받았으나, 실업인정대상기간 중 휴업급여를 수급한 것으로 나타난 경우)는 부정수급의심자 조사절차를 거쳐 부정수급 여부 결정

<부정수급의 처리>

○ 조사결과 휴업급여를 지급받고 있는 사실을 신고하지 않고 실업인정을 받은 것으로 확인되는 경우 부정수급 처리

- 휴업급여를 받은 사실을 신고하지 않고 실업인정을 받은 날 이후부터 실업급여의 지급중지

- 해당 실업인정대상기간에 대하여 지급받은 구직급여액 및 지급중지일 이후 지급받은 실업급여는 반환처리

- 부정수급액에 대하여는 추가징수

- 휴업급여를 받은 사실을 신고하지 않는 경우는 경미한 부정행위가 아

니므로 부정수급한 날부터 바로 지급중지가 됨

○ 다만, 휴업급여의 수급권을 가지고 있으나 실업인정대상기간 중에 휴업급여를 수급받은 사실이 없는 경우는 휴업급여 수급권을 가지고 있는 사실을 신고하지 않았다 하더라도 부정수급이 아님에 유의

(6) 각종 허위신고 등

【사례】

○ 수급자 본인이 아닌 대리인에게 수급자격증을 주고 실업인정을 받게 한 경우 또는 타인의 자격증을 사용하여 실업급여를 받은 경우

○ 허위 진단서, 허위 면접확인서, 천재지변에 관한 허위 증명서 등을 제출하여 증명서에 의한 실업인정을 받은 경우

○ 실업인정일을 변경받기 위하여 실업인정일에 출석하지 못한 사유를 허위로 신고한 경우

○ 직업훈련 수강자가 직업훈련수강증명서를 허위로 기재(훈련을 수강하지 않은 날을 수강한 것으로 신고 등)하여 실업인정을 받은 경우

○ 허위 진단서, 허위로 입원확인서 등을 제출하여 상병급여를 받은 경우

【처리】

○ 조사결과 위 사실이 확인되는 경우는 거짓신고로 실업인정을 받은 날 이후부터 실업급여의 지급중지

- 해당 실업인정대상기간에 대하여 지급받은 구직급여액 및 지급중지일 이후 지급받은 실업급여는 반환처리
- 부정수급액에 대하여는 추가징수
- 거짓 증명서 등을 제출하는 경우는 경미한 부정행위로 볼 수 없으므로 부정수급한 날부터 바로 지급중지가 됨

3. 기타 부정수급 사례

(1) 조기재취업수당의 부정수급

【사례】

○ 수급자가 실제 재취직한 사실이 없는데, 업주와 공모하여 허위로 근로계약서를 작성하여 조기재취업수당을 받은 경우

○ 수급자가 실제 사업을 운영하기 않는데, 형식적으로 사업자등록을 하고 그 사실을 신고하여 조기재취업수당을 받은 경우

○ 수급자가 최후에 이직한 사업주, 관련사업주 또는 실업신고 이전에 채용을 약속한 사업주에게 재고용되고도, 이를 숨기고 조기재취업수당을 받은 경우

【처리】

○ 부정행위로 조기재취업수당을 받은 날 또는 받으려 한 날부터 실업급여 지급중지

  - 부정행위로 조기재취업수당을 받고자 한 경우는 부지급 처리하고, 이후 구직급여는 부지급

  - 이미 지급받은 조기재취업수당에 대하여는 반환명령을 하고, 조기재취업수당 부정수급 후 재실업신고를 하여 구직급여를 지급받은 경우는 당해 구직급여에 대하여도 반환명령

  - 부정수급한 조기재취업수당액 만큼을 추가징수

○ 사업주와 공모하여 거짓으로 조기재취업수당을 지급받은 경우는 부정수급자 및 사업주에 연대책임을 부여하고, 부정수급자 및 사업주에 대한 형사고발 조치

(2) 이주비, 광역구직활동비의 부정수급

【사례】

○ 수급자가 실제 이주한 사실이 없음에도 이주비를 수급한 경우, 광역구직활동을 허위로 신고하여 광역구직활동비를 지급받은 경우

【처리】

○ 부정행위로 이주비 및 광역구직활동비를 지급받은 경우는 반환명령 및 추가징수

(3) 수급기간 연장사유의 허위신고

○ 수급기간 연장사유(시행령 제70조)를 거짓으로 신고하여 수급기간의 연장을 받은 경우는 그 수급기간 연장신고와 관련한 피보험기간 및 피보험단위기간을 소멸처리

V. 확인하기

1. 허위의 실업신고에 대한 부정수급 처리로 틀린 것은?
① 수급자격신청일부터 지급중지(상병급여 및 취업촉진수당도 부지급)
② 이미 지급받은 실업급여 전액에 대하여는 반환명령 및 추가징수
③ 해당 수급자격신청과 관련된 피보험기간은 완전히 소멸
④ 형사고발
정답: ④
해설: 형사고발은 부정수급행위가 사기 등의 형법 적용의 여지가 있어야 가능하다.

2. 다음 중 취업한 경우로 볼 수 없는 것은?

① 1월간의 소정근로시간을 60시간 이상으로 정하고 근로를 제공한 경우

② 생업을 목적으로 3월 이상 계속하여 근로를 제공하는 경우

③ 상업·농업 등 가업에 종사하거나 다른 사람의 사업에 참여하여 근로를 제공하므로 다른 사업에 상시 취직하기가 곤란하다고 인정되는 경우

④ 세법의 규정에 의하여 사업자등록을 한 경우

정답: ④

해설: 사업자등록을 한 경우라도 휴업신고를 하는 등 실제 사업을 영위하지 아니하였음을 입증한 경우와 부동산임대업 중 근로자를 고용하지 아니하고 임대사무실도 두지 아니한 경우는 제외된다.

3. 2회 이상의 경미한 부정행위에 대한 부정수급 처리로 틀린 것은?

① 2회째 부정행위로 실업인정을 받은 날 이후 지급중지

② 해당 실업인정대상기간에 대한 구직급여 및 지급중지일 이후 지급받은 실업급여에 대하여는 일용근로자로서 근로를 제공한 경우까지 포함하여 반환명령

③ 부정수급액에 해당하는 금액은 추가징수

④ 형사고발

정답: ②

해설: 해당 실업인정대상기간에 대한 구직급여 및 지급중지일 이후 지급받은 실업급여에 대하여는 반환명령을 하나 일용근로자로서 근로를 제공한 경우는 반환금 예외규정을 적용한다.

VI. 정리하기

◆ 허위의 실업신고에 대한 부정수급 처리

- 수급자격신청일부터 지급중지(상병급여 및 취업촉진수당도 부지급)
- 이미 지급받은 실업급여 전액에 대하여는 반환명령 및 추가징수
- 해당 수급자격신청과 관련된 피보험기간은 완전히 소멸
◆ 수급자격신청일 이전 1월간 근로일수 허위기재에 대한 부정수급 처리
- 수급자격신청일부터 지급중지(상병급여 및 취업촉진수당도 부지급)
- 해당 수급자격신청과 관련된 피보험단위기간 및 피보험기간은 완전히 소멸
◆ 1회의 경미한 부정행위에 의한 부정수급 처리
- 실업인정대상기간에 대하여 지급제한(이후 상병급여 및 취업촉진수당은 지급가능)
- 해당 실업인정대상기간에 이미 지급받은 실업급여에 대하여는 반환명령(추가징수 면제)
◆ 2회 이상의 경미한 부정행위에 대한 부정수급 처리
- 2회째 부정행위로 실업인정을 받은 날 이후 지급중지(상병급여 및 취업촉진수당 지급불가)
- 해당 실업인정대상기간에 대한 구직급여 및 지급중지일 이후 지급받은 실업급여에 대하여는 반환명령(일용근로자로서 근로를 제공한 경우 반환금 예외규정 적용)
- 부정수급액에 해당하는 금액은 추가징수
- 형사고발
- 해당 수급자격신청과 관련된 피보험기간은 완전히 소멸

제15과 부정수급 신고자 포상제도

Ⅰ. 사례제시

사례: 작은 가전제품 대리점을 경영하는 A씨는 직원의 퇴직과 관련하여 실업급여의 수급을 위하여 퇴직원인을 근로자 개인의 사정이 아니라 사업장의 경영상의 어려움 등의 이유로 해달라는 부탁을 많이 받아왔다. A씨는 이는 사실이 아니므로 그렇게 할 수는 없다고 하여 거절하여 왔으나 주변에서는 그렇게 하여 실업급여를 수급하는 사례를 심심치 않게 목격해 오던 터였다. 이러한 사정을 아는 A씨가 부정수급 사례를 목격하고도 신고를 하지 않은 경우 A씨를 처벌할 수 있는가?

답: 현행 법령으로 A씨를 처벌할 수는 없다. 실업급여 신고 포상제와 관련하여 부정수급의 신고의무가 부과된 자는 없기 때문이다. 그러나 A씨가 허위로 작성하였거나 사후 정정하였을 경우에는 과태료처분과 함께 부정수급에 까지 이르렀다면 부정수급에 대한 연대책임까지 물을 수 있다.

Ⅱ. 미리 알아보기

1. 부정수급액을 기준으로 한 포상금 지급액은, 신고서를 접수하여 조사 후 부정수급액의 100분의10이고 신고포상금의 최고 지급한도는 100만원으로 제한됩니다. (O   X)

정답: X

해설: 신고포상금의 최고 지급한도는 100만원으로 제한되며 최저 지급한
도는 1만원이다. 또한 부정수급액을 기준으로 한 포상금 지급액은,
과거에는 100분의 10이었으나 현재는 100분의 20이다.

2. 부정수급 신고자 포상제도의 신고자 1인당 연간 지급액의 한도는 300
만원이다. (O   X)

정답: O

해설: 실업급여 포상금 파파라치 방지를 위한 연간 1인당 지급한도 제한
하고 있다. 즉, 신고자 1인당 연간 지급액의 한도는 300만원으로
제한하고 있다.

3. 신고에 대한 조사완료 후에는 조사결과를 부정행위신고서를 받은 날부
터 15일 이내에 부정행위신고자에게 통지하여야 한다. (O   X)

정답: X

해설: 조사완료 후에는 조사결과를 부정행위신고서를 받은 날부터 30일
이내에 부정행위신고자에게 조사결과 통지서 형식의 문서로 통지
하여야 한다.

III. 개요 및 목표

1. 개 요

본 차시에서는 부정수급을 신고한 자에 대한 포상제도에 대하여 학습하
실 것입니다. 부정수급에 대한 전국민의 문제의식 제고와 아울러 실업급여
제도의 효율적인 운영에 제도의 의의가 있다고 할 것입니다. 신고포상제도

의 실시에 있어 부정수급에 대한 적발과 처리도 중요하지만 이와 함께 신고자의 신원을 철저히 보호하여야 할 것입니다.

2. 목 표

○ 제도의 목적과 운영방안에 대하여 알아봅시다.
○ 포상금 지급액을 알아봅시다.
○ 포상업무의 구체적 처리절차를 알아봅시다.

Ⅳ. 본 학습 내용

1. 부정수급 신고포상제의 목적

○ 현재 고용보험전산망과 국민연금·건강보험·산재보험 전산망 및 국세청 전산당을 연계하여 실업급여 부정수급 의심자를 적발·조치하고 있으나, 사업주와 근로자가 공모하여 실업급여를 부정수급 하는 경우에는 적발이 어려운 것이 현실입니다.

○ 이에 따라 '06.1.1부터 실업급여 부정수급 제보자에 대한 포상제도를 운영함으로써 부정수급의 효과적인 적발과 예방을 도모하고자 함이 제도의 취지이며 목적입니다.

2. 포상제도 운영방안

○ 신고대상은 거짓 그 밖의 부정한 방법으로 고용보험법에 의한 실업급여를 받은 자로서 부정수급자가 주 대상입니다.

○ 이러한 행위자를 신고한 자 가운데 조사결과 포상금 지급기준에 포함되는 자가 포상금 지급대상이 됩니다.

○ 다만, 아래의 경우에는 포상금의 지급이 제한됩니다.

- 부정행위가 있은 날부터 1년이 경과되어 신고한 경우
- 신고 받은 부정행위의 내용이 이미 공개된 내용이거나 이미 조사 또는 수사 중이거나 조치완료 된 경우
- 공무원(민간직업상담원 포함)이 그 직무와 관련하여 부정수급 사실을 발견·신고한 경우
- 거짓 그 밖의 부정한 방법으로 실업급여를 지급받은 자가 신고한 경우
- 신고내용이 불충분하여 부정행위의 확인이 현저히 곤란한 경우
- 신고자가 익명·가명을 사용하여 신고포상금 지급이 불가능할 경우
- 신고포상금을 받을 목적으로 사전공모 등 부정·부당하게 신고한 경우

○ 위의 예외에서 「부정행위가 있은 날」이라 함은 거짓 그 밖의 부정한 방법으로 실업급여의 지급을 받은 날 뿐만 아니라 받고자 한 날까지를 포함됩니다.

○ 1년이 경과되는 시점이란 수급자격인정신청서 제출을 기준으로 하여 1년입니다. 예를 들어, 거짓으로 '05.1.10. 수급자격인정신청서를 제출하였을 경우, 1년이 경과된 시점은 '06.1.10이 됩니다.

3. 포상금 지급액

○ 신고포상금의 최고 지급한도는 100만원으로 제한되며 최저 지급한도는 1만원입니다.

○ 부정수급액을 기준으로 한 포상금 지급액은, 신고서를 접수하여 조사 후 부정수급액의 100분의20입니다.

> 예: 총 반환·징수결정액 200만원 중 부정수급액이 50만원, 추가징수
> 액이 50만원, 해당 실업인정기간 반환금액 30만원, 지급중지일 이
> 후 지급액 70만원일 경우의 포상금 지급액은?
>
> 답: 총 200만원 가운데 부정수급액은 50만원이므로, 50만원×100분
> 의20＝10만원이므로 포상금 지급액은 10만원입니다.

○ 반복 신고자에 대한 제한 및 한도

－실업급여 포상금 파파라치 방지를 위한 연간 1인당 지급한도 제한하고
있습니다. 즉, 신고자 1인당 연간 지급액의 한도는 300만원으로 제한합
니다.

4. 업무처리 절차

(1) 신　고

○ 직업안정기관의 장에게 직접신고

－누구든지 별지 제130호서식의 부정행위신고서에 부정행위를 입증할 수
있는 자료(입증자료가 있는 경우에 한함)를 첨부하여 부정행위를 한 자
의 주소지 관할 지방노동관서의 고용지원센터에 실명에 의한 서면으로
신고하되, FAX, 인터넷 또는 직접 방문하여 신고할 수 있습니다.

－훈련 등의 기타 사유로 인하여 수급지가 타 센터일 경우, 실 수급지
관할 센터에 이관처리

－인터넷 신고의 경우, 노동부 홈페이지 개선 시 반영

－노동부 홈페이지 "국민참여마당 － 여론센터 － 실업급여부정수급 신고"란
서식 활용안내

－실업급여 부정행위 신고의 접수는 지방노동관서 고용지원센터 부정수
급 업무담당자가 접수하고, 접수증을 발급·제공

- 고용지원센터에서 부정수급 업무담당자는 신고된 서류를 「신고접수 및 처리대장」에 기록 유지

○ 인터넷 또는 전화를 통하여 부정수급을 신고하는 경우에는 부정수급 제보자 포상제도를 안내하고, 다만, 제보자가 포상을 원하지 않는 경우에는 신고내용을 그대로 접수하여 부정수급 조사·처리합니다.

(2) 조사·결과통지

① 신고를 받은 직업안정기관의 장은 부정행위와 관련된 사실관계를 조사하여야 합니다.
- 법 제108조의 규정에 따라 사업장 등에 방문하여 조사를 하고자 할 경우, 별지 제128호 서식으로 된 '부정수급 조사관증'의 신분증명서 반드시 제시하여야 하며 공무원증만을 제시하는 것은 불가합니다.

② 조사완료 후에는 조사결과를 부정행위신고서를 받은 날부터 30일 이내에 부정행위신고자에게 조사결과 통지서 형식의 문서로 통지하여야 합니다.
- 이때, 신고포상금 지급신청서(별지 제131호 서식)에 아래 구비서류를 모두 첨부하여 해당 고용지원센터에 결과통보를 받은 날로부터 30일 이내에 포상금 지급을 신청하도록 안내
- 신청기한 30일이 초과되었다 하더라도 법적 신청기한이 아니므로 신청서 접수
- 부정행위 신고자가 2인 이상의 경우 포상금 배분에 관한 합의서 1부 (배분액에 관한 합의가 성립된 경우에 한함)
- 통장사본 1부(신고자 본인통장)

③ 조사처리가 지연될 경우, 그 사유를 명기하여 처리지연 통보
- 2회에 한하여 처리지연 통보하고 특별한 사유가 없는 한 1회의 처리기간연장은 7일로 함.

(3) 포상금 지급

○ 지급절차

- 신고포상금 지급신청서 접수(고용지원센터)
- 고용지원센터에서 동 신청서 검토 후 관리과에 포상금 지급의뢰(팀장 전결)
- 관리과에서는 신고자가 미리 신고한 은행계좌에 포상금을 송금(관리과장 전결)
- 직업안정기관의 장은 포상금 지급신청일(피신고자가 심사청구 등의 이의를 제기하는 경우에는 그 결정 등이 있은 날)부터 14일 이내에 포상금 지급

신고의 경합시 포상금 지급방법(규칙 제159조)

동일한 부정행위에 대하여 2 이상의 자가 각각 신고한 경우에는 포상금액의 산정에 있어 이를 하나의 신고로 본다.
- 이 경우 포상금은 부정행위의 적발에 기여한 정도 등을 고려하여 각각의 자에게 적절하게 배분한다.
• 부정행위 결정의 단서가 되는 자료제공자 인센티브 부여
- 다만, 포상금을 지급받을 자가 배분방법에 관하여 미리 합의하여 포상금의 지급을 신청한 경우에는 그 합의된 방법에 의한다.

V. 확인하기

1. 부정수급에 대한 포상금 지급이 제한되는 경우가 아닌 것은?
① 부정행위가 있은 날부터 3년이 경과되어 신고한 경우
② 공무원(민간직업상담원 포함)이 그 직무와 관련하여 부정수급 사실을 신고한 경우
③ 신고내용이 불충분하여 부정행위의 확인이 현저히 곤란한 경우
④ 신고포상금을 받을 목적으로 사전공모 등 부정·부당하게 신고한 경우

정답: ①

해설: 부정행위가 있은 날부터 1년이 경과되어 신고한 경우이다.

2. 다음 중 포상금 결정의 기준이 되는 것은?

① 부정수급액

② 추가징수액

③ 실업인정기간의 반환금액

④ 지급중지일 이후 지급액

정답: ①

해설: 부정수급액을 기준으로 한 포상금 지급액은, 부정수급액의 100분의 20이다.

3. 부정수급 신고 포상제에 대한 다음 설명 중 틀린 것은?

① 부정행위신고서에 부정행위를 입증할 수 있는 자료(입증자료가 있는 경우에 한함)를 첨부하여 부정행위를 한 자의 주소지 관할 지방노동관서의 고용지원센터에 실명에 의한 서면으로만 신고하여야 한다.

② 조사완료 후에는 조사결과를 부정행위신고서를 받은 날부터 30일 이내에 부정행위신고자에게 조사결과 통지서 형식의 문서로 통지하여야 한다.

③ 신청기한 30일이 초과되었다 하더라도 법적 신청기한이 아니므로 신청서를 접수하여야 한다.

④ 동일한 부정행위에 대하여 2 이상의 자가 각각 신고한 경우에는 포상금액의 산정에 있어 이를 하나의 신고로 본다.

정답: ①

해설: 서면으로만 신고해야 하는 것은 아니다. 서면뿐만 아니라 FAX, 인터넷 또는 직접 방문하여 신고할 수 있다.

VI. 정리하기

◆ 부정수급 포상제도의 신고대상은 거짓 그 밖의 부정한 방법으로 고용보험법에 의한 실업급여를 받은 자로서 부정수급자가 주 대상입니다.

◆ 아래의 경우에는 포상금의 지급이 제한됩니다.

- 부정행위가 있은 날부터 1년이 경과되어 신고한 경우
- 신고 받은 부정행위의 내용이 이미 공개된 내용이거나 이미 조사 또는 수사 중이거나 조치완료 된 경우
- 공무원(민간직업상담원 포함)이 그 직무와 관련하여 부정수급 사실을 발견·신고한 경우
- 거짓 그 밖의 부정한 방법으로 실업급여를 지급받은 자가 신고한 경우
- 신고내용이 불충분하여 부정행위의 확인이 현저히 곤란한 경우
- 신고자가 익명·가명을 사용하여 신고포상금 지급이 불가능할 경우
- 신고포상금을 받을 목적으로 사전공모 등 부정·부당하게 신고한 경우

◆ 위의 예외에서 「부정행위가 있은 날」이라 함은 거짓 그 밖의 부정한 방법으로 실업급여의 지급을 받은 날 뿐만 아니라 받고자 한 날까지를 포함됩니다.

◆ 신고포상금의 최고 지급한도는 100만원으로 제한되며 최저 지급한도는 1만원입니다.

◆ 부정수급액을 기준으로 한 포상금 지급액은, 신고서를 접수하여 조사 후 부정수급액의 100분의20입니다.

◆ 실업급여 포상금 파파라치 방지를 위한 연간 1인당 지급한도 제한하고 있습니다. 즉, 신고자 1인당 연간 지급액의 한도는 300만원으로 제한합니다.

◆ 누구든지 부정행위신고서에 부정행위를 입증할 수 있는 자료(입증자료가 있는 경우에 한함)를 첨부하여 부정행위를 한 자의 주소지 관할 지방노동관서의 고용지원센터에 실명에 의한 서면으로 신고하되, FAX, 인터넷

또는 직접 방문하여 신고할 수 있습니다.

◆ 인터넷 또는 전화를 통하여 부정수급을 신고하는 경우에는 부정수급 제보자 포상제도를 안내하고, 다만, 제보자가 포상을 원하지 않는 경우에는 신고내용을 그대로 접수하여 부정수급 조사·처리합니다.

◆ 신고를 받은 직업안정기관의 장은 부정행위와 관련된 사실관계를 조사하여야 하는데, 사업장 등에 방문하여 조사를 하고자 할 경우, '부정수급 조사관증'의 신분증명서 반드시 제시하여야 하며 공무원증만을 제시하는 것은 불가합니다.

◆ 조사완료 후에는 조사결과를 부정행위신고서를 받은 날부터 30일 이내에 부정행위신고자에게 조사결과 통지서 형식의 문서로 통지하여야 합니다.

◆ 직업안정기관의 장은 포상금 지급신청일(피신고자가 심사청구 등의 이의를 제기하는 경우에는 그 결정 등이 있은 날)부터 14일 이내에 포상금을 지급하여야 합니다.

◆ 동일한 부정행위에 대하여 2 이상의 자가 각각 신고한 경우에는 포상금액의 산정에 있어 이를 하나의 신고로 봅니다.

부 록

고용보험법

법률 제6124호 일부개정 2000. 01. 12.

법률 제6509호 일부개정 2001. 08. 14.

법률 제6850호 일부개정 2002. 12. 30.

법률 제7048호 일부개정 2003. 12. 31.

법률 제7565호 법제명변경 및 일부개정 2005. 05. 31.("고용보험법"에서 변경)

법률 제7705호 일부개정 2005. 12. 07.

법률 제8050호(국가재정법) 일부개정 2006. 10. 04.

법률 제8118호 일부개정 2006. 12. 28.

법률 제8135호(공공자금관리기금법) 일부개정 2006. 12. 30.

법률 제8429호 전면개정 2007. 05. 11.

법률 제8781호(남녀고용평등과 일·가정 양립 지원에 관한 법률) 일부개정 2007. 12. 21.

법률 제8959호 일부개정 2008. 03. 21.

제1장 총칙

제1조 (목적) 이 법은 고용보험의 시행을 통하여 실업의 예방, 고용의 촉진 및 근로자의 직업능력의 개발과 향상을 꾀하고, 국가의 직업지도와 직업소개 기능을 강화하며, 근로자가 실업한 경우에 생활에 필요한 급여를 실시하여 근로자의 생활안정과 구직 활동을 촉진함으로써 경제·사회 발전에 이바지하는 것을 목적으로 한다.

제2조 (정의) 이 법에서 사용하는 용어의 뜻은 다음과 같다.
1. "피보험자"란 「고용보험 및 산업재해보상보험의 보험료징수 등에 관한 법률」 (이하 "보험료징수법"이라 한다) 제5조제1항·제2항, 제6조제1항 및 제8조제1항·제2항에 따라 보험에 가입되거나 가입된 것으로 보는 근로자를 말한다.
2. "이직(離職)"이란 피보험자와 사업주 사이의 고용관계가 끝나게 되는 것을 말한다.
3. "실업"이란 피보험자가 이직하여 근로의 의사와 능력이 있음에도 불구하고 취업하지 못한 상태에 있는 것을 말한다.
4. "실업의 인정"이란 직업안정기관의 장이 제43조에 따른 수급자격자가 실업한 상태에서 적극적으로 직업을 구하기 위하여 노력하고 있다고 인정하는 것을 말한다.
5. "임금"이란 「근로기준법」 에 따른 임금을 말한다. 다만, 휴직이나 그 밖에 이와 비슷한 상태에 있는 기간에 지급받는 금품 중 노동부장관이 정하는 금품은 이 법에 따른 임금으로 본다.
6. "일용근로자"란 1개월 미만 동안 고용되는 자를 말한다.

제3조 (보험의 관장) 고용보험(이하 "보험"이라 한다)은 노동부장관이 관장한다.

제4조 (고용보험사업) ①보험은 제1조의 목적을 이루기 위하여 고용보험사업(이하 "보험사업"이라 한다)으로 고용안정·직업능력개발 사업, 실업급여, 육아휴직 급여 및 산전후휴가 급여 등을 실시한다.

②보험사업의 보험연도는 정부의 회계연도에 따른다.

제5조 (국고의 부담) ①국가는 매년 보험사업에 드는 비용의 일부를 일반회계에서 부담할 수 있다.

②국가는 매년 예산의 범위에서 보험사업의 관리·운영에 드는 비용을 부담할 수 있다.

제6조 (보험료) ①이 법에 따른 보험사업에 드는 비용을 충당하기 위하여 징수하는 보험료와 그 밖의 징수금에 대하여는 보험료징수법으로 정하는 바에 따른다.

②보험료징수법 제13조제1항제1호에 따라 징수된 고용안정·직업능력개발 사업의 보험료 및 실업급여의 보험료는 각각 그 사업에 드는 비용에 충당한다. 다만, 실업급여의 보험료는 육아휴직 급여 및 산전후휴가 급여 등에 드는 비용에 충당할 수 있다.

제7조 (고용정책심의회의 심의) 이 법의 시행에 관한 주요 사항은 「고용정책기본법」 제6조에 따른 고용정책심의회(이하 "고용정책심의회"라 한다)의 심의를 거쳐야 한다.

제8조 (적용 범위) 이 법은 근로자를 사용하는 모든 사업 또는 사업장(이하 "사업"이라 한다)에 적용한다. 다만, 산업별 특성 및 규모 등을 고려하여 대통령령으로 정하는 사업에 대하여는 적용하지 아니한다.

제9조 (보험관계의 성립·소멸) 이 법에 따른 보험관계의 성립 및 소멸에 대하여는 보험료징수법으로 정하는 바에 따른다.

제10조 (적용 제외 근로자) 다음 각 호의 어느 하나에 해당하는 근로자에게는 이 법을 적용하지 아니한다. 다만, 제1호의 근로자에 대한 고용안정·직업능력개발 사업에 관하여는 그러하지 아니하다. [개정 2008.3.21] [[시행일 2008.9.22]]

1. 65세 이상인 자
2. 소정(所定)근로시간이 대통령령으로 정하는 시간 미만인 자
3. 「국가공무원법」과 「지방공무원법」에 따른 공무원. 다만, 대통령령으로 정하는 바에 따라 별정직 및 계약직 공무원의 경우는 본인의 의사에 따라 고용보험(제4장에 한한다)에 가입할 수 있다.
4. 「사립학교교직원 연금법」의 적용을 받는 자
5. 그 밖에 대통령령으로 정하는 자

제11조 (보험 관련 조사·연구) ①노동부장관은 노동시장·직업 및 직업능력개발에 관한 연구와 보험 관련 업무를 지원하기 위한 조사·연구 사업 등을 할 수 있다.

②노동부장관은 필요하다고 인정하면 제1항에 따른 업무의 일부를 대통령령으로 정하는 자에게 대행하게 할 수 있다.

제12조 (국제교류·협력) 노동부장관은 보험사업에 관하여 국제기구 및 외국 정부 또는 기관과의 교류·협력 사업을 할 수 있다.

제2장 피보험자의 관리

제13조 (피보험자격의 취득일) 피보험자는 이 법이 적용되는 사업에 고용된 날에 피보험자격을 취득한다. 다만, 다음 각 호의 경우에는 각각 그 해당되는 날에 피보험자격을 취득한 것으로 본다.

1. 제10조에 따른 적용 제외 근로자였던 자가 이 법의 적용을 받게 된

경우에는 그 적용을 받게 된 날

2. 보험료징수법 제7조에 따른 보험관계 성립일 전에 고용된 근로자의 경우에는 그 보험관계가 성립한 날

제14조 (피보험자격의 상실일) 피보험자는 다음 각 호의 어느 하나에 해당하는 날에 각각 그 피보험자격을 상실한다.

1. 피보험자가 제10조에 따른 적용 제외 근로자에 해당하게 된 경우에는 그 적용 제외 대상자가 된 날

2. 보험료징수법 제10조에 따라 보험관계가 소멸한 경우에는 그 보험관계가 소멸한 날

3. 피보험자가 이직한 경우에는 이직한 날의 다음 날

4. 피보험자가 사망한 경우에는 사망한 날의 다음 날

제15조 (피보험자격에 관한 신고 등) ① 사업주는 그 사업에 고용된 근로자의 피보험자격의 취득 및 상실 등에 관한 사항을 대통령령으로 정하는 바에 따라 노동부장관에게 신고하여야 한다.

② 보험료징수법 제9조에 따라 원수급인(元受給人)이 사업주로 된 경우에 그 사업에 종사하는 근로자 중 원수급인이 고용하는 근로자 외의 근로자에 대하여는 그 근로자를 고용하는 다음 각 호의 하수급인(下受給人)이 제1항에 따른 신고를 하여야 한다. 이 경우 원수급인은 노동부령으로 정하는 바에 따라 하수급인에 관한 자료를 노동부장관에게 제출하여야 한다.

1. 「건설산업기본법」 제2조제5호에 따른 건설업자

2. 「주택법」 제9조에 따른 주택건설사업자

3. 「전기공사업법」 제2조제3호에 따른 공사업자

4. 「정보통신공사업법」 제2조제4호에 따른 정보통신공사업자

5. 「소방시설공사업법」 제2조제1항제2호에 따른 소방시설업자

6. 「문화재보호법」 제27조에 따른 문화재수리업자

③ 사업주가 제1항에 따른 피보험자격에 관한 사항을 신고하지 아니하면

대통령령으로 정하는 바에 따라 근로자가 신고할 수 있다.

④ 노동부장관은 제1항부터 제3항까지의 규정에 따라 신고된 피보험자격의 취득 및 상실 등에 관한 사항을 노동부령으로 정하는 바에 따라 피보험자 및 원수급인 등 관계인에게 알려야 한다.

⑤ 제1항이나 제2항에 따른 사업주, 원수급인 또는 하수급인은 같은 항의 신고를 노동부령으로 정하는 전자적 방법으로 할 수 있다.

⑥ 노동부장관은 제5항에 따라 전자적 방법으로 신고를 하려는 사업주, 원수급인 또는 하수급인에게 노동부령으로 정하는 바에 따라 필요한 장비 등을 지원할 수 있다.

제16조 (이직의 확인) ①사업주는 제15조제1항에 따라 피보험자격의 상실을 신고할 때 근로자가 이직으로 피보험자격을 상실한 경우에는 피보험단위기간·이직 사유 및 이직 전에 지급한 임금·퇴직금 등의 명세를 증명하는 서류(이하 "이직확인서"라 한다)를 작성하여 노동부장관에게 제출하여야 한다. 다만, 제43조제1항에 따른 수급자격의 인정신청을 원하지 아니하는 피보험자격 상실자(일용근로자는 제외한다)에 대하여는 그러하지 아니하다.

②이직으로 피보험자격을 상실한 자는 실업급여의 수급자격의 인정신청을 위하여 종전의 사업주에게 이직확인서의 교부를 청구할 수 있다. 이 경우 청구를 받은 사업주는 이직확인서를 내주어야 한다.

제17조 (피보험자격의 확인) ①피보험자 또는 피보험자였던 자는 언제든지 노동부장관에게 피보험자격의 취득 또는 상실에 관한 확인을 청구할 수 있다.

②노동부장관은 제1항에 따른 청구에 따르거나 직권으로 피보험자격의 취득 또는 상실에 관하여 확인을 한다.

③노동부장관은 제2항에 따른 확인 결과를 대통령령으로 정하는 바에 따라 그 확인을 청구한 피보험자 및 사업주 등 관계인에게 알려야 한다.

제18조 (피보험자격 이중 취득의 제한) 근로자가 보험관계가 성립되어 있는 둘 이상의 사업에 동시에 고용되어 있는 경우에는 노동부령으로 정하는 바에 따라 그 중 한 사업의 근로자로서의 피보험자격을 취득한다.

제3장 고용안정·직업능력개발 사업

제19조 (고용안정 · 직업능력개발 사업의 실시) ① 노동부장관은 피보험자 및 피보험자였던 자, 그 밖에 취업할 의사를 가진 자(이하 "피보험자등"이라 한다)에 대한 실업의 예방, 취업의 촉진, 고용기회의 확대, 직업능력개발 · 향상의 기회 제공 및 지원, 그 밖에 고용안정과 사업주에 대한 인력확보를 지원하기 위하여 고용안정 · 직업능력개발 사업을 실시한다.

②노동부장관은 제1항에 따른 고용안정 · 직업능력개발 사업을 실시할 때에는 근로자의 수, 고용안정 · 직업능력개발을 위하여 취한 조치 및 실적 등 대통령령으로 정하는 기준에 해당하는 기업을 우선적으로 고려하여야 한다.

제20조 (고용창출의 지원) 노동부장관은 고용환경 개선, 근무형태 변경 등으로 고용의 기회를 확대한 사업주에게 대통령령으로 정하는 바에 따라 필요한 지원을 할 수 있다.

제21조 (고용조정의 지원) ①노동부장관은 경기의 변동, 산업구조의 변화 등에 따른 사업 규모의 축소, 사업의 폐업 또는 전환으로 고용조정이 불가피하게 된 사업주가 근로자에 대한 휴업, 직업전환에 필요한 직업능력개발 훈련, 인력의 재배치 등을 실시하거나 그 밖에 근로자의 고용안정을 위한 조치를 하면 대통령령으로 정하는 바에 따라 그 사업주에게 필요한 지원을 할 수 있다.

②노동부장관은 제1항의 고용조정으로 이직된 근로자를 고용하는 등 고

용이 불안정하게 된 근로자의 고용안정을 위한 조치를 하는 사업주에게 대통령령으로 정하는 바에 따라 필요한 지원을 할 수 있다.

③노동부장관은 제1항에 따른 지원을 할 때에는 「고용정책기본법」 제26조에 따른 업종에 해당하거나 지역에 있는 사업주에게 우선적으로 지원할 수 있다.

제22조 (지역 고용의 촉진) 노동부장관은 고용기회가 뚜렷이 부족하거나 산업구조의 변화 등으로 고용사정이 급속하게 악화되고 있는 지역으로 사업을 이전하거나 그러한 지역에서 사업을 신설 또는 증설하여 그 지역의 실업 예방과 재취업 촉진에 기여한 사업주, 그 밖에 그 지역의 고용기회 확대에 필요한 조치를 한 사업주에게 대통령령으로 정하는 바에 따라 필요한 지원을 할 수 있다.

제23조 (고령자등 고용촉진의 지원) 노동부장관은 고령자 등 노동시장의 통상적인 조건에서는 취업이 특히 곤란한 자(이하 "고령자등"이라 한다)의 고용을 촉진하기 위하여 고령자등을 새로 고용하거나 이들의 고용안정에 필요한 조치를 하는 사업주 또는 사업주가 실시하는 고용안정 조치에 해당된 근로자에게 대통령령으로 정하는 바에 따라 필요한 지원을 할 수 있다.

제24조 (건설근로자 등의 고용안정 지원) ①노동부장관은 건설근로자 등 고용상태가 불안정한 근로자를 위하여 다음 각 호의 사업을 실시하는 사업주에게 대통령령으로 정하는 바에 따라 필요한 지원을 할 수 있다.

1. 고용상태의 개선을 위한 사업
2. 계속적인 고용기회의 부여 등 고용안정을 위한 사업
3. 그 밖에 대통령령으로 정하는 고용안정 사업

②노동부장관은 제1항 각 호의 사업과 관련하여 사업주가 단독으로 고용안정 사업을 실시하기 어려운 경우로서 대통령령으로 정하는 경우에는 사업주 단체에 대하여도 지원을 할 수 있다.

제25조 (고용안정 및 취업 촉진) ①노동부장관은 피보험자등의 고용안정 및 취업을 촉진하기 위하여 다음 각 호의 사업을 직접 실시하거나 이를 실시하는 자에게 필요한 비용을 지원 또는 대부할 수 있다.

1. 고용관리 진단 등 고용개선 지원 사업
2. 피보험자등의 창업을 촉진하기 위한 지원 사업
3. 그 밖에 피보험자등의 고용안정 및 취업을 촉진하기 위한 사업으로서 대통령령으로 정하는 사업

②제1항에 따른 사업의 실시와 비용의 지원·대부에 필요한 사항은 대통령령으로 정한다.

제26조 (고용촉진 시설에 대한 지원) 노동부장관은 피보험자등의 고용안정·고용촉진 및 사업주의 인력 확보를 지원하기 위하여 대통령령으로 정하는 바에 따라 상담 시설, 보육 시설, 그 밖에 대통령령으로 정하는 고용촉진 시설을 설치·운영하는 자에게 필요한 지원을 할 수 있다.

제27조 (사업주에 대한 직업능력개발 훈련의 지원) 노동부장관은 피보험자등의 직업능력을 개발·향상시키기 위하여 대통령령으로 정하는 직업능력개발 훈련을 실시하는 사업주에게 대통령령으로 정하는 바에 따라 그 훈련에 필요한 비용을 지원할 수 있다.

제28조 (비용 지원의 기준 등) 노동부장관이 제27조에 따라 사업주에게 비용을 지원하는 경우 지원 금액은 보험료징수법 제17조에 따른 해당 연도 고용보험개산보험료(같은 법 제21조에 따른 징수특례사업의 경우에는 전년도 납부보험료) 중 고용안정·직업능력개발 사업의 보험료에 대통령령으로 정하는 비율을 곱한 금액으로 하되, 그 한도는 대통령령으로 정한다.

제29조 (피보험자등에 대한 직업능력개발 지원) ①노동부장관은 피보험자등이 직업능력개발 훈련을 받거나 그 밖에 직업능력 개발·향상을 위하여

노력하는 경우에는 대통령령으로 정하는 바에 따라 필요한 비용을 지원할 수 있다.

②노동부장관은 필요하다고 인정하면 대통령령으로 정하는 바에 따라 피보험자등의 취업을 촉진하기 위한 직업능력개발 훈련을 실시할 수 있다.

제30조 (직업능력개발 훈련 시설에 대한 지원 등) 노동부장관은 피보험자등의 직업능력 개발·향상을 위하여 필요하다고 인정하면 대통령령으로 정하는 바에 따라 직업능력개발 훈련 시설의 설치 및 장비 구입에 필요한 비용의 대부, 그 밖에 노동부장관이 정하는 직업능력개발 훈련 시설의 설치 및 장비 구입·운영에 필요한 비용을 지원할 수 있다.

제31조 (직업능력개발의 촉진) ①노동부장관은 피보험자등의 직업능력 개발·향상을 촉진하기 위하여 다음 각 호의 사업을 실시하거나 이를 실시하는 자에게 그 사업의 실시에 필요한 비용을 지원할 수 있다.
1. 직업능력개발 사업에 대한 기술지원 및 평가 사업
2. 기능·기술 장려 사업 및 자격검정 사업
3. 그 밖에 대통령령으로 정하는 사업
②노동부장관은 직업능력 개발·향상과 인력의 원활한 수급(需給)을 위하여 필요하다고 인정하면 대통령령으로 정하는 바에 따라 노동부장관이 정하는 직종에 대한 직업능력개발 훈련 사업을 위탁하여 실시할 수 있다.

제32조 (건설근로자 등의 직업능력개발 지원) ①노동부장관은 건설근로자 등 고용상태가 불안정한 근로자를 위하여 직업능력 개발·향상을 위한 사업으로 대통령령으로 정하는 사업을 실시하는 사업주에게 그 사업의 실시에 필요한 비용을 지원할 수 있다.
②노동부장관은 제1항의 사업과 관련하여 사업주가 단독으로 직업능력개발 사업을 실시하기 어려운 경우로서 대통령령으로 정하는 경우에는 사업주 단체에 대하여도 지원할 수 있다.

제33조 (고용정보의 제공 및 고용 지원 기반의 구축 등) ①노동부장관은 사업주 및 피보험자등에 대한 구인·구직·훈련 등 고용정보의 제공, 직업·훈련 상담 등 직업지도, 직업소개, 고용안정·직업능력개발에 관한 기반의 구축 및 그에 필요한 전문 인력의 배치 등의 사업을 할 수 있다.

②노동부장관은 필요하다고 인정하면 제1항에 따른 업무의 일부를 「직업안정법」 제4조의4에 따른 민간직업상담원에게 수행하도록 할 수 있다.

제34조 (지방자치단체 등에 대한 지원) 노동부장관은 지방자치단체 또는 대통령령으로 정하는 비영리법인·단체가 그 지역에서 피보험자등의 고용안정·고용촉진 및 직업능력개발을 위한 사업을 실시하는 경우에는 대통령령으로 정하는 바에 따라 필요한 지원을 할 수 있다.

제35조 (부정행위에 따른 지원의 제한 등) ①노동부장관은 거짓이나 그 밖의 부정한 방법으로 이 장의 규정에 따른 고용안정·직업능력개발 사업의 지원을 받은 자 또는 받으려는 자에게 대통령령으로 정하는 바에 따라 그 지원을 제한하거나 이미 지원된 것을 반환하도록 명할 수 있다.

②노동부장관은 제1항에 따라 반환을 명하는 경우에는 이에 추가하여 노동부령으로 정하는 기준에 따라 그 거짓이나 그 밖의 부정한 방법으로 지급받은 금액에 상당하는 액수 이하의 금액을 징수할 수 있다. 다만, 「근로자직업능력 개발법」 제2조제1호의 직업능력개발 훈련을 실시하는 자에 대하여는 같은 법 제16조제5항제1호 및 제25조제4항제1호를 준용한다.

③노동부장관은 보험료를 체납한 자에게는 노동부장관이 정하는 바에 따라 이 장의 규정에 따른 고용안정·직업능력개발 사업의 지원을 하지 아니할 수 있다.

제36조 (업무의 대행) 노동부장관은 필요하다고 인정하면 제19조 및 제27조부터 제31조까지의 규정에 따른 업무의 일부를 대통령령으로 정하는 자에게 대행하게 할 수 있다.

제4장 실업급여

제1절 통칙

제37조 (실업급여의 종류) ①실업급여는 구직급여와 취업촉진 수당으로 구분한다.

②취업촉진 수당의 종류는 다음 각 호와 같다.

1. 조기(조기)재취업 수당
2. 직업능력개발 수당
3. 광역 구직활동비
4. 이주비

제38조 (수급권의 보호) 실업급여를 받을 권리는 양도 또는 압류하거나 담보로 제공할 수 없다.

제39조 (실업급여의 적용 연장) 피보험자로서 65세 전에 이직한 자가 그 이직과 관련하여 실업한 상태에서 65세가 되면 제10조제1호에도 불구하고 이 장을 적용한다.

제2절 구직급여

제40조 (구직급여의 수급 요건) ①구직급여는 이직한 피보험자가 다음 각 호의 요건을 모두 갖춘 경우에 지급한다. 다만, 제5호와 제6호는 최종 이직 당시 일용근로자였던 자만 해당한다.

1. 이직일 이전 18개월간(이하 "기준기간"이라 한다) 제41조에 따른 피보험 단위기간이 통산(通算)하여 180일 이상일 것
2. 근로의 의사와 능력이 있음에도 불구하고 취업(영리를 목적으로 사업을 영위하는 경우를 포함한다. 이하 이 장에서 같다)하지 못한 상태에

있을 것

3. 이직사유가 제58조에 따른 수급자격의 제한 사유에 해당하지 아니할 것

4. 재취업을 위한 노력을 적극적으로 할 것

5. 제43조에 따른 수급자격 인정신청일 이전 1개월 동안의 근로일수가 10일 미만일 것

6. 최종 이직일 이전 기준기간의 피보험 단위기간 180일 중 다른 사업에서 제58조에 따른 수급자격의 제한 사유에 해당하는 사유로 이직한 사실이 있는 경우에는 그 피보험 단위기간 중 90일 이상을 일용근로자로 근로하였을 것

②피보험자가 이직일 이전 18개월 동안에 질병·부상, 그 밖에 대통령령으로 정하는 사유로 계속하여 30일 이상 임금의 지급을 받을 수 없었던 경우에는 18개월에 그 사유로 임금을 지급 받을 수 없었던 일수를 가산한 기간을 기준기간(3년을 초과할 때에는 3년)으로 한다.

제41조 (피보험 단위기간) ①피보험 단위기간은 피보험기간 중 임금 지급의 기초가 된 날을 합하여 계산한다.

②제1항에 따라 피보험 단위기간을 계산할 때에는 최후로 피보험자격을 취득한 날 이전에 제43조제1항에 따른 수급자격의 인정을 받은 사실이 있는 경우에는 그 수급자격의 인정과 관련된 이직일 이전의 임금 지급의 기초가 된 날은 피보험 단위기간에 넣지 아니한다.

제42조 (실업의 신고) ①구직급여를 지급받으려는 자는 이직 후 지체없이 직업안정기관에 출석하여 실업을 신고하여야 한다.

②제1항에 따른 실업의 신고에는 구직 신청과 제43조에 따른 수급자격의 인정신청을 포함하여야 한다.

제43조 (수급자격의 인정) ①구직급여를 지급받으려는 자는 직업안정기관의 장으로부터 제40조제1항제1호부터 제3호까지·제5호 및 제6호에 따른

구직급여의 수급 요건을 갖추었다는 사실(이하 "수급자격"이라 한다)의 인정을 받아야 한다.

②직업안정기관의 장은 제1항에 따른 수급자격의 인정신청을 받으면 그 신청인에 대한 수급자격의 인정 여부를 결정하고, 대통령령으로 정하는 바에 따라 신청인에게 그 결과를 알려야 한다.

③제2항에 따른 신청인이 다음 각 호의 요건을 모두 갖춘 경우에는 마지막에 이직한 사업을 기준으로 수급자격의 인정 여부를 결정한다. 다만, 마지막 이직 당시 일용근로자로서 피보험 단위기간이 1개월 미만인 자가 수급자격을 갖추지 못한 경우에는 일용근로자가 아닌 근로자로서 마지막으로 이직한 사업을 기준으로 결정한다.

1. 피보험자로서 마지막에 이직한 사업에 고용되기 전에 피보험자로서 이직한 사실이 있을 것

2. 마지막 이직 이전의 이직과 관련하여 수급자격의 인정을 받은 사실이 없을 것

④제2항에 따라 수급자격의 인정을 받은 자(이하 "수급자격자"라 한다)가 제48조 및 제54조제1항에 따른 기간에 새로 수급자격의 인정을 받은 경우에는 새로 인정받은 수급자격을 기준으로 구직급여를 지급한다.

제44조 (실업의 인정) ①구직급여는 수급자격자가 실업한 상태에 있는 날 중에서 직업안정기관의 장으로부터 실업의 인정을 받은 날에 대하여 지급한다.

②실업의 인정을 받으려는 수급자격자는 제42조에 따라 실업의 신고를 한 날부터 계산하기 시작하여 1주부터 4주의 범위에서 직업안정기관의 장이 지정한 날(이하 "실업인정일"이라 한다)에 출석하여 재취업을 위한 노력을 하였음을 신고하여야 하고, 직업안정기관의 장은 직전 실업인정일의 다음 날부터 그 실업인정일까지의 각각의 날에 대하여 실업의 인정을 한다. 다만, 다음 각 호에 해당하는 자에 대한 실업의 인정 방법은 노동부령으로 정하는 기준에 따른다.

1. 직업능력개발 훈련 등을 받는 수급자격자

2. 천재지변, 대량 실업의 발생 등 대통령령으로 정하는 사유가 발생한 경우의 수급자격자

3. 그 밖에 대통령령으로 정하는 수급자격자

③제2항에도 불구하고 수급자격자가 다음 각 호의 어느 하나에 해당하면 직업안정기관에 출석할 수 없었던 사유를 적은 증명서를 제출하여 실업의 인정을 받을 수 있다.

1. 질병이나 부상으로 직업안정기관에 출석할 수 없었던 경우로서 그 기간이 계속하여 7일 미만인 경우

2. 직업안정기관의 직업소개에 따른 구인자와의 면접 등으로 직업안정기관에 출석할 수 없었던 경우

3. 직업안정기관의 장이 지시한 직업능력개발 훈련 등을 받기 위하여 직업안정기관에 출석할 수 없었던 경우

4. 천재지변이나 그 밖의 부득이한 사유로 직업안정기관에 출석할 수 없었던 경우

④직업안정기관의 장은 제1항에 따른 실업을 인정할 때에는 수급자격자의 취업을 촉진하기 위하여 재취업 활동에 관한 계획의 수립 지원, 직업소개 등 대통령령으로 정하는 조치를 하여야 한다. 이 경우 수급자격자는 정당한 사유가 없으면 직업안정기관의 장의 조치에 따라야 한다.

제45조 (급여의 기초가 되는 임금일액) ①구직급여의 산정 기초가 되는 임금일액[이하 "기초일액(基礎日額)"이라 한다]은 제43조제1항에 따른 수급자격의 인정과 관련된 마지막 이직 당시 「근로기준법」 제2조제1항제6호에 따라 산정된 평균임금으로 한다. 다만, 마지막 이직일 이전 3개월 이내에 피보험자격을 취득한 사실이 2회 이상인 경우에는 마지막 이직일 이전 3개월간(일용근로자의 경우에는 마지막 이직일 이전 4개월 중 최종 1개월을 제외한 기간)에 그 근로자에게 지급된 임금 총액을 그 산정의 기준이 되는 3개월의 총 일수로 나눈 금액을 기초일액으로 한다.

②제1항에 따라 산정된 금액이 「근로기준법」에 따른 그 근로자의 통상임금보다 적을 경우에는 그 통상임금액을 기초일액으로 한다. 다만, 마지막 사업에서 이직 당시 일용근로자였던 자의 경우에는 그러하지 아니하다.

③제1항과 제2항에 따라 기초일액을 산정하는 것이 곤란한 경우와 보험료를 보험료징수법 제3조에 따른 기준임금(이하 "기준임금"이라 한다)을 기준으로 낸 경우에는 기준임금을 기초일액으로 한다. 다만, 보험료를 기준임금으로 낸 경우에도 제1항과 제2항에 따라 산정한 기초일액이 기준임금보다 많은 경우에는 그러하지 아니하다.

④제1항부터 제3항까지의 규정에도 불구하고 이들 규정에 따라 산정된 기초일액이 그 수급자격자의 이직 전 1일 소정근로시간에 이직일 당시 적용되던 「최저임금법」에 따른 시간 단위에 해당하는 최저임금액을 곱한 금액(이하 "최저기초일액"이라 한다)보다 낮은 경우에는 최저기초일액을 기초일액으로 한다.

⑤제1항부터 제3항까지의 규정에도 불구하고 이들 규정에 따라 산정된 기초일액이 보험의 취지 및 일반 근로자의 임금 수준 등을 고려하여 대통령령으로 정하는 금액을 초과하는 경우에는 대통령령으로 정하는 금액을 기초일액으로 한다.

제46조 (구직급여일액) ①구직급여일액은 다음 각 호의 구분에 따른 금액으로 한다.

1. 제45조제1항부터 제3항까지 및 제5항의 경우에는 그 수급자격자의 기초일액에 100분의 50을 곱한 금액

2. 제45조제4항의 경우에는 그 수급자격자의 기초일액에 100분의 90을 곱한 금액(이하 "최저구직급여일액"이라 한다)

②제1항제1호에 따라 산정된 구직급여일액이 최저구직급여일액보다 낮은 경우에는 최저구직급여일액을 그 수급자격자의 구직급여일액으로 한다.

제47조 (실업인정대상기간 중의 근로의 신고) ①수급자격자는 실업의 인

정을 받으려 하는 기간(이하 "실업인정대상기간"이라 한다) 중에 근로를 제공한 경우에는 그 사실을 직업안정기관의 장에게 신고하여야 한다.

②직업안정기관의 장은 필요하다고 인정하면 수급자격자의 실업인정대상기간 중의 근로 제공 사실에 대하여 조사할 수 있다.

제48조 (수급기간 및 수급일수) ①구직급여는 이 법에 따로 규정이 있는 경우 외에는 그 구직급여의 수급자격과 관련된 이직일의 다음 날부터 계산하기 시작하여 12개월 내에 제50조제1항에 따른 소정급여일수를 한도로 하여 지급한다.

②제1항에 따른 12개월의 기간 중 임신·출산·육아, 그 밖에 대통령령으로 정하는 사유로 취업할 수 없는 자가 그 사실을 수급기간에 직업안정기관에 신고한 경우에는 12개월의 기간에 그 취업할 수 없는 기간을 가산한 기간(4년을 넘을 때에는 4년)에 제50조제1항에 따른 소정급여일수를 한도로 하여 구직급여를 지급한다.

제49조 (대기기간) 제44조에도 불구하고 제42조에 따른 실업의 신고일부터 계산하기 시작하여 7일간은 대기기간으로 보아 구직급여를 지급하지 아니한다.

제50조 (소정급여일수) ①하나의 수급자격에 따라 구직급여를 지급받을 수 있는 날(이하 "소정급여일수"라 한다)은 대기기간이 끝난 다음날부터 계산하기 시작하여 피보험기간과 연령에 따라 별표에서 정한 일수가 되는 날까지로 한다.

②수급자격자가 소정급여일수 내에 제48조제2항에 따른 임신·출산·육아, 그 밖에 대통령령으로 정하는 사유로 수급기간을 연장한 경우에는 그 기간만큼 구직급여를 유예하여 지급한다.

③제1항에 따른 피보험기간은 그 수급자격과 관련된 이직 당시의 적용사업에서의 고용기간(제10조 각 호의 어느 하나에 해당하는 근로자로 고용

된 기간은 제외한다. 이하 이 조에서 같다)으로 한다. 다만, 그 사업에 고용되기 전에 다른 적용사업에서 이직한 사실이 있고 그 이직일부터 3년 이내에 피보험자격을 재취득한 경우에는 그 이직 전 적용사업에서의 고용기간을 포함하여 피보험기간을 계산한다.

④제3항 단서에 따라 피보험기간을 계산할 때 이직할 당시의 적용사업에서 피보험자격을 재취득하기 전에 구직급여를 지급받은 사실이 있는 경우에는 그 구직급여와 관련된 이직일 이전의 고용기간은 피보험기간에 포함하여 계산하지 아니한다.

⑤하나의 피보험기간에 피보험자로 된 날이 제17조에 따른 피보험자격 취득이 확인된 날부터 소급하여 3년 전이면 그 확인된 날부터 소급하여 3년이 되는 날에 그 피보험자격을 취득한 것으로 보아 피보험기간을 계산한다.

제51조 (훈련연장급여) ①직업안정기관의 장은 수급자격자의 연령·경력 등을 고려할 때 재취업을 위하여 직업능력개발 훈련 등이 필요하면 그 수급자격자에게 직업능력개발 훈련 등을 받도록 지시할 수 있다.

②직업안정기관의 장은 제1항에 따라 직업능력개발 훈련 등을 받도록 지시한 경우에는 수급자격자가 그 직업능력개발 훈련 등을 받는 기간 중 실업의 인정을 받은 날에 대하여는 소정급여일수를 초과하여 구직급여를 연장하여 지급할 수 있다. 이 경우 연장하여 지급하는 구직급여(이하 "훈련연장급여"라 한다)의 지급 기간은 대통령령으로 정하는 기간을 한도로 한다.

③제1항에 따른 훈련대상자·훈련 과정, 그 밖의 필요한 사항은 노동부령으로 정한다.

제52조 (개별연장급여) ①직업안정기관의 장은 취업이 특히 곤란하고 생활이 어려운 수급자격자로서 대통령령으로 정하는 자에게는 그가 실업의 인정을 받은 날에 대하여 소정급여일수를 초과하여 구직급여를 연장하여 지급할 수 있다.

②제1항에 따라 연장하여 지급하는 구직급여(이하 "개별연장급여"라 한

다)는 60일의 범위에서 대통령령으로 정하는 기간 동안 지급한다.

　제53조 (특별연장급여) ①노동부장관은 실업의 급증 등 대통령령으로 정하는 사유가 발생한 경우에는 60일의 범위에서 수급자격자가 실업의 인정을 받은 날에 대하여 소정급여일수를 초과하여 구직급여를 연장하여 지급할 수 있다. 다만, 이직 후의 생활안정을 위한 일정 기준 이상의 소득이 있는 수급자격자 등 노동부령으로 정하는 수급자격자에 대하여는 그러하지 아니하다.

　②노동부장관은 제1항 본문에 따라 연장하여 지급하는 구직급여(이하 "특별연장급여"라 한다)를 지급하려면 기간을 정하여 실시하여야 한다.

　제54조 (연장급여의 수급기간 및 구직급여일액) ①제51조부터 제53조까지의 규정에 따른 연장급여를 지급하는 경우에 그 수급자격자의 수급기간은 제48조에 따른 그 수급자격자의 수급기간에 연장되는 구직급여일수를 더하여 산정한 기간으로 한다.

　②제51조에 따라 훈련연장급여를 지급하는 경우에 그 일액은 해당 수급자격자의 구직급여일액의 100분의 100으로 하고, 제52조 또는 제53조에 따라 개별연장급여 또는 특별연장급여를 지급하는 경우에 그 일액은 해당 수급자격자의 구직급여일액의 100분의 70을 곱한 금액으로 한다. [개정 2008.3.21]

　③제2항에 따라 산정된 구직급여일액이 제46조제2항에 따른 최저구직급여일액보다 낮은 경우에는 최저구직급여일액을 그 수급자격자의 구직급여일액으로 한다.

　제55조 (연장급여의 상호 조정 등) ①제51조부터 제53조까지의 규정에 따른 연장급여는 제48조에 따라 그 수급자격자가 지급받을 수 있는 구직급여의 지급이 끝난 후에 지급한다.

　②훈련연장급여를 지급받고 있는 수급자격자에게는 그 훈련연장급여의

지급이 끝난 후가 아니면 개별연장급여 및 특별연장급여를 지급하지 아니한다.

③개별연장급여 또는 특별연장급여를 지급받고 있는 수급자격자가 훈련연장급여를 지급받게 되면 개별연장급여나 특별연장급여를 지급하지 아니한다.

④특별연장급여를 지급받고 있는 수급자격자에게는 특별연장급여의 지급이 끝난 후가 아니면 개별연장급여를 지급하지 아니하고, 개별연장급여를 지급받고 있는 수급자격자에게는 개별연장급여의 지급이 끝난 후가 아니면 특별연장급여를 지급하지 아니한다.

⑤그 밖에 연장급여의 조정에 관하여 필요한 사항은 노동부령으로 정한다.

제56조 (지급일 및 지급 방법) ①구직급여는 대통령령으로 정하는 바에 따라 실업의 인정을 받은 일수분(日數分)을 지급한다.

②직업안정기관의 장은 각 수급자격자에 대한 구직급여를 지급할 날짜를 정하여 당사자에게 알려야 한다.

제57조 (지급되지 아니한 구직급여) ①수급자격자가 사망한 경우 그 수급자격자에게 지급되어야 할 구직급여로서 아직 지급되지 아니한 것이 있는 경우에는 그 수급자격자의 배우자(사실상의 혼인 관계에 있는 자를 포함한다)·자녀·부모·손자녀·조부모 또는 형제자매로서 수급자격자와 생계를 같이하고 있던 자의 청구에 따라 그 미지급분을 지급한다.

②수급자격자가 사망하여 실업의 인정을 받을 수 없었던 기간에 대하여는 대통령령으로 정하는 바에 따라 제1항에 따라 지급되지 아니한 구직급여의 지급을 청구하는 자가 그 수급자격자에 대한 실업의 인정을 받아야 한다. 이 경우 수급자격자가 제47조제1항에 해당하면 지급되지 아니한 구직급여를 청구하는 자가 같은 조 제1항에 따라 직업안정기관의 장에게 신고하여야 한다.

③제1항에 따라 지급되지 아니한 구직급여를 지급받을 수 있는 자의 순

위는 같은 항에 열거된 순서로 한다. 이 경우 같은 순위자가 2명 이상이면 그 중 1명이 한 청구를 전원(全員)을 위하여 한 것으로 보며, 그 1명에게 한 지급은 전원에 대한 지급으로 본다.

제58조 (이직 사유에 따른 수급자격의 제한) 제40조에도 불구하고 피보험자가 다음 각 호의 어느 하나에 해당한다고 직업안정기관의 장이 인정하는 경우에는 수급자격이 없는 것으로 본다.

　1. 중대한 귀책사유(歸責事由)로 해고된 피보험자로서 다음 각 목의 어느 하나에 해당하는 경우

　가. 「형법」 또는 직무와 관련된 법률을 위반하여 금고 이상의 형을 선고받은 경우

　나. 사업에 막대한 지장을 초래하거나 재산상 손해를 끼친 경우로서 노동부령으로 정하는 기준에 해당하는 경우

　다. 정당한 사유 없이 근로계약 또는 취업규칙 등을 위반하여 장기간 무단 결근한 경우

　2. 자기 사정으로 이직한 피보험자로서 다음 각 목의 어느 하나에 해당하는 경우

　가. 전직 또는 자영업을 하기 위하여 이직한 경우

　나. 제1호의 중대한 귀책사유가 있는 자가 해고되지 아니하고 사업주의 권고로 이직한 경우

　다. 그 밖에 노동부령으로 정하는 정당한 사유에 해당하지 아니하는 사유로 이직한 경우

제59조 (고액 금품 수령에 따른 구직급여의 지급 유예) ①제48조제1항에도 불구하고 이직 당시의 경제 사정 등을 고려하여 대통령령으로 정하는 금액 이상의 금품을 퇴직금 등으로 수령한 수급자격자(대통령령으로 정하는 수령이 확실시되는 자를 포함한다)에 대하여는 제42조에 따른 실업의 신고일부터 3개월 동안은 구직급여의 지급을 유예할 수 있다.

②제1항에 따른 구직급여의 지급유예 기간이 끝난 수급자격자의 경우에는 제49조에 따른 대기기간을 거친 것으로 본다.

③제1항에 따른 구직급여의 지급이 유예되는 수급자격자의 수급기간은 제48조에 따른 그 수급자격자의 수급기간에 3개월을 더하여 산정한 기간으로 한다.

제60조 (훈련 거부 등에 따른 급여의 지급 제한) ①수급자격자가 직업안정기관의 장이 소개하는 직업에 취직하는 것을 거부하거나 직업안정기관의 장이 지시한 직업능력개발 훈련 등을 거부하면 대통령령으로 정하는 바에 따라 구직급여의 지급을 정지한다. 다만, 다음 각 호의 어느 하나에 해당하는 정당한 사유가 있는 경우에는 그러하지 아니하다.

1. 소개된 직업 또는 직업능력개발 훈련 등을 받도록 지시된 직종이 수급자격자의 능력에 맞지 아니하는 경우
2. 취직하거나 직업능력개발 훈련 등을 받기 위하여 주거의 이전이 필요하나 그 이전이 곤란한 경우
3. 소개된 직업의 임금 수준이 같은 지역의 같은 종류의 업무 또는 같은 정도의 기능에 대한 통상의 임금 수준에 비하여 100분의 20 이상 낮은 경우 등 노동부장관이 정하는 기준에 해당하는 경우
4. 그 밖에 정당한 사유가 있는 경우

②수급자격자가 정당한 사유 없이 노동부장관이 정하는 기준에 따라 직업안정기관의 장이 실시하는 재취업 촉진을 위한 직업 지도를 거부하면 대통령령으로 정하는 바에 따라 구직급여의 지급을 정지한다.

③제1항 단서 및 제2항에서의 정당한 사유의 유무(有無)에 대한 인정은 노동부장관이 정하는 기준에 따라 직업안정기관의 장이 행한다.

④제1항과 제2항에 따라 구직급여의 지급을 정지하는 기간은 1개월의 범위에서 노동부장관이 정하여 고시한다.

제61조 (부정행위에 따른 급여의 지급 제한) ①거짓이나 그 밖의 부정한

방법으로 실업급여를 받았거나 받으려 한 자에게는 그 급여를 받은 날 또는 받으려 한 날부터의 구직급여를 지급하지 아니한다. 다만, 그 급여와 관련된 이직 이후에 새로 수급자격을 취득한 경우 그 새로운 수급자격에 따른 구직급여에 대하여는 그러하지 아니하다.

②제1항 본문에도 불구하고 거짓이나 그 밖의 부정한 방법이 제47조제1항에 따른 신고의무의 불이행 또는 거짓의 신고 등 대통령령으로 정하는 사유에 해당하면 그 실업인정대상기간에 한하여 구직급여를 지급하지 아니한다. 다만, 2회 이상의 위반행위를 한 경우에는 제1항 본문에 따른다.

③거짓이나 그 밖의 부정한 방법으로 실업급여를 지급받았거나 받으려 한 자가 제1항 또는 제2항에 따라 구직급여를 지급받을 수 없게 된 경우에도 제50조제3항 및 같은 조 제4항을 적용할 때는 그 구직급여를 지급받은 것으로 본다.

④거짓이나 그 밖의 부정한 방법으로 실업급여를 지급받았거나 받으려 한 자가 제1항 또는 제2항에 따라 구직급여를 지급받을 수 없게 된 경우에도 제63조제2항을 적용할 때는 그 지급받을 수 없게 된 일수분의 구직급여를 지급받은 것으로 본다.

제62조 (반환명령 등) ①직업안정기관의 장은 거짓이나 그 밖의 부정한 방법으로 구직급여를 지급받은 자에게 지급받은 전체 구직급여의 전부 또는 일부의 반환을 명할 수 있고, 이에 추가하여 노동부령으로 정하는 기준에 따라 그 거짓이나 그 밖의 부정한 방법으로 지급받은 구직급여액에 상당하는 액수 이하의 금액을 징수할 수 있다.

②제1항의 경우에 거짓이나 그 밖의 부정한 방법이 사업주(사업주의 대리인·사용인, 그 밖의 종업원을 포함한다)의 거짓된 신고·보고 또는 증명으로 인한 것이면 그 사업주도 그 구직급여를 지급받은 자와 연대(連帶)하여 책임을 진다.

③직업안정기관의 장은 수급자격자 또는 수급자격이 있었던 자에게 잘못 지급된 구직급여가 있으면 그 지급금액을 징수할 수 있다.

제63조 (질병 등의 특례) ①수급자격자가 제42조에 따라 실업의 신고를 한 이후에 질병·부상 또는 출산으로 취업이 불가능하여 실업의 인정을 받지 못한 날에 대하여는 제44조제1항에도 불구하고 그 수급자격자의 청구에 의하여 제46조의 구직급여일액에 해당하는 금액(이하 "상병급여"라 한다)을 구직급여에 갈음하여 지급할 수 있다. 다만, 제60조제1항 및 제2항에 따라 구직급여의 지급이 정지된 기간에 대하여는 상병급여(傷病給與)를 지급하지 아니한다.

②상병급여를 지급할 수 있는 일수는 그 수급자격자에 대한 구직급여 소정급여일수에서 그 수급자격에 의하여 구직급여가 지급된 일수를 뺀 일수를 한도로 한다. 이 경우 상병급여를 지급받은 자에 대하여 이 법의 규정(제61조 및 제62조는 제외한다)을 적용할 때에는 상병급여의 지급 일수에 상당하는 일수분의 구직급여가 지급된 것으로 본다.

③제1항에 따른 상병급여는 그 취업할 수 없는 사유가 없어진 이후에 최초로 구직급여를 지급하는 날(구직급여를 지급하는 날이 없는 경우에는 직업안정기관의 장이 정하는 날)에 지급한다. 다만, 필요하다고 인정하면 노동부장관이 따로 정하는 바에 따라 지급할 수 있다.

④제1항에도 불구하고 수급자격자가 「근로기준법」 제79조에 따른 휴업보상, 「산업재해보상보험법」 제39조에 따른 휴업급여, 그 밖에 이에 해당하는 급여 또는 보상으로서 대통령령으로 정하는 보상 또는 급여를 지급받을 수 있는 경우에는 상병급여를 지급하지 아니한다.

⑤상병급여의 지급에 관하여는 제47조, 제49조, 제57조, 제61조제1항부터 제3항까지 및 제62조를 준용한다. 이 경우 제47조 중 "실업인정대상기간"은 "실업의 인정을 받지 못한 날"로 본다.

제3절 취업촉진 수당

제64조 (조기재취업 수당) ①조기재취업 수당은 수급자격자(「외국인근로자의 고용 등에 관한 법률」 제2조에 따른 외국인 근로자는 제외한다)가 안

정된 직업에 재취직하거나 스스로 영리를 목적으로 하는 사업을 영위하는 경우로서 대통령령으로 정하는 기준에 해당하면 지급한다.

②제1항에도 불구하고 수급자격자가 안정된 직업에 재취업한 날 또는 스스로 영리를 목적으로 하는 사업을 시작한 날 이전의 대통령령으로 정하는 기간에 조기재취업 수당을 지급받은 사실이 있는 경우에는 조기재취업 수당을 지급하지 아니한다.

③조기재취업 수당의 금액은 구직급여의 소정급여일수 중 미지급일수의 비율에 따라 대통령령으로 정하는 기준에 따라 산정한 금액으로 한다.

④조기재취업 수당을 지급받은 자에 대하여 이 법의 규정(제61조 및 제62조는 제외한다)을 적용할 때에는 그 조기재취업 수당의 금액을 제46조에 따른 구직급여일액으로 나눈 일수분에 해당하는 구직급여를 지급한 것으로 본다.

⑤수급자격자를 조기에 재취업시켜 구직급여의 지급 기간이 단축되도록 한 자에게는 대통령령으로 정하는 바에 따라 장려금을 지급할 수 있다.

제65조 (직업능력개발 수당) ①직업능력개발 수당은 수급자격자가 직업안정기관의 장이 지시한 직업능력개발 훈련 등을 받는 경우에 그 직업능력개발 훈련 등을 받는 기간에 대하여 지급한다.

②제1항에도 불구하고 제60조제1항 및 제2항에 따라 구직급여의 지급이 정지된 기간에 대하여는 직업능력개발 수당을 지급하지 아니한다.

③직업능력개발 수당의 지급 요건 및 금액에 필요한 사항은 대통령령으로 정한다. 이 경우 인력의 수급 상황을 고려하여 노동부장관이 특히 필요하다고 인정하여 고시하는 직종에 관한 직업능력개발 훈련 등에 대하여는 직업능력개발 수당의 금액을 다르게 정할 수 있다.

제66조 (광역 구직활동비) ①광역 구직활동비는 수급자격자가 직업안정기관의 소개에 따라 광범위한 지역에 걸쳐 구직 활동을 하는 경우로서 대통령령으로 정하는 기준에 따라 직업안정기관의 장이 필요하다고 인정하면 지급할 수 있다.

②광역 구직활동비의 금액은 제1항의 구직 활동에 통상 드는 비용으로 하되, 그 금액의 산정은 노동부령으로 정하는 바에 따른다.

제67조 (이주비) ①이주비는 수급자격자가 취업하거나 직업안정기관의 장이 지시한 직업능력개발 훈련 등을 받기 위하여 그 주거를 이전하는 경우로서 대통령령으로 정하는 기준에 따라 직업안정기관의 장이 필요하다고 인정하면 지급할 수 있다.

②이주비의 금액은 수급자격자 및 그 수급자격자에 의존하여 생계를 유지하는 동거 친족의 이주에 일반적으로 드는 비용으로 하되, 그 금액의 산정은 노동부령으로 정하는 바에 따라 따른다.

제68조 (취업촉진 수당의 지급 제한) ①거짓이나 그 밖의 부정한 방법으로 실업급여를 받았거나 받으려 한 자에게는 그 급여를 받은 날 또는 받으려 한 날부터의 취업촉진 수당을 지급하지 아니한다. 다만, 그 급여와 관련된 이직 이후에 새로 수급자격을 취득하면 그 새로운 수급자격에 따른 취업촉진 수당은 그러하지 아니하다.

②제1항 본문에도 불구하고 거짓이나 그 밖의 부정한 방법이 제47조제1항에 따른 신고의무의 불이행 또는 거짓의 신고 등 대통령령으로 정하는 사유에 해당하면 취업촉진 수당의 지급을 제한하지 아니한다. 다만, 2회 이상의 위반행위를 한 경우에는 제1항 본문에 따른다.

③거짓이나 그 밖의 부정한 방법으로 실업급여를 지급받았거나 받으려 한 자가 제1항 또는 제2항에 따라 취업촉진 수당을 지급받을 수 없게 되어 조기재취업 수당을 지급받지 못하게 된 경우에도 제64조제4항을 적용할 때는 그 지급받을 수 없게 된 조기재취업 수당을 지급받은 것으로 본다.

제69조 (준용) 취업촉진 수당에 관하여는 제57조제1항·제3항 및 제62조를 준용한다. 이 경우 제57조제1항 중 "수급자격자"는 "취업촉진 수당을 지급받을 수 있는 자"로 본다.

제5장 육아휴직 급여 등

제1절 육아휴직 급여

제70조 (육아휴직 급여) ①노동부장관은 「남녀고용평등법」 제19조에 따른 육아휴직을 30일(「근로기준법」 제74조에 따른 산전후휴가기간 90일과 중복되는 기간은 제외한다) 이상 부여받은 피보험자 중 다음 각 호의 요건을 모두 갖춘 경우에 육아휴직 급여를 지급한다.

1. 육아휴직을 시작한 날 이전에 제41조에 따른 피보험 단위기간이 통산하여 180일 이상일 것

2. 같은 자녀에 대하여 피보험자인 배우자가 육아휴직(30일 미만은 제외한다)을 부여받지 아니하고 있을 것

3. 육아휴직을 시작한 날 이후 1개월부터 끝난 날 이후 12개월 이내에 신청할 것. 다만, 같은 기간에 대통령령으로 정한 사유로 육아휴직 급여를 신청할 수 없었던 자는 그 사유가 끝난 후 30일 이내에 신청하여야 한다.

②제1항에 따른 육아휴직 급여액은 대통령령으로 정한다.

③육아휴직 급여의 신청 및 지급에 관하여 필요한 사항은 노동부령으로 정한다.

제70조 (육아휴직 급여) ①노동부장관은 「남녀고용평등과 일·가정 양립 지원에 관한 법률」 제19조에 따른 육아휴직을 30일(「근로기준법」 제74조에 따른 산전후휴가기간 90일과 중복되는 기간은 제외한다) 이상 부여받은 피보험자 중 다음 각 호의 요건을 모두 갖춘 경우에 육아휴직 급여를 지급한다. [개정 2007.12.21 제8781호(남녀고용평등과 일·가정 양립 지원에 관한 법률)] [[시행일 2008.6.22]]

1. 육아휴직을 시작한 날 이전에 제41조에 따른 피보험 단위기간이 통산하여 180일 이상일 것

2. 같은 자녀에 대하여 피보험자인 배우자가 육아휴직(30일 미만은 제외한다)을 부여받지 아니하고 있을 것

3. 육아휴직을 시작한 날 이후 1개월부터 끝난 날 이후 12개월 이내에 신청할 것. 다만, 같은 기간에 대통령령으로 정한 사유로 육아휴직 급여를 신청할 수 없었던 자는 그 사유가 끝난 후 30일 이내에 신청하여야 한다.

②제1항에 따른 육아휴직 급여액은 대통령령으로 정한다.

③육아휴직 급여의 신청 및 지급에 관하여 필요한 사항은 노동부령으로 정한다.

제71조 (육아휴직의 확인) 사업주는 피보험자가 제70조에 따른 육아휴직 급여를 받으려는 경우 노동부령으로 정하는 바에 따라 사실의 확인 등 모든 절차에 적극 협력하여야 한다.

제72조 (취업의 신고 등) ①피보험자가 육아휴직 급여 기간 중에 이직 또는 새로 취업(취직한 경우 1주간의 소정근로시간이 15시간 미만인 경우는 제외한다. 이하 이 장에서 같다)하거나 사업주로부터 금품을 지급받은 경우에는 그 사실을 직업안정기관의 장에게 신고하여야 한다.

②직업안정기관의 장은 필요하다고 인정하면 육아휴직 급여 기간 중의 이직, 취업 여부 등에 대하여 조사할 수 있다.

제73조 (급여의 지급 제한 등) ①피보험자가 육아휴직 급여 기간 중에 그 사업에서 이직하거나 새로 취업한 경우에는 그 이직 또는 취업하였을 때부터 육아휴직 급여를 지급하지 아니한다.

②피보험자가 사업주로부터 육아휴직을 이유로 금품을 지급받은 경우 대통령령으로 정하는 바에 따라 급여를 감액하여 지급할 수 있다.

③거짓이나 그 밖의 부정한 방법으로 육아휴직 급여를 받았거나 받으려 한 자에게는 그 급여를 받은 날 또는 받으려 한 날부터의 육아휴직 급여를

지급하지 아니한다. 다만, 그 급여와 관련된 육아휴직 이후에 새로 육아휴직 급여 요건을 갖춘 경우 그 새로운 요건에 따른 육아휴직 급여는 그러하지 아니하다.

제74조 (준용) 육아휴직 급여에 관하여는 제62조를 준용한다. 이 경우 "구직급여"는 "육아휴직 급여"로 본다.

제2절 산전후휴가 급여 등

제75조 (산전후휴가 급여 등) 노동부장관은 「남녀고용평등법」 제18조에 따라 피보험자가 「근로기준법」 제74조에 따른 산전후휴가 또는 유산·사산휴가를 받은 경우로서 다음 각 호의 요건을 모두 갖춘 경우에 산전후휴가 급여 등(이하 "산전후휴가 급여등"이라 한다)을 지급한다.

1. 휴가가 끝난 날 이전에 제41조에 따른 피보험 단위기간이 통산하여 180일 이상일 것
2. 휴가를 시작한 날(제19조제2항에 따라 근로자의 수 등이 대통령령으로 정하는 기준에 해당하는 기업이 아닌 경우는 휴가 시작 후 60일이 지난 날로 본다) 이후 1개월부터 휴가가 끝난 날 이후 12개월 이내에 신청할 것. 다만, 그 기간에 대통령령으로 정하는 사유로 산전후휴가 급여등을 신청할 수 없었던 자는 그 사유가 끝난 후 30일 이내에 신청하여야 한다.

제75조 (산전후휴가 급여 등) 노동부장관은 「남녀고용평등과일·가정 양립지원에관한법률」 제18조에 따라 피보험자가 「근로기준법」 제74조에 따른 산전후휴가 또는 유산·사산휴가를 받은 경우로서 다음 각 호의 요건을 모두 갖춘 경우에 산전후휴가 급여 등(이하 "산전후휴가 급여등"이라 한다)을 지급한다. [개정 2007.12.21 제8781호(남녀고용평등과 일·가정 양립 지원에 관한 법률)] [[시행일 2008.6.22]]

1. 휴가가 끝난 날 이전에 제41조에 따른 피보험 단위기간이 통산하여 180일 이상일 것

2. 휴가를 시작한 날(제19조제2항에 따라 근로자의 수 등이 대통령령으로 정하는 기준에 해당하는 기업이 아닌 경우는 휴가 시작 후 60일이 지난 날로 본다) 이후 1개월부터 휴가가 끝난 날 이후 12개월 이내에 신청할 것. 다만, 그 기간에 대통령령으로 정하는 사유로 산전후휴가 급여등을 신청할 수 없었던 자는 그 사유가 끝난 후 30일 이내에 신청하여야 한다.

제76조 (지급 기간 등) ①제75조에 따른 산전후휴가 급여등은 「근로기준법」 제74조에 따른 휴가 기간에 대하여 「근로기준법」 의 통상임금(휴가를 시작한 날을 기준으로 산정한다)에 해당하는 금액을 지급한다. 다만, 제19조제2항에 따라 근로자의 수 등이 대통령령으로 정하는 기준에 해당하는 기업이 아닌 경우에는 휴가 기간 중 60일을 초과한 일수(30일을 한도로 한다)로 한정한다.

②제1항에 따른 산전후휴가 급여등의 지급 금액은 대통령령으로 정하는 바에 따라 그 상한액과 하한액을 정할 수 있다.

③제1항과 제2항에 따른 산전후휴가 급여등의 신청 및 지급에 필요한 사항은 노동부령으로 정한다.

제77조 (준용) 산전후휴가 급여등에 관하여는 제62조, 제71조부터 제73조까지의 규정을 준용한다. 이 경우 제62조 중 "구직급여"는 "산전후휴가 급여등"으로, 제71조부터 제73조까지의 규정 중 "육아휴직"은 "산전후휴가 또는 유산·사산휴가"로 각각 본다.

제6장 고용보험기금

제78조 (기금의 설치 및 조성) ①노동부장관은 보험사업에 필요한 재원에

충당하기 위하여 고용보험기금(이하 "기금"이라 한다)을 설치한다.

②기금은 보험료와 이 법에 따른 징수금·적립금·기금운용 수익금과 그 밖의 수입으로 조성한다.

제79조 (기금의 관리·운용) ①기금은 노동부장관이 관리·운용한다.

②기금의 관리·운용에 관한 세부 사항은 「국가재정법」의 규정에 따른다.

③노동부장관은 다음 각 호의 방법에 따라 기금을 관리·운용한다.

1. 금융기관에의 예탁

2. 재정자금에의 예탁

3. 국가·지방자치단체 또는 금융기관에서 직접 발행하거나 채무이행을 보증하는 유가증권의 매입

4. 보험사업의 수행 또는 기금 증식을 위한 부동산의 취득 및 처분

5. 그 밖에 대통령령으로 정하는 기금 증식 방법

④노동부장관은 제1항에 따라 기금을 관리·운용할 때에는 그 수익이 대통령령으로 정하는 수준 이상 되도록 하여야 한다.

제80조 (기금의 용도) ①기금은 다음 각 호의 용도에 사용하여야 한다. [개정 2008.3.21]

1. 고용안정·직업능력개발 사업에 필요한 경비

2. 실업급여의 지급

3. 육아휴직 급여 및 산전후휴가 급여등의 지급

4. 보험료의 반환

5. 일시 차입금의 상환금과 이자

6. 이 법과 보험료징수법에 따른 업무를 대행하거나 위탁받은 자에 대한 출연금

7. 그 밖에 이 법의 시행을 위하여 필요한 경비로서 대통령령으로 정하는 경비와 제1호 및 제2호에 따른 사업의 수행에 딸린 경비

②제1항제6호에 따른 출연금의 지급기준, 사용 및 관리에 관하여 필요한

사항은 대통령령으로 정한다. [신설 2008.3.21]

제81조 (기금운용 계획 등) ①노동부장관은 매년 기금운용 계획을 세워 고용정책심의회 및 국무회의의 심의를 거쳐 대통령의 승인을 받아야 한다. ②노동부장관은 매년 기금의 운용 결과에 대하여 고용정책심의회의 심의를 거쳐 공표하여야 한다.

제82조 (기금계정의 설치) ①노동부장관은 한국은행에 고용보험기금계정을 설치하여야 한다.
②제1항의 고용보험기금계정은 고용안정·직업능력개발 사업 및 실업급여로 구분하여 관리한다.

제83조 (기금의 출납) 기금의 관리·운용을 하는 경우 출납에 필요한 사항은 대통령령으로 정한다.

제84조 (기금의 적립) ①노동부장관은 대량 실업의 발생이나 그 밖의 고용상태의 불안에 대비한 준비금으로 그 연도의 지출 비용을 초과하는 여유자금을 적립하여야 한다.
②제1항에 따른 적립금의 적정한 규모는 고용정책심의회의 심의를 거쳐 결정한다.

제85조 (잉여금과 손실금의 처리) ①기금의 결산상 잉여금이 생기면 이를 적립금으로 적립하여야 한다.
②기금의 결산상 손실금이 생기면 적립금을 사용하여 이를 보전(補塡)할 수 있다.

제86조 (차입금) 기금을 지출할 때 자금 부족이 발생하거나 발생할 것으로 예상되는 경우에는 기금의 부담으로 금융기관·다른 기금과 그 밖의 재

원 등으로부터 차입을 할 수 있다.

제7장 심사 및 재심사청구

제87조 (심사와 재심사) ①제17조에 따른 피보험자격의 취득·상실에 대한 확인, 제4장의 규정에 따른 실업급여 및 제5장에 따른 육아휴직 급여와 산전후휴가 급여등에 관한 처분[이하 "원처분(原處分)등"이라 한다]에 이의가 있는 자는 제89조에 따른 심사관에게 심사를 청구할 수 있고, 그 결정에 이의가 있는 자는 제99조에 따른 심사위원회에 재심사를 청구할 수 있다.

②제1항에 따른 심사의 청구는 같은 항의 확인 또는 처분이 있음을 안 날부터 90일 이내에, 재심사의 청구는 심사청구에 대한 결정이 있음을 안 날부터 90일 이내에 각각 제기하여야 한다.

③제1항에 따른 심사 및 재심사의 청구는 시효중단에 관하여 재판상의 청구로 본다.

제88조 (대리인의 선임) 심사청구인 또는 재심사청구인은 법정대리인 외에 다음 각 호의 어느 하나에 해당하는 자를 대리인으로 선임할 수 있다.
1. 청구인의 배우자, 직계존속·비속 또는 형제자매
2. 청구인인 법인의 임원 또는 직원
3. 변호사나 공인노무사
4. 제99조에 따른 심사위원회의 허가를 받은 자

제89조 (고용보험심사관) ①제87조에 따른 심사를 행하게 하기 위하여 고용보험심사관(이하 "심사관"이라 한다)을 둔다.

②심사관은 제87조제1항에 따라 심사청구를 받으면 30일 이내에 그 심사청구에 대한 결정을 하여야 한다. 다만, 부득이한 사정으로 그 기간에 결정할 수 없을 때에는 1차에 한하여 10일을 넘지 아니하는 범위에서 그 기간

을 연장할 수 있다.

③심사관의 정원·자격·배치 및 직무에 필요한 사항은 대통령령으로 정한다.

④당사자는 심사관에게 심리·결정의 공정을 기대하기 어려운 사정이 있으면 그 심사관에 대한 기피신청을 노동부장관에게 할 수 있다.

⑤심사청구인이 사망한 경우 그 심사청구인이 실업급여의 수급권자이면 제57조에 따른 유족이, 그 외의 자인 때에는 상속인 또는 심사청구의 대상인 원처분등에 관계되는 권리 또는 이익을 승계한 자가 각각 심사청구인의 지위를 승계한다.

제90조 (심사의 청구 등) ①제87조제1항에 따른 심사의 청구는 원처분등을 한 직업안정기관을 거쳐 심사관에게 하여야 한다.

②직업안정기관은 심사청구서를 받은 날부터 5일 이내에 의견서를 첨부하여 심사청구서를 심사관에게 보내야 한다.

제91조 (청구의 방식) 심사의 청구는 대통령령으로 정하는 바에 따라 문서로 하여야 한다.

제92조 (보정 및 각하) ①심사의 청구가 제87조제2항에 따른 기간이 지났거나 법령으로 정한 방식을 위반하여 보정(補正)하지 못할 것인 경우에 심사관은 그 심사의 청구를 결정으로 각하(却下)하여야 한다.

②심사의 청구가 법령으로 정한 방식을 어긴 것이라도 보정할 수 있는 것인 경우에 심사관은 상당한 기간을 정하여 심사청구인에게 심사의 청구를 보정하도록 명할 수 있다. 다만, 보정할 사항이 경미한 경우에는 심사관이 직권으로 보정할 수 있다.

③심사관은 심사청구인이 제2항의 기간에 그 보정을 하지 아니하면 결정으로써 그 심사청구를 각하하여야 한다.

제93조 (원처분등의 집행 정지) ①심사의 청구는 원처분등의 집행을 정지시키지 아니한다. 다만, 심사관은 원처분등의 집행에 의하여 발생하는 중대한 위해(危害)를 피하기 위하여 긴급한 필요가 있다고 인정하면 직권으로 그 집행을 정지시킬 수 있다.

②심사관은 제1항 단서에 따라 집행을 정지시키려고 할 때에는 그 이유를 적은 문서로 그 사실을 직업안정기관의 장에게 알려야 한다.

③직업안정기관의 장은 제2항에 따른 통지를 받으면 지체 없이 그 집행을 정지하여야 한다.

④심사관은 제2항에 따라 집행을 정지시킨 경우에는 지체 없이 심사청구인에게 그 사실을 문서로 알려야 한다.

제94조 (심사관의 권한) ①심사관은 심사의 청구에 대한 심리를 위하여 필요하다고 인정하면 심사청구인의 신청 또는 직권으로 다음 각 호의 조사를 할 수 있다.

1. 심사청구인 또는 관계인을 지정 장소에 출석하게 하여 질문하거나 의견을 진술하게 하는 것
2. 심사청구인 또는 관계인에게 증거가 될 수 있는 문서와 그 밖의 물건을 제출하게 하는 것
3. 전문적인 지식이나 경험을 가진 제삼자로 하여금 감정(鑑定)하게 하는 것
4. 사건에 관계가 있는 사업장 또는 그 밖의 장소에 출입하여 사업주·종업원이나 그 밖의 관계인에게 질문하거나 문서와 그 밖의 물건을 검사하는 것

②심사관은 제1항제4호에 따른 질문과 검사를 하는 경우에는 그 권한을 나타내는 증표를 지니고 이를 관계인에게 내보여야 한다.

제95조 (실비변상) 제94조제1항제1호에 따라 지정한 장소에 출석한 자와 같은 항 제3호에 따라 감정을 한 감정인에게는 노동부장관이 정하는 실비를 변상한다.

제96조 (결정) 심사관은 심사의 청구에 대한 심리(審理)를 마쳤을 때에는 원처분등의 전부 또는 일부를 취소하거나 심사청구의 전부 또는 일부를 기각한다.

제97조 (결정의 방법) ①제89조에 따른 결정은 대통령령으로 정하는 바에 따라 문서로 하여야 한다.

②심사관은 결정을 하면 심사청구인 및 원처분등을 한 직업안정기관의 장에게 각각 결정서의 정본(正本)을 보내야 한다.

제98조 (결정의 효력) ①결정은 심사청구인 및 직업안정기관의 장에게 결정서의 정본을 보낸 날부터 효력이 발생한다.

②결정은 원처분등을 행한 직업안정기관의 장을 기속(羈束)한다.

제99조 (고용보험심사위원회) ①제87조에 따른 재심사를 하게 하기 위하여 노동부에 고용보험심사위원회(이하 "심사위원회"라 한다)를 둔다.

②심사위원회는 근로자를 대표하는 자 및 사용자를 대표하는 자 각 1명 이상을 포함한 15명 이내의 위원으로 구성한다.

③제2항의 위원 중 2명은 상임위원으로 한다.

④다음 각 호의 어느 하나에 해당하는 자는 위원에 임명될 수 없다.

1. 금치산자·한정치산자 또는 파산의 선고를 받고 복권되지 아니한 자
2. 금고 이상의 형을 선고받고 그 형의 집행이 종료되거나 집행을 받지 아니하기로 확정된 후 3년이 지나지 아니한 자

⑤위원은 형의 선고를 받았거나 심신 쇠약 또는 현저한 능력 부족으로 직무를 수행하기 곤란한 때 외에는 그 의사와 다르게 면직되지 아니한다.

⑥상임위원은 정당에 가입하거나 정치에 관여하여서는 아니 된다.

⑦심사위원회는 제87조제1항에 따라 재심사의 청구를 받으면 50일 이내에 재결(裁決)을 하여야 한다. 이 경우 재결기간의 연장에 관하여는 제89조제2항을 준용한다.

⑧심사위원회에 사무국을 둔다.

⑨심사위원회 및 사무국의 조직·운영 등에 필요한 사항은 대통령령으로 정한다.

제100조 (재심사의 상대방) 재심사의 청구는 원처분등을 행한 직업안정기관의 장을 상대방으로 한다.

제101조 (심리) ①심사위원회는 재심사의 청구를 받으면 그 청구에 대한 심리 기일(심리기일) 및 장소를 정하여 심리 기일 3일 전까지 당사자 및 그 사건을 심사한 심사관에게 알려야 한다.

②당사자는 심사위원회에 문서나 구두로 그 의견을 진술할 수 있다.

③심사위원회의 재심사청구에 대한 심리는 공개한다. 다만, 당사자의 양쪽 또는 어느 한 쪽이 신청한 경우에는 공개하지 아니할 수 있다.

④심사위원회는 심리조서(審理調書)를 작성하여야 한다.

⑤당사자나 관계인은 제4항의 심리조서의 열람을 신청할 수 있다.

⑥위원회는 당사자나 관계인이 제5항에 따른 열람 신청을 하면 정당한 사유 없이 이를 거부하여서는 아니 된다.

⑦재심사청구의 심리에 관하여는 제94조 및 제95조를 준용한다. 이 경우 "심사관"은 "심사위원회"로, "심사의 청구"는 "재심사의 청구"로, "심사청구인"은 "재심사청구인"으로 본다.

제102조 (준용 규정) 심사위원회와 재심사에 관하여는 제89조제4항·제5항, 제91조부터 제93조까지, 제96조부터 제98조까지의 규정을 준용한다. 이 경우 제89조제4항 중 "심사관"은 "심사위원회의 위원"으로, 제89조제4항·제97조·제98조 중 "결정"은 각각 "재결"로, 제91조·제93조·제96조 중 "심사의 청구"는 각각 "재심사의 청구"로, 제93조·제96조·제97조 중 "심사관"은 각각 "심사위원회"로, 제93조·제97조·제98조 중 "심사청구인"은 각각 "재심사청구인"으로 본다.

제103조 (고지) 직업안정기관의 장이 원처분등을 하거나 심사관이 제97조 제2항에 따라 결정서의 정본을 송부하는 경우에는 그 상대방 또는 심사청구인에게 원처분등 또는 결정에 관하여 심사 또는 재심사를 청구할 수 있는지의 여부, 청구하는 경우의 경유(經由) 절차 및 청구 기간을 알려야 한다.

제104조 (다른 법률과의 관계) ①재심사의 청구에 대한 재결은 「행정소송법」 제18조를 적용할 경우 행정심판에 대한 재결로 본다.
②심사 및 재심사의 청구에 관하여 이 법에서 정하고 있지 아니한 사항은 「행정심판법」 의 규정에 따른다.

제8장 보칙

제105조 (불이익 처우의 금지) 사업주는 근로자가 제17조에 따른 확인의 청구를 한 것을 이유로 그 근로자에게 해고나 그 밖의 불이익한 처우를 하여서는 아니 된다.

제106조 (준용) 이 법에 따른 징수금의 징수에 관하여는 보험료징수법 제27조부터 제30조까지·제32조·제39조·제41조 및 제42조를 준용한다.

제107조 (소멸시효) ①제3장부터 제5장까지의 규정에 따른 지원금·실업급여·육아휴직 급여 또는 산전후휴가 급여등을 지급받거나 그 반환을 받을 권리는 3년간 행사하지 아니하면 시효로 소멸한다. 다만, 보험료징수법 제22조의3에 따라 고용보험료를 면제받는 기간 중에 발생하는 사업주의 제3장에 따른 지원금을 지급받을 권리는 보험에 가입한 날이 속하는 그 보험연도의 직전 보험연도 첫날에 소멸한 것으로 본다.
②소멸시효의 중단에 관하여는 「산업재해보상보험법」 제80조를 준용한다.

제108조 (보고 등) ①노동부장관은 필요하다고 인정하면 피보험자 또는 수급자격자를 고용하고 있거나 고용하였던 사업주, 보험료징수법 제33조에 따른 보험사무대행기관(이하 "보험사무대행기관"이라 한다) 및 보험사무대행기관이었던 자에게 피보험자의 자격 확인, 부정수급(不正受給)의 조사 등 이 법의 시행에 필요한 보고, 관계 서류의 제출 또는 관계인의 출석을 요구할 수 있다.

②이직한 자는 종전의 사업주 또는 그 사업주로부터 보험 사무의 위임을 받아 보험 사무를 처리하는 보험사무대행기관에 실업급여를 지급받기 위하여 필요한 증명서의 교부를 청구할 수 있다. 이 경우 청구를 받은 사업주나 보험사무대행기관은 그 청구에 따른 증명서를 내주어야 한다.

③노동부장관은 피보험자, 수급자격자 또는 지급되지 아니한 실업급여의 지급을 청구하는 자에게 피보험자의 자격 확인, 부정수급의 조사 등 이 법의 시행에 필요한 보고를 하게 하거나 관계 서류의 제출 또는 출석을 요구할 수 있다.

제109조 (조사 등) ①노동부장관은 피보험자의 자격 확인, 부정수급의 조사 등 이 법의 시행을 위하여 필요하다고 인정하면 소속 직원에게 피보험자 또는 수급자격자를 고용하고 있거나 고용하였던 사업주의 사업장 또는 보험사무대행기관 및 보험사무대행기관이었던 자의 사무소에 출입하여 관계인에 대하여 질문하거나 장부 등 서류를 조사하게 할 수 있다.

②노동부장관이 제1항에 따라 조사를 하는 경우에는 그 사업주 등에게 미리 조사 일시·조사 내용 등 조사에 필요한 사항을 알려야 한다. 다만, 긴급하거나 미리 알릴 경우 그 목적을 달성할 수 없다고 인정되는 경우에는 그러하지 아니하다.

③제1항에 따라 조사를 하는 직원은 그 신분을 나타내는 증표를 지니고 이를 관계인에게 내보여야 한다.

④노동부장관은 제1항에 따른 조사 결과를 그 사업주 등에게 서면으로 알려야 한다.

제110조 (자료의 요청) ①노동부장관은 보험사업의 효율적인 운영을 위하여 필요하면 관계 중앙행정기관·지방자치단체, 그 밖의 공공단체 등에게 필요한 자료의 제출을 요청할 수 있다.

②제1항에 따라 자료의 제출을 요청받은 자는 정당한 사유가 없으면 요청에 따라야 한다.

제111조 (진찰명령) 직업안정기관의 장은 실업급여의 지급을 위하여 필요하다고 인정하면 제44조제3항제1호에 해당하는 자로서 같은 조 제2항에 따른 실업의 인정을 받았거나 받으려는 자 및 제63조에 따라 상병급여를 지급받았거나 지급받으려는 자에게 노동부장관이 지정하는 의료기관에서 진찰을 받도록 명할 수 있다.

제112조 (포상금의 지급) ①노동부장관은 이 법에 따른 고용안정·직업능력개발 사업의 지원·위탁 및 실업급여·육아휴직 급여 또는 산전후휴가 급여등의 지원과 관련한 부정행위를 신고한 자에게 예산의 범위에서 포상금을 지급할 수 있다.

②제1항에 따른 부정행위의 신고 및 포상금의 지급에 필요한 사항은 노동부령으로 정한다.

제113조 (자영업자에 대한 특례) 제8조에도 불구하고 소득 등을 고려하여 대통령령으로 정하는 자영업자는 보험료징수법에서 정한 바에 따라 자기를 피보험자로 하여 이 법(제3장의 규정만 해당한다)의 적용을 받을 수 있다.

제114조 (시범사업의 실시) ①노동부장관은 보험사업을 효과적으로 시행하기 위하여 전면적인 시행에 어려움이 예상되거나 수행 방식 등을 미리 검증할 필요가 있는 경우 대통령령으로 정하는 보험사업은 시범사업을 할 수 있다.

②노동부장관은 제1항에 따른 시범사업에 참여하는 사업주, 피보험자등

및 직업능력개발이나 훈련 시설 등에 재정·행정·기술 그 밖에 필요한 지원을 할 수 있다.

③제1항에 따른 시범사업의 대상자·실시지역·실시방법과 제2항에 따른 지원 내용 등에 관하여 필요한 사항은 노동부장관이 정하여 고시한다.

제115조 (권한의 위임·위탁) 이 법에 따른 노동부장관의 권한은 대통령령으로 정하는 바에 따라 그 일부를 직업안정기관의 장에게 위임하거나 대통령령으로 정하는 자에게 위탁할 수 있다.

제9장 벌칙

제116조 (벌칙) ①제105조를 위반하여 근로자를 해고하거나 그 밖에 근로자에게 불이익한 처우를 한 사업주는 3년 이하의 징역 또는 1천만원 이하의 벌금에 처한다.

②거짓이나 그 밖의 부정한 방법으로 실업급여·육아휴직 급여 및 산전후휴가 급여등을 받은 자는 1년 이하의 징역 또는 300만원 이하의 벌금에 처한다.

제117조 (과태료) ①다음 각 호의 어느 하나에 해당하는 사업주, 보험사무대행기관의 대표자 또는 대리인·사용인, 그 밖의 종업원에게는 300만원 이하의 과태료를 부과한다.

1. 제15조를 위반하여 신고를 하지 아니하거나 거짓으로 신고한 자
2. 제16조제1항을 위반하여 이직확인서를 제출하지 아니하거나 거짓으로 작성하여 제출한 자
3. 제16조제2항 후단을 위반하여 이직확인서를 내주지 아니한 자
4. 제108조제1항에 따른 요구에 불응하여 보고를 하지 아니하거나 거짓으로 보고한 자 또는 같은 요구에 불응하여 문서를 제출하지 아니하거나

거짓으로 적은 문서를 제출한 자

5. 제108조제2항에 따른 요구에 불응하여 증명서의 교부를 거부한 자

6. 제109조제1항에 따른 질문에 답변을 하지 아니하거나 거짓으로 진술을 한 자 또는 조사를 거부·방해하거나 기피한 자

②다음 각 호의 어느 하나에 해당하는 피보험자, 수급자격자 또는 지급되지 아니한 실업급여의 지급을 청구하는 자에게는 100만원 이하의 과태료를 부과한다.

1. 제108조제3항에 따른 명령을 위반하여 보고를 하지 아니하거나 거짓으로 보고한 자 또는 문서를 제출하지 아니하거나 거짓으로 적은 문서를 제출한 자 또는 출석하지 아니한 자

2. 제109조제1항에 따른 질문에 답변을 하지 아니하거나 거짓으로 진술을 한 자 또는 검사를 거부·방해하거나 기피한 자

③제87조에 따른 심사 또는 재심사의 청구를 받아 행하는 심사관 및 심사위원회의 질문에 답변을 하지 아니하거나, 거짓으로 답변한 자 또는 검사를 거부·방해하거나 기피한 자에게는 100만원 이하의 과태료를 부과한다.

④제1항부터 제3항까지의 규정에 따른 과태료는 대통령령으로 정하는 바에 따라 노동부장관이 부과·징수한다.

⑤제4항에 따른 과태료 처분에 불복하는 자는 그 처분을 고지받은 날부터 30일 이내에 노동부장관에게 이의를 제기할 수 있다.

⑥제4항에 따른 과태료 처분을 받은 자가 제5항에 따라 이의를 제기하면 노동부장관은 지체 없이 관할 법원에 그 사실을 통보하여야 하며, 그 통보를 받은 관할 법원은 「비송사건절차법」에 따른 과태료 재판을 한다.

⑦제5항에 따른 기간에 이의를 제기하지 아니하고 과태료를 내지 아니하면 국세 체납처분의 예에 따라 징수한다.

제118조 (양벌규정) ①법인의 대표자, 대리인, 사용인, 그 밖의 종업원이 그 법인의 업무에 관하여 제116조의 위반행위를 하면 그 행위자를 벌할 뿐만 아니라 그 법인에도 해당 조문의 벌금형을 과(科)한다.

②개인의 대리인, 사용인, 그 밖의 종업원이 그 개인의 업무에 관하여 제116조의 위반행위를 하면 그 행위자를 벌할 뿐만 아니라 그 개인에게도 해당 조문의 벌금형을 과한다.

부칙

부칙 [1993.12.27 제4644호]

①(시행일) 이 법은 1995년 7월 1일부터 시행한다.

②(이 법 시행당시의 사업에 대한 경과조치) 제11조의 규정에 불구하고 이 법 시행당시의 사업으로서 제7조 본문의 규정에 의한 사업의 사업주 및 근로자(제8조의 규정에 의한 적용제외근로자를 제외한다) 에 대한 보험관계는 이 법 시행일에 성립한 것으로 본다.

③(퇴직금제도의 개선에 관한 경과조치) 노동부장관은 이 법 시행에 따라 근로기준법 제28조의 규정에 의한 퇴직금제도의 개선방안을 강구하여야 한다.

부칙 [1994.12.22 제4826호(산업재해보상보험법)]

제1조 (시행일) 이 법은 1995년 5월 1일부터 시행한다. <단서 생략>

제2조 내지 제9조 생략

제10조 (다른 법률의 개정) ①내지 ③생략

④고용보험법중 다음과 같이 개정한다.

제60조제3항을 다음과 같이 한다.

③산업재해보상보험법 제65조제3항 내지 제5항 및 동법 제66조의 규정은 개산보험료의 보고와 납부에 관하여 이를 준용한다. 이 경우 동법 제65조제3항 내지 제5항 및 제66조중 "공단"은 "노동부장관"으로, "신고"는 "보고"로, "보험가입자"는 "사업주"로 본다.

제61조제2항을 다음과 같이 한다.

②산업재해보상보험법 제67조제2항 내지 제4항의 규정은 확정보험료의 보고·납부 및 정산에 관하여 이를 준용한다. 이 경우 동법 제67조제2항

내지 제4항중 "공단"은 "노동부장관"으로, "신고"는 "보고"로, "보험가입자"는 "사업주"로 본다.

제64조제4항을 다음과 같이 한다.

④산업재해보상보험법 제58조제4항 및 제5항, 동법 제59조 내지 제61조의 규정은 고용보험사무조합 및 고용보험사무조합에 의한 보험사무의 처리에 관하여 이를 준용한다. 이 경우 동법 제58조제4항, 제59조 및 제60조중 "공단"은 "노동부장관"으로, "보험가입자"는 "사업주"로 본다.

제65조를 다음과 같이 한다.

제65조 (준용) 산업재해보상보험법 제69조 내지 제71조, 동법 제73조 내지 제77조 및 동법 제95조의 규정은 보험료 기타 이 법에 의한 징수금의 납부와 징수(실업급여의 반환을 포함한다)에 관하여 이를 준용한다. 이 경우 동법 제69조 내지 제71조, 동법 제73조 내지 제75조 및 동법 제95조중 "공단"은 "노동부장관"으로, 동법 제69조중 "확정보험료신고서"는 "확정보험료보고서"로, 동법 제69조·제71조 및 제95조중 "보험가입자"는 "사업주"로 본다.

제74조제1항중 "확인 또는 제5장의 규정에 의한 실업급여에 관한 처분"을 "확인 또는 제5장의 규정에 의한 실업급여에 관한 처분(이하 "원처분등"이라 한다)"으로 하고, 동조제2항을 삭제하며, 동조제3항 및 제4항을 각각 제2항 및 제3항으로 한다.

제75조제2항중 "하여야 한다"를 "하여야 한다. 다만, 부득이한 사정으로 인하여 그 기간내에 결정할 수 없을 때에는 1차에 한하여 10일을 넘지 아니하는 범위내에서 그 기간을 연장할 수 있다"로 한다.

제75조제4항을 다음과 같이 하고, 동조에 제5항을 다음과 같이 신설한다.

④당사자는 심사관에게 심리·결정의 공정을 기대하기 어려운 사정이 있는 경우에는 당해 심사관에 대한 기피신청을 노동부장관에게 할 수 있다.

⑤심사청구인이 사망한 경우 그 심사청구인이 실업급여의 수급권자인 때에는 제44조의 규정에 의한 유족이, 그 외의 자인 때에는 상속인 또는 심사청구의 대상인 원처분등에 관계되는 권리 또는 이익을 승계한 자가 각각

심사청구인의 지위를 승계한다.

제75조의2 내지 제75조의11을 각각 다음과 같이 신설한다.

제75조의2 (심사의 청구등) ①제74조제1항의 규정에 의한 심사의 청구는 원처분등을 행한 직업안정기관을 거쳐 당해 직업안정기관의 관할구역을 관할하는 심사관에게 하여야 한다.

②직업안정기관은 심사청구서를 받은 날부터 5일이내에 의견서를 첨부하여 이를 관할심사관에게 송부하여야 한다.

제75조의3 (청구의 방식) 심사의 청구는 대통령령이 정하는 바에 의하여 문서로 하여야 한다.

제75조의4 (보정 및 각하) ①심사의 청구가 제74조제2항의 규정에 의한 기간이 경과되었거나 법령상의 방식에 위반하여 보정하지 못할 것인 때에는 심사관은 이를 결정으로 각하하여야 한다.

②심사의 청구가 법령상의 방식에 위반한 것이라도 보정할 수 있는 것인 때에는 심사관은 상당한 기간을 정하여 심사청구인에게 이를 보정할 것을 명할 수 있다. 다만, 보정할 사항이 경미한 경우에는 심사관이 직권으로 이를 보정할 수 있다.

③심사관은 심사청구인이 제2항의 기간내에 그 보정을 하지 아니한 때에는 결정으로써 그 심사청구를 각하하여야 한다.

제75조의5 (이송) ①심사관은 심사의 청구가 관할위반인 경우에는 대통령령이 정하는 바에 의하여 그 사건을 관할심사관에게 이송하고, 그 사실을 심사청구인에게 통지하여야 한다.

②제1항의 규정에 의하여 이송된 사건은 처음부터 그 이송을 받은 심사관에게 청구된 것으로 본다.

제75조의6 (원처분의 집행의 정지) ①심사의 청구는 원처분등의 집행을 정지시키지 아니한다. 다만, 심사관은 원처분등의 집행에 의하여 발생하는 중대한 위해를 피하기 위하여 긴급한 필요가 있다고 인정할 때에는 직권으로 그 집행을 정지시킬 수 있다.

②심사관은 제1항 단서의 규정에 의하여 집행을 정지시키고자 할 때에는

그 이유를 기재한 문서로 이를 통지하여야 한다.

③직업안정기관의 장은 제2항의 규정에 의한 통지를 받은 때에는 지체없이 그 집행을 정지하여야 한다.

④심사관은 제2항의 규정에 의하여 집행을 정지시킨 때에는 지체없이 이를 심사청구인에게 문서로 통지하여야 한다.

제75조의7 (심사관의 권한) ①심사관은 심사의 청구에 대한 심리를 위하여 필요하다고 인정할 때에는 심사청구인의 신청 또는 직권에 의하여 다음 각호의 조사를 할 수 있다.

1. 심사청구인 또는 관계인을 지정장소에 출석하게 하여 질문하거나 의견을 진술하게 하는 것

2. 심사청구인 또는 관계인에게 증거가 될 수 있는 문서 기타 물건을 제출하게 하는 것

3. 전문적인 지식이나 경험을 가진 제삼자로 하여금 감정하게 하는 것

4. 사건에 관계가 있는 사업장이거나 기타 장소에 출입하여 사업주·종업원이나 기타 관계인에게 질문하거나 문서 기타 물건을 검사하는 것

②심사관은 제1항제4호의 규정에 의한 질문과 검사를 행하는 경우에는 그 권한을 표시하는 증표를 관계인에게 내보여야 한다.

제75조의8 (실비변상) 제75조의7제1항제1호의 규정에 의하여 지정한 장소에 출석한 자와 동항제3호의 규정에 의하여 감정을 한 감정인에게는 노동부장관이 정하는 실비를 변상한다.

제75조의9 (결정) 심사관은 심사의 청구에 대한 심리를 종결한 때에는 원처분등의 전부 또는 일부를 취소하거나 심사청구의 전부 또는 일부를 기각한다.

제75조의10 (결정의 방법) ①제75조의 규정에 의한 결정은 대통령령이 정하는 바에 의하여 문서로 행하여야 한다.

②심사관은 결정을 한 때에는 심사청구인 및 원처분등을 행한 직업안정기관의 장에게 각각 결정서의 정본을 송부하여야 한다.

제75조의11 (결정의 효력) ①결정은 심사청구인 및 직업안정기관의 장에

게 결정서의 정본을 송부한 날부터 효력이 발생한다.

②결정은 원처분등을 행한 직업안정기관의 장을 기속한다.

제76조제4항 및 제5항을 각각 다음과 같이 하고, 동조에 제6항 내지 제8항을 각각 다음과 같이 신설한다.

④다음 각호의 1에 해당하는 자는 위원에 임명될 수 없다.

1. 금치산자·한정치산자 또는 파산의 선고를 받고 복권되지 아니한 자

2. 금고이상의 형을 받고 그 형의 집행이 종료되거나 집행을 받지 아니하기로 확정된 후 3년이 경과되지 아니한 자

⑤위원은 형의 선고를 받았거나 심신쇠약 또는 현저한 능력부족으로 직무를 수행하기 곤란한 때 외에는 그 의사에 반하여 면직되지 아니한다.

⑥상임위원은 정당에 가입하거나 정치에 관여하여서는 아니된다.

⑦심사위원회는 제74조제1항의 규정에 의하여 재심사의 청구를 받은 때에는 50일이내에 재결을 하여야 한다. 이 경우 제75조제2항 단서의 규정은 재결기간의 연장에 관하여 이를 준용한다.

⑧심사위원회의 구성·운영 및 사무행정조직등에 관하여 필요한 사항은 대통령령으로 정한다.

제76조의2 내지 제76조의5를 각각 다음과 같이 신설한다.

제76조의2 (재심사의 상대방) 재심사의 청구는 원처분등을 행한 직업안정기관의 장을 상대방으로 한다.

제76조의3 (심리) ①심사위원회는 재심사의 청구를 수리한 때에는 그 청구에 대한 심리기일 및 장소를 정하여 심리기일 3일전까지 당사자 및 그 사건을 심사한 심사관에게 통지하여야 한다.

②당사자는 심사위원회에 문서 또는 구두로 그 의견을 진술할 수 있다.

③위원회의 재심사청구에 대한 심리는 공개한다. 다만, 당사자의 쌍방 또는 일방의 신청이 있는 경우에는 공개하지 아니할 수 있다.

④심사위원회는 심리조서를 작성하여야 한다.

⑤당사자 또는 관계인은 제4항의 심리조서의 열람을 신청할 수 있다.

⑥위원회는 당사자 또는 관계인으로부터 제5항의 규정에 의한 열람신청

이 있은 때에는 정당한 사유없이 이를 거부하여서는 아니된다.

⑦제75조의7 및 제75조의8은 재심사청구에 대한 심리에 관하여 이를 준용한다. 이 경우 "심사관"은 "심사위원회"로, "심사의 청구"는 "재심사의 청구"로, "심사청구인"은 "재심사청구인"으로 본다.

제76조의4 (준용규정) 제75조제4항·제5항, 제75조의3, 제75조의4, 제75조의6, 제75조의9, 제75조의10 및 제75조의11의 규정은 심사위원회 및 재심사에 관하여 이를 준용한다. 이 경우 제75조제4항중 "심사관"은 "심사위원회의 위원"으로, 제75조제4항·제75조의10·제75조의11중 "결정"은 "재결"로, 제75조의3·제75조의6·제75조의9중 "심사의 청구"는 "재심사의 청구"로, 제75조의6·제75조의9·제75조의10중 "심사관"은 "심사위원회"로, 제75조의6·제75조의10·제75조의11중 "심사청구인"은 "재심사청구인"으로 본다.

제76조의5 (고지) 직업안정기관의 장이 원처분등을 하거나 심사관이 제75조의10제2항의 규정에 의하여 결정서의 정본을 송부하는 경우에는 그 상대방 또는 심사청구인에게 원처분등 또는 결정에 관하여 심사 또는 재심사를 청구할 수 있는지의 여부, 청구하는 경우의 경유절차 및 청구기간을 알려야 한다.

제77조를 다음과 같이 한다.

제77조 (다른 법률과의 관계) ①재심사의 청구에 대한 재결은 행정소송법 제18조를 적용함에 있어서 이를 행정심판에 대한 재결로 본다.

②심사 및 재심사의 청구에 관하여 이 법에서 정하고 있지 아니하는 사항에 대하여는 행정심판법의 규정에 의한다.

제79조제4항을 다음과 같이 한다.

④산업재해보상보험법 제97조의 규정은 소멸시효의 중단에 관하여 이를 준용한다.

제11조 생략

부칙 [1996.12.30 제5226호]

①(시행일) 이 법은 1997년 1월 1일부터 시행한다. 다만, 제10조의2의 개

정규정은 1998년 1월 1일부터 시행한다.

②(적용제외되는 65세 이상인 자에 대한 경과조치) 이 법 시행당시 고용보험 적용사업에 고용되어 있는 자로서 제8조제1호의2의 개정규정에 의하여 이 법의 적용이 제외되는 자가 당해 사업에서 이직하는 경우에 제31조제1항 각호의 요건을 갖춘 경우에는 1997년 12월 31일까지는 실업급여를 지급한다.

③(급여기초임금일액 산정에 대한 경과조치) 이 법 시행일 이전에 피보험자인 근로자가 이직한 경우에는 제35조의 개정규정에 불구하고 종전의 규정에 의하여 급여기초임금일액을 산정한다.

부칙 [1997.8.28 제5399호]

이 법은 공포한 날부터 시행한다.

부칙 [1997.12.13 제5453호(행정절차법의시행에따른공인회계사법등의정비에관한법률)]

제1조 (시행일) 이 법은 1998년 1월 1일부터 시행한다. <단서 생략>

제2조 생략

부칙 [1997.12.13 제5454호(정부부처명칭등의변경에따른건축법등의정비에관한법률)]

이 법은 1998년 1월 1일부터 시행한다. <단서 생략>

부칙 [1998.2.20 제5514호]

제1조 (시행일) 이 법은 1998년 3월 1일부터 시행한다. 다만, 제16조제1항, 제22조 내지 제26조, 제27조, 제34조제4항, 제42조제1항 및 제2항, 제43조제2항, 제46조제1항, 제51조제1항, 제63조의 개정규정과 제34조제3항, 제51조제3항 및 제53조제1항의 개정규정("직업훈련"을 "직업능력개발훈련"으로 변경하는 것에 한한다)은 1999년 1월 1일부터 시행하며, 제8조제2호 및 제79조제1항의 개정규정은 1999년 7월 1일부터 시행한다.

제2조 (소정급여일수 산정에 대한 경과조치) 이 법 시행전에 이직한 자에 대하여는 별표의 개정규정에 불구하고 종전의 규정에 의하여 소정급여일수를 산정한다.

제3조 (구직급여 수급자격에 관한 잠정조치) ①이 법 시행이후 2000년 6월 30일까지의 기간동안에 이직한 자에 대하여는 제31조의 규정에 불구하고 구직급여의 수급자격요건이 되는 기준기간을 12월로 하고, 피보험단위기간을 6월로 하여 구직급여 및 취직촉진수당을 지급할 수 있다. [개정 1998.2.20]

②제1항의 규정에 의한 이직자중 피보험기간이 1년 미만인 자의 소정급여일수는 60일로 한다.

부칙 [1998.9.17 제5566호]

①(시행일) 이 법은 1998년 10월 1일부터 시행한다.

②(고액금품수령에 따른 구직급여의 지급유예에 관한 적용례) 제45조의2의 개정규정은 이 법 시행후 리직하는 자부터 적용한다.

③(피보험단위기간 등의 규정에 관한 경과조치) 이 법 시행전에 리직한 자에 대하여는 제32조·제35조 및 제36조의 개정규정에 불구하고 종전의 규정에 의하여 피보험단위기간·급여기초임금일액 및 구직급여일액을 산정한다.

부칙 [1999.12.31 제6099호]

제1조 (시행일) 이 법은 2000년 4월 1일부터 시행한다. 다만, 제36조제1항·제41조제1항은 2000년 1월 1일부터 시행한다.

제2조 (일반적 적용례) 제31조·제32조·제33조의2제3항·제36조제1항제2호·제39조·제41호제2항 및 별표의 개정규정은 이 법 시행일 이후에 이직한 자부터 적용한다.

제3조 (훈련연장지급의 연장지급에 관한 경과조치) 이 법 시행전에 직업능력개발훈련 등의 지시를 받은 수급자격자에 대한 구직급여의 연장기간 및 구직급여일액에 관하여는 제42조제1항·제2항 및 제42조의4제2항의 개정규정에도 불구하고 종전의 규정에 의한다.

제4조 (실업급여 지급제한에 관한 경과조치) 이 법 시행전에 허위 기타 부정한 방법으로 실업급여를 지급받았거나 받고자 한 자에 대하여는 제47조제2항 및 제54조제2항의 개정규정에도 불구하고 종전의 규정에 의한다.

부칙 [2000.1.12 제6124호(사립학교교직원연금법)]

제1조 (시행일) 이 법은 공포한 날부터 시행한다.

제2조 내지 제4조 생략

제5조 (다른 법령의 개정 등) ①내지 ③생략

④고용보험법중 다음과 같이 개정한다.

제8조제6호중 "사립학교교원연금법"을 "사립학교교직원연금법"으로 한다.

⑤내지 ⑬생략

제6조 생략

부칙 [2001.8.14 제6509호]

①(시행일) 이 법은 2001년 11월 1일부터 시행한다.

②(육아휴직급여에 관한 적용례) 제55조의2의 개정규정은 2001년 11월 1일 이후 육아휴직을 개시하는 근로자부터 적용한다.

③(산전후휴가급여에 관한 적용례) 제55조의7의 개정규정은 2001년 11월 1일 이후 출산하는 근로자부터 적용한다.

부칙 [2002.12.30 제6850호]

이 법은 2004년 1월 1일부터 시행한다. 다만, 제12조의2·제12조의3·제20조·제25조·제45조의2·제46조의 개정규정은 공포한 날부터 시행한다.

부칙 [2003.12.31 제7048호]

이 법은 2005년 1월 1일부터 시행한다.

부칙 [2005.5.31 제7565호]

①이 법은 2006년 1월 1일부터 시행한다.

②(산전후휴가급여등에 관한 적용례) 산전후휴가급여등에 관한 제55조의7의 개정규정은 이 법 시행 후 최초로 출산·유산 또는 사산하는 여성근로자부터 적용한다.

부칙 [2005.12.7 제7705호]

제1조 (시행일) 이 법은 2006년 1월 1일부터 시행한다.

제2조 (육아휴직급여에 관한 적용례) 제55조의2제1항제3호의 개정규정은 이 법 시행 후 최초로 육아휴직을 개시하는 피보험자부터 적용한다.

제3조 (고용안정사업과 직업능력개발사업의 통합에 따른 경과조치) ①이 법 시행 전에 종전의 고용안정사업 또는 직업능력개발사업에 의하여 받은 지원은 이 법에 의한 고용안정ㆍ직업능력개발사업에 의하여 지원받은 것으로 본다.

②이 법 시행 당시 종전의 고용안정사업 또는 직업능력개발사업의 지원을 신청 중인 것에 대하여는 이 법에 의한 고용안정ㆍ직업능력개발사업의 지원을 신청한 것으로 본다.

③이 법 시행 당시 보험료징수법에 의하여 징수되었거나 징수 중인 고용안정사업의 보험료와 직업능력개발사업의 보험료는 이 법에 의한 고용안정ㆍ직업능력개발사업에 소요되는 비용에 충당한다.

④이 법 시행 당시 고용보험기금계정 중 제70조제2항의 규정에 의하여 고용안정사업과 직업능력개발사업으로 구분하여 관리한 자금은 동항의 개정규정에 의한 고용안정ㆍ직업능력개발사업을 위하여 관리하는 자금으로 본다.

제4조 (다른 법률의 개정) 중소기업인력지원 특별법 일부를 다음과 같이 개정한다.

제21조중 "고용안정사업"을 "고용안정ㆍ직업능력개발사업"으로 한다.

부칙 [2006.10.4 제8050호(국가재정법)]

제1조(시행일) 이 법은 2007년 1월 1일부터 시행한다. 다만, 제56조의 규정은 법률에 따라 정부회계에 관한 기준이 마련되어 시행되는 회계연도부터, 부칙 제11조제14항, 동조제17항(「국유재산법」 제48조제4항 관련 규정에 한한다) 및 동조제29항(「물품관리법」 제21조 관련 규정에 한한다)의 규정은 각각 2008년 1월 1일부터 시행한다.

제2조 내지 제10조 생략

제11조(다른 법률의 개정) ① 생략

②고용보험법 일부를 다음과 같이 개정한다.

제67조제2항 중 "「기금관리기본법」"을 "「국가재정법」"으로 한다.

③ 내지 <59> 생략

제12조 생략

부칙 [2006.12.28 제8118호]

①(시행일) 이 법은 공포 후 3개월이 경과한 날부터 시행한다.

②(소멸시효의 유효기간) 제79조제1항 단서의 개정규정은 2009년 12월 31일까지 효력을 가진다.

부칙 [2006.12.30 (공공자금관리기금법) 제8135호]

제1조(시행일) 이 법은 2007년 1월 1일부터 시행한다.

제2조 내지 제7조 생략

제8조(다른 법률의 개정) ①고용보험법 일부를 다음과 같이 개정한다.

제73조중 "재정융자특별회계·금융기관"을 "금융기관"으로 한다.

②내지<17> 생략

제9조 생략

부칙 [2007.5.11 제8429호]

제1조 (시행일) 이 법은 공포한 날부터 시행한다.

제2조 (직업능력개발 훈련을 실시하는 자의 부정행위에 대한 추가징수에 관한 경과조치) 직업능력개발 훈련을 실시하는 자가 이 법 시행 전에 거짓이나 그 밖의 부정한 방법으로 직업능력개발 훈련에 대한 지원을 받거나 이를 받고자 한 경우에는 제35조제2항 단서의 개정규정에도 불구하고 종전의 규정에 따른다.

제3조 (유효기간) 제107조제1항 단서의 개정규정은 2009년 12월 31일까지 효력을 가진다.

제4조 (처분 등에 관한 일반적 경과조치) 이 법 시행 당시 종전의 규정에 따른 행정기관의 행위나 행정기관에 대한 행위는 그에 해당하는 이 법에 따른 행정기관의 행위나 행정기관에 대한 행위로 본다.

제5조 (벌칙이나 과태료에 관한 경과조치) 이 법 시행 전의 행위에 대하여 벌칙이나 과태료 규정을 적용할 때에는 종전의 규정에 따른다.

제6조 (다른 법률의 개정) ①건설근로자의고용개선등에관한법률 일부를 다음과 같이 개정한다.

제5조제3항 중 "고용보험법 제13조"를 "「고용보험법」 제15조"로 한다.

②고용보험 및 산업재해보상보험의 보험료징수 등에 관한 법률 일부를 다음과 같이 개정한다.

제5조제2항 중 "「고용보험법」 제7조 단서"를 "「고용보험법」 제8조 단서"로, "「고용보험법」 제8조"를 "「고용보험법」 제10조"로 한다.

제6조제1항 중 "「고용보험법」 제7조 단서"를 "「고용보험법」 제8조 단서"로 하고, 같은 조 제3항 중 "「고용보험법」 제8조"를 "「고용보험법」 제10조"로 한다.

제7조제1호 중 "「고용보험법」 제7조 단서"를 "「고용보험법」 제8조 단서"로 한다.

제17조제1항 본문 중 "「고용보험법」 제8조"를 "「고용보험법」 제10조"로 한다.

제49조의2제1항 중 "「고용보험법」 제83조의2"를 "「고용보험법」 제113조"로 한다.

③국민연금법 일부를 다음과 같이 개정한다.

제93조의2 중 "고용보험법 제31조"를 "「고용보험법」 제40조"로 한다.

④근로자직업능력 개발법 일부를 다음과 같이 개정한다.

제20조제1항제3호 중 "제15조제2항"을 "제19조제2항"으로 한다.

⑤제주특별자치도 설치 및 국제자유도시 조성을 위한 특별법 일부를 다음과 같이 개정한다.

제147조제4항제1호 중 "「고용보험법」 제13조(원수급인으로부터 제출된 자료의 접수에 관한 권한을 포함한다), 제13조의2, 제14조, 제16조 내지 제18조, 제18조의2(건설근로자고용안정지원금의 지원에 관한 권한을 포함한다), 제22조, 제24조, 제26조의3, 제33조의2제1항·제2항, 제34조제1항·제3항·제4항제3호·제5항, 제37조, 제42조제1항·제2항, 제42조의2제1항, 제43조제2항·제3항, 제44조제2항, 제45조제2항, 제46조제1항 내지 제3항, 제48조제1항·제3항, 제49조제3항, 제51조제1항, 제52조제1항, 제53조제1항, 제55조의2, 제55조의4, 제55조의5, 제55조의7, 제55조의9, 제75조의6제

3항, 제75조의10제2항, 제75조의11, 제76조의5, 제80조(이양된 권한의 사무 처리를 위하여 필요한 경우에 한한다), 제82조 및 제86조(이양된 권한에 관한 과태료의 부과·징수에 한한다)"를 "「고용보험법」 제15조(원수급인으로 부터 제출된 자료의 접수에 관한 권한을 포함한다), 제16조, 제17조, 제21 조부터 제23조까지, 제24조(건설근로자고용안정지원금의 지원에 관한 권한 을 포함한다), 제27조, 제29조, 제33조, 제43조제1항·제2항, 제44조제1항· 제2항·제3항제3호·제4항, 제47조, 제51조제1항·제2항, 제52조제1항, 제 56조제2항, 제57조제2항, 제58조, 제60조제1항부터 제3항까지, 제62조제1 항·제3항, 제63조제3항, 제65조제1항, 제66조제1항, 제67조제1항, 제70조, 제72조, 제73조, 제75조, 제77조, 제93조제3항, 제97조제2항, 제98조, 제103 조, 제108조(이양된 권한의 사무처리를 위하여 필요한 경우에 한한다), 제 111조 및 제117조(이양된 권한에 관한 과태료의 부과·징수에 한한다)"로 한다.

⑥주한미군 공여구역주변지역 등 지원 특별법 일부를 다음과 같이 개정 한다.

제23조제1항 중 "「고용보험법」 제15조"를 "「고용보험법」 제19조"로 한다.

⑦중소기업 사업전환 촉진에 관한 특별법 일부를 다음과 같이 개정한다. 제25조제2항제2호 중 "「고용보험법」 제16조"를 "「고용보험법」 제21조"로, "동법 제24조"를 "같은 법 제29조"로 한다.

⑧중소기업인력지원 특별법 일부를 다음과 같이 개정한다.

제21조제1항 중 "고용보험법 제15조"를 "「고용보험법」 제19조"로 한다.

제7조 (다른 법령과의 관계) 이 법 시행 당시 다른 법령에서 종전의 「고 용보험법」 또는 그 규정을 인용한 경우에 이 법 가운데 그에 해당하는 규 정이 있으면 종전의 규정을 갈음하여 이 법 또는 이 법의 해당 규정을 인 용한 것으로 본다.

부칙 [2007.12.21 제8781호(남녀고용평등과 일·가정 양립 지원에 관한 법률)]

제1조(시행일) 이 법은 공포 후 6개월이 경과한 날부터 시행한다. 다만,

제39조제2항제3호부터 제5호까지의 개정규정은 공포 후 1년 6개월이 경과한 날부터 시행한다.

제2조(다른 법률의 개정) ① 생략

②고용보험법 일부를 다음과 같이 개정한다.

제70조제1항 각 호 외의 부분 및 제75조 각 호 외의 부분 중 "「남녀고용평등법」"을 각각 "「남녀고용평등과 일·가정 양립 지원에 관한 법률」"로 한다.

제3조 생략

부칙 [2008.3.21 제8959호]

①(시행일) 이 법은 공포한 날부터 시행한다. 다만, 제10조의 개정규정은 공포 후 6개월이 경과한 날부터 시행한다.

②(훈련연장급여액 인상에 관한 적용례) 제54조제2항의 개정규정은 이 법 시행 이후의 훈련기간에 대한 훈련연장급여 지급분부터 적용한다.

▌약 력

명지대학교 법과대학 법학과
명지대학교 대학원 법학석사
명지대학교 대학원 법학박사
명지대학교 사회복지대학원 사회복지학석사
고려대학교 대학원 사회복지학(사회정책) 박사 수료
명지대, 숭실대, 고려대, 한신대, 진주산업대, 명지전문대, 경북전문대, 수원여대 강사

▌주요논문 및 저서

「주식회사의 자본조달에 관한 연구」
「경영감독기구로서의 이사회의 문제점 및 그 개선방안에 관한 연구」
「우리나라 노인복지제도의 문제점 및 그 개선방안에 관한 연구」
「주식회사의 이사회와 경영감독」
「문화복지의 법적 권리화에 대한 탐색적 연구」

실업급여제도의 법리해설
- 사례문답을 중심으로 -

초판인쇄 | 2008년 11월 25일
초판발행 | 2008년 11월 25일

지은이 | 윤동은
펴낸이 | 채종준
펴낸곳 | 한국학술정보㈜
주　소 | 경기도 파주시 교하읍 문발리 513-5 파주출판문화정보산업단지
전　화 | 031) 908-3181(대표)
팩　스 | 031) 908-3189
홈페이지 | http://www.kstudy.com
E-mail | 출판사업부　publish@kstudy.com

등　록 | 제일사-115호(2000. 6. 19)
가　격 27,000원

ISBN 978-89-534-0904-4 93360 (Paper Book)
　　　 978-89-534-6967-9 98360 (e-Book)